CRIMES DE SANG

Du même auteur
à TF1 Éditions

Avec la collaboration de Jean-François Nahmias

Les Crimes passionnels (1989)

Nuits d'angoisse (1990)

Avec la collaboration de Marie-Thérèse Cuny

La Peur derrière la porte (1991)

Avec la collaboration de Marie-Thérèse Cuny,
Jean-Marc Épinoux et Jean-François Nahmias

L'Année criminelle (1992)

Pierre Bellemare
Jean-François Nahmias

CRIMES DE SANG

TF1
EDITIONS

Merci, Ruth !

Sylvia Morisson, dix-neuf ans, est infirmière depuis seulement trois semaines à l'hôpital municipal de Cheyenne dans le Wyoming. C'est une charmante petite personne sans trop de principes et sans complexes, qui ne se gêne pas pour regarder les docteurs, surtout quand ils sont jeunes et beaux.

Et justement, alors qu'elle est à la réception, en cette soirée du 16 juin 1984, un séduisant médecin fait irruption devant elle. Il doit sortir à peine de l'université ; il n'a pas plus de vingt-cinq ans, les dents aussi blanches que sa blouse, les cheveux bruns, le regard profond. Il se penche vers Sylvia du haut de son mètre quatre-vingt-cinq.

— Vous me donnez le numéro de la chambre de Ruth Nichols, ma poulette ?

Sylvia Morisson consulte son registre et minaude :

— Chambre 25, docteur.

Le médecin accentue son sourire tout en lui prenant familièrement le menton.

— Merci, ma poulette !

La jeune infirmière sent son cœur battre plus vite.

— Voulez-vous que je vous accompagne ?

— Non, cela ira. Merci.

Le médecin a déjà disparu dans l'escalier et Sylvia reste tout émue dans le hall... Il y a deux raisons pour lesquelles elle aurait bien voulu monter elle aussi dans la chambre 25 : d'abord parce qu'elle trouve le docteur à son goût, ensuite parce qu'elle aimerait apprendre de nouveaux détails sur cette Ruth Nichols. Son cas est, en effet, follement excitant : elle est arrivée le matin avec trois balles dans le corps. D'après ce que l'on dit, c'est un drame passionnel. Elle a passé plusieurs heures en salle d'opération et, depuis, son état est stationnaire...

Sylvia Morisson sursaute. Là-haut, au premier étage, c'est bien un coup de feu ! Et maintenant un autre ! Et un troisième ! Elle se met à hurler...

Un quart d'heure plus tard, il règne une effervescence indescriptible dans l'hôpital de Cheyenne. La police, arrivée en hâte, repousse les malades qui viennent voir ce qui se passe. Le personnel médical fait également de son mieux pour rétablir le calme. Car la situation est grave. Elle est même tragique.

Le lieutenant Neil Hoffmann parle avec John Appleby, directeur de l'établissement, dans la chambre 25. Sylvia Morisson, l'infirmière, se tient un peu en retrait, tremblant des pieds à la tête... Le lieutenant Hoffmann soulève un drap taché de sang, découvrant une femme d'une trentaine d'années. La malheureuse a été tuée de trois balles dans la tête.

— Qui était-ce ?

La voix du médecin est blême.

— Je viens de consulter la liste. Elle s'appelait Maggy Bennett. La pauvre fille était entrée l'après-midi pour une appendicite. D'après ce que dit miss Morisson, ce n'était pas elle que le meurtrier voulait tuer.

Au bord des larmes, Sylvia Morisson répète au lieutenant ce qui vient de se passer.

— Il m'a demandé la chambre de Ruth Nichols. Je ne pouvais pas savoir... Il avait l'air si bien. J'ai cru que c'était un vrai médecin.

— Pourquoi lui avez-vous indiqué la chambre 25 ?

— Parce que c'était inscrit sur mon registre.

Le directeur intervient.

— Effectivement, l'état de santé de Ruth Nichols s'était subitement aggravé et nous l'avions changée de service. Comme Maggy Bennett est arrivée peu après, nous l'avons installée dans sa chambre. C'est ce concours de circonstances qui a été fatal à la victime.

Le lieutenant Neil Hoffmann s'adresse de nouveau à l'infirmière :

— Pouvez-vous me décrire l'homme que vous avez vu ?

— Grand, brun, plutôt beau garçon. Il avait tout à fait l'air d'un docteur, je vous assure !

Le lieutenant Hoffmann hoche la tête.

— Je vous crois d'autant plus que c'est la vérité ou presque. Gregor Matthews terminait ses études de médecine. C'est l'homme que nous recherchions pour avoir tiré sur miss Nichols. C'était son fiancé ; elle voulait le quitter et il ne l'a pas supporté. Mais je n'aurais jamais cru qu'il ait cette audace : aller à l'hôpital pour l'achever !

Le lieutenant Neil Hoffmann remet le drap sur le corps de la victime.

— Bien. Où est-il maintenant ?

— Dans la chambre à côté, la 24. Il s'est barricadé avec une autre malade.

— Il a toujours son arme ?

— Oui, je crois. D'après les témoins, il avait son revolver quand il est entré.

Le lieutenant quitte la chambre 25 et s'arrête devant la porte 24.

— Matthews, vous m'entendez ? C'est le lieutenant Hoffmann qui vous parle...

La voix qui lui parvient derrière la porte est surexcitée.

— Oui, je vous entends, lieutenant. Ne faites pas un geste. Je suis assis à côté de la malade. Je lui ai mis mon revolver sur la tempe et, si vous avez la mauvaise idée de tourner le bouton de la porte, je tire. Vous allez en avoir tout de suite confirmation... Parlez, vous !

A l'intérieur de la chambre, le lieutenant Hoffmann entend une voix de femme terrorisée.

— C'est vrai ! Faites ce qu'il vous dit ! Sinon, il va me tuer !

— Qu'est-ce que vous voulez, Matthews ?

— Voir Ruth, évidemment ! Pour la femme de la chambre à côté, je suis désolé, mais ce n'est pas ma faute. Il ne fallait pas mettre à la réception des idiotes qui vous donnent de faux renseignements !

— Pourquoi voulez-vous voir Ruth ?

— Pour lui parler.

— Pour lui parler ou pour lui tirer trois balles dans la tête comme à cette malheureuse ?

— Pour lui parler, je vous dis ! De toute façon, vous n'avez pas le choix. Vous êtes forcé de me croire. Vous m'envoyez Ruth et je vous assure que je ne lui ferai pas de mal. Sinon, je peux vous dire que mon otage, je la descends.

Le lieutenant Hoffmann s'éloigne de la porte 24 en compagnie du docteur Appleby.

— Je vais demander une équipe antigang et parlementer avec

Matthews pour gagner du temps.

Le visage du docteur Appleby devient tout à coup terriblement sombre.

— Gagner du temps, ce n'est pas possible. Vous ne savez pas tout : la malade du 24 est en danger de mort : une poussée de diabète... Si elle n'a pas une piqûre d'insuline d'ici à une demi-heure, elle n'a aucune chance.

Le lieutenant Hoffmann garde le silence. Il a parfaitement compris la gravité de la situation. La clé de la réussite dans les affaires de prise d'otages, c'est le temps. Plus il passe et plus le preneur d'otage, en proie à une tension nerveuse extrême, devient vulnérable. Or, ici, il faut agir vite, avec tous les risques que cela comporte.

Sans grand espoir, plutôt pour être en paix vis-à-vis de sa conscience, le lieutenant Hoffmann revient vers la chambre 24.

— Matthews, votre otage a besoin d'une piqûre d'urgence, acceptez qu'une infirmière vienne la lui faire.

Un ricanement lui répond.

— A d'autres! La ficelle est trop grosse.

— Je vous jure que c'est la vérité, Matthews! Si vous ne voulez pas d'infirmière, acceptez que je remplace la malade. Je vais rentrer les mains en l'air, torse nu.

Matthews se met à crier :

— Ne bougez pas! Personne n'entrera. Si je vois remuer cette porte, je lui brûle la cervelle!

— Matthews, si l'on ne fait rien, dans une demi-heure, elle va mourir.

— C'est votre problème. Amenez-moi Ruth!

— Elle est intransportable. Elle n'est pas en état de vous parler.

— Cela m'est égal. Amenez-la quand même.

Le lieutenant pousse un soupir et garde le silence. A quoi bon ajouter quelque chose? La situation est parfaitement claire et parfaitement inextricable. Il faut agir d'urgence et dans les pires conditions. La chambre 24 est une pièce sans fenêtre dont le seul accès est la porte. Gregor Matthews est vraisemblablement en état de démence. Il a déjà prouvé qu'il n'hésite pas à tirer et il le fera à la moindre intervention. C'est pourtant la seule manière de laisser une petite chance à son otage car, si l'on ne fait rien, elle n'en a aucune.

C'est alors que le docteur Appleby, qui s'était absenté quelques instants, revient trouver le policier.

— Je crois qu'il y a une solution, lieutenant...

Quelques minutes plus tard, le lieutenant Hoffmann parle d'une voix forte devant la porte 24.

— Matthews, vous avez gagné ! Nous vous amenons Ruth Nichols. Comme je vous l'ai dit, elle n'est pas en état de parler. Elle est inconsciente. Elle est sur un chariot.

Un ricanement satisfait résonne dans la chambre.

— C'est bien ! Mais pas de blague. Vous ouvrez la porte doucement et vous lancez le chariot. Si ce n'est pas Ruth, si c'est un policier déguisé ou quelque chose comme cela, je descends la malade. Vu ?

— Vu. Voici le chariot...

Doucement, le bouton de la porte tourne. Elle s'entrouvre et le chariot, poussé lentement, fait son apparition. Une petite secousse le propulse au milieu de la pièce. Gregor Matthews, le canon de son arme collé sur la tempe de l'otage, observe de tous ses yeux... Oui, pas de doute, c'est bien Ruth. Elle est très pâle et plongée dans un sommeil profond, mais c'est bien elle. Il éclate d'un rire dément.

— Bonjour, Ruth ! Comme c'est gentil de venir me voir ! Tu m'as tellement manqué depuis ce matin.

Il pousse de nouveau un grand rire et lance brutalement :

— Adieu, Ruth !

La suite se déroule en moins d'une seconde. Il y a deux détonations presque simultanées. Gregor Matthews a tiré sur sa fiancée, l'atteignant en pleine tempe. Mais, au même instant, le lieutenant Hoffmann a bondi dans la pièce et tiré lui aussi, faisant preuve de la même précision : sa balle s'est logée entre les yeux du forcené.

Le docteur Appleby et l'infirmière se précipitent, non pas pour s'occuper de Ruth ou de Matthews — il n'y a plus rien à faire pour eux —, mais de la malade, à qui ils font aussitôt sa piqûre. Le lieutenant se penche vers le docteur.

— Cela ira ?

— Oui. Il était juste temps. Elle s'en sortira.

Le docteur se redresse et considère la tête sanglante de Gregor Matthews.

— Vous êtes un fameux tireur...

Le lieutenant Hoffmann jette, lui, un coup d'œil vers le chariot, où Ruth Nichols gît, la tempe fracassée.

— Lui aussi, c'en était un. Pauvre fille, tout de même !

Le docteur Appleby va recouvrir son visage d'un drap.

— Il n'y avait pas d'autre moyen, lieutenant. Sa famille l'a reconnu elle-même.

Quelques minutes plus tard, les deux corps quittent la chambre 24, chacun sur un chariot. Le lieutenant et le directeur, brisés par l'émotion, restent immobiles dans le couloir, Neil Hoffmann a un sourire amer.

— Merci, docteur. C'est une idée à laquelle je n'aurais pas pensé.

Le docteur Appleby secoue pensivement la tête.

— Ce n'est pas moi qu'il faut remercier. C'est Ruth Nichols. Si elle n'était pas morte au moment de la prise d'otage, rien n'aurait été possible.

Le lieutenant Hoffmann voit disparaître les chariots. Les ex-fiancés, acteurs du drame, sont désormais côte à côte... C'est l'un des plus extraordinaires dénouements qu'ait connus une prise d'otages. Alors qu'il désespérait de trouver une solution, le docteur Appleby est venu lui annoncer que Ruth Nichols venait de décéder. Il avait demandé à la famille l'autorisation d'utiliser le corps pour tromper Gregor Matthews et elle avait accepté. C'est donc une morte qui a été poussée sur le chariot dans la pièce 24. C'est sur une morte que Matthews a tiré avant d'être abattu lui-même...

Le lieutenant Hoffmann se met en marche et prononce doucement :

— Merci, Ruth !

Cache-cache avec la mort

Il fait très beau ce 14 décembre 1984; le soleil est radieux et la chaleur est même assez lourde, car nous sommes à Rio et c'est, là-bas, le début de l'été. Linda Alvarès sourit, assise dans l'autobus qui la ramène chez elle. Linda Alvarès est heureuse, malgré une période plutôt difficile sur le plan personnel... L'étonnant sentiment de liberté qu'elle ressent en cet instant tient au fait qu'elle vit une journée inhabituelle. Ce matin, elle s'est rendue, comme de coutume, à son travail, dans une compagnie d'assurances du centre de Rio, et elle a dû rebrousser chemin. La maison était en grève. A un peu moins de dix heures, elle se trouve donc dans l'autobus du retour en direction de chez elle.

Linda Alvarès promène son regard sur les passagers. Elle est jolie, pas loin d'être ravissante. Elle a juste trente ans, elle est blonde aux yeux bleus, avec beaucoup de classe. Dommage que Vasco ne partage pas cet avis! Vasco, trente ans également, est son mari... Enfin, plus pour très longtemps : ils sont en instance de divorce. C'est lui qui a tout fait, tout voulu. Après seulement trois ans de mariage, il s'est révélé sous un jour tout à fait nouveau : injuste, violent et surtout infidèle. Depuis quelque temps, il avait une maîtresse, une certaine Paola, et il a déclaré tout de go à Linda qu'il voulait divorcer pour l'épouser... Après beaucoup de larmes, de cris, Linda a fini par capituler. Maintenant, elle en a pris son parti. Le temps de la sagesse est arrivé. A trente ans, elle se dit qu'elle pourra très bien refaire sa vie.

Linda Alvarès sursaute... En gros titre sur le journal de son voisin d'en face, elle vient de lire : « ESCADRONS DE LA MORT ». Comme tous les Brésiliens, elle a gardé une frayeur instinctive pour ce mouvement secret qui a semé la terreur pendant la dictature, commettant des centaines d'assassinats politiques dans tout le pays. Mais ce n'est pas de politique que parle l'article du monsieur d'en face. Il est très curieux, d'ailleurs, cet article, que Linda s'est mise à lire à l'envers !

« Encore une femme assassinée à Rio, a écrit le journaliste. Comme les autres, Maria Da Silva était en instance de divorce. Comme pour les autres, la police suspecte son mari de l'avoir fait assassiner par un ancien membre des escadrons de la mort pour ne pas payer la pension alimentaire. La malheureuse a été tuée d'une balle dans la nuque, tirée par un revolver de gros calibre, une arme de professionnel. C'est le dixième à Rio depuis le début du mois. »

Linda Alvarès se met à frissonner. Elle n'aime pas cette histoire. Elle se sent étrangement mal à l'aise... C'est évidemment à cause du sort de ces pauvres femmes. Pour quelle autre raison serait-ce ? Parce qu'elle aussi est en instance de divorce ? Parce qu'elle va retrouver dans quelques instants Vasco qui, en tant que dessinateur, travaille seul à la maison ? C'est absurde ! Tout s'est très bien passé entre Vasco et elle, même si, par moments, à la réflexion, elle a surpris dans le regard de son mari une lueur inquiétante.

Linda Alvarès se retourne vivement... En passant derrière elle, un voyageur l'a frôlée et elle a cru sentir quelque chose de métallique sur sa nuque. C'est alors seulement qu'elle se rend compte qu'elle est arrivée à sa station. Elle bouscule tout le monde et se retrouve devant son immeuble, hors d'haleine, les jambes coupées. Instinctivement, au lieu d'emprunter le milieu du trottoir, elle se cache derrière un des arbres de l'avenue, puis court jusqu'au suivant...

Elle arrive pourtant sur son palier, sans encombre. Instinctivement, au lieu de sonner ou d'ouvrir normalement, elle tourne sans bruit la clé dans la serrure, s'arrête dans l'entrée et reste paralysée, tandis qu'elle laisse la porte ouverte. Là-bas, dans son bureau, Vasco est au téléphone. Elle entend très bien ce qu'il dit. Il parle d'une voix bizarre.

— Je viens de déposer la somme convenue à l'endroit convenu. Comment pourrais-je vous recontacter ?... Attendez. Je note... Café de l'Univers, à dix-huit heures ?... Pas de problème. Je la convaincrai sans difficulté. Notre divorce se passe très bien. Elle ne se méfie pas.

La conversation s'arrête là et Vasco raccroche. Linda, quant à elle, fait preuve d'un sang-froid qui la stupéfie. Elle fait demi-tour sur la pointe des pieds, referme la porte sans bruit, reprend l'ascenseur et se retrouve dehors.

Une fois dans la rue, elle allume une cigarette et se met à réfléchir. C'est dans les grandes occasions qu'on se découvre vraiment. Et Linda Alvarès, face à ce péril mortel, se comporte avec une maîtrise dont elle ne se serait jamais crue capable. Elle analyse la situation aussi froidement que s'il s'agissait d'une étrangère.

D'abord, elle n'a plus peur. Elle sait désormais que, pour l'instant, elle ne risque rien. C'était au tueur que téléphonait Vasco. Or celui-ci ne la connaît pas encore. C'est pour qu'il l'aperçoive que son mari va venir avec elle à dix-huit heures au café de l'Univers. C'est après seulement que l'ancien membre des escadrons de la mort accomplira sa besogne.

Linda marche calmement sous ces arbres, derrière lesquels elle se cachait il y a quelques minutes à peine. La réaction la plus logique serait d'alerter la police. Après la série d'assassinats, ses propos seraient certainement pris au sérieux, même s'ils n'apportent pas de preuve. Mais elle a mieux à faire. Elle se met à sourire. Le hasard vient de la rendre maîtresse du jeu, alors qu'elle aurait dû en être la victime. Elle sait tout et Vasco ne sait rien. Elle doit en tirer parti. Elle jette sa cigarette sur le trottoir. Elle vient de trouver, et son idée est absolument géniale !

Un moment après, Linda Alvarès est de nouveau devant son appartement. Cette fois, elle sonne. Vasco lui ouvre et a un mouvement de surprise en la voyant. La jeune femme parle rapidement de la grève et de la raison de son retour à cette heure inhabituelle. Elle voit les traits de Vasco se détendre. L'inquiétude qu'elle avait observée un instant chez lui a disparu. Il n'a pas de soupçon. C'est parfait ! Vasco l'entraîne à l'intérieur, feignant la jovialité à merveille.

— Quelle bonne surprise ! On va pouvoir rester un peu tous les deux.

« J'ai un mari comédien, se dit Linda avec détachement. Non seulement c'est un assassin, mais c'est un comédien... » Elle répond, à son tour, avec le plus parfait naturel :

— Non. Je vais en profiter pour faire des courses. Il y a longtemps que je voulais aller dans les grands magasins.

— Tu comptes y rester toute la journée ?

— Oui. Pourquoi ?

— Parce que j'avais l'intention de te chercher à la sortie de ton bureau et de t'emmener prendre un verre.

— M'offrir un verre ! Quelle idée ! Cela ne t'est pas arrivé depuis que nous étions fiancés.

— Justement. Comme nous allons nous quitter, cela me ferait plaisir. Que dirais-tu du café de l'Univers ? Je ne sais pas, moi... A dix-huit heures, par exemple.

Linda Alvarès a un charmant sourire.

— Eh bien, d'accord. C'est une excellente idée.

Café de l'Univers, dix-huit heures. Ce n'est pas par hasard que le tueur des escadrons de la mort a fixé comme lieu de rendez-vous cet établissement à la mode du centre de Rio. L'endroit est bondé. Il y a des jeunes et des moins jeunes, une foule animée et bruyante. Il est très facile d'y observer sans être vu.

Seul à une table, Vasco Alvarès affiche un sourire un peu nerveux. L'exécuteur est là, mais il ne sait pas où. Il ne connaît pas son visage. Il a eu un seul contact, dans un bar, avec un intermédiaire. Celui-ci lui a indiqué la façon de procéder : mettre la somme dans une corbeille à papier convenue, accompagnée de sa photo à lui. Ensuite, il n'aurait qu'à attendre des nouvelles. Les nouvelles ont été ce coup de téléphone et le rendez-vous fixé par le tueur pour repérer sa proie.

— Bonjour, chéri !...

Vasco se sent glacé des pieds à la tête. Il se retourne et se trouve face à face avec une petite brune potelée d'une vingtaine d'années. Celle-ci le regarde avec inquiétude.

— Eh bien, chéri, qu'est-ce qu'il t'arrive ?

Vasco la fixe, la bouche ouverte, avec des yeux agrandis d'horreur. Il parvient à prononcer d'une voix étranglée :

— Paola !

Cette dernière a l'air de plus en plus inquiet.

— Eh bien oui, c'est moi. Tu n'es pas bien ? Tu veux que j'appelle un médecin ?

— Paola, qu'est-ce que tu fais là ?

— Justement ! J'attends que tu me dises ce qui se passe. Linda est venue à la sortie de mon bureau. Elle m'a dit : « Vasco vous attend au café de l'Univers. » Je lui ai demandé pourquoi. Elle m'a répondu : « Il vous expliquera. C'est grave. »

Vasco prend le bras de sa maîtresse.

— Allons-nous-en !

— Mais dis-moi...

Vasco Alvarès ne répond pas. Il la tire derrière lui, bousculant tout le monde sur son passage. Elle l'entend répéter :

— Trop tard ! C'est déjà trop tard !

Il la pousse dans sa voiture, qui était garée non loin, s'installe au volant, démarre sur les chapeaux de roues, et c'est alors seulement qu'il lui explique la vérité : le contrat qu'il avait passé avec un tueur pour assassiner Linda et ne pas payer la pension alimentaire, la manière dont Linda l'a appris, sans doute en surprenant la conversation téléphonique et l'horrible réplique qu'elle a imaginée en envoyant sa rivale à sa place. Paola, qui n'était au courant de rien, a un cri d'horreur.

— Mais tu es un monstre !

— Ce n'est pas le moment de me faire la morale. Il faut que tu sauves ta vie !

— Il n'y a qu'une chose à faire : tu vas immédiatement trouver ce type et lui dire que ce n'est pas moi.

— Mais je ne peux pas !

En phrases hachées, Vasco raconte les précautions dont s'entourent les escadrons de la mort pour ne pas être pris, le rigoureux anonymat qui est le leur. Il conclut d'une voix paniquée :

— Je n'ai aucun moyen d'arrêter ça ! On va s'en aller tous les deux à l'étranger, très loin, le temps qu'ils nous oublient.

La voiture est arrivée devant l'immeuble de Vasco Alvarès. Ce dernier descend rapidement.

— Je vais chercher de l'argent. Attends-moi là...

Mais Paola sort, elle aussi, du véhicule.

— Jamais de la vie ! Je ne pars pas avec un assassin.

Vasco se plante devant elle.

— Ne fais pas l'idiote. C'est ta seule chance. Ils vont te tuer.

— Lâche-moi ou je crie !...

Mais Paola ne crie pas. Elle reste pétrifiée sur le bord du trottoir, de même que Vasco. Linda vient de sortir de l'immeuble, une valise à la main. Elle les aperçoit, a un sursaut, puis se reprend et vient vers eux.

— Vous voyez : je m'en allais. Eh bien, je vous souhaite bonne chance. Je crois que vous en avez besoin.

Vasco est tellement sidéré qu'il ne peut prononcer un mot ; mais Paola s'approche d'elle.

— Linda, pourquoi avez-vous fait cela ? Tout se passait bien. Vous étiez d'accord pour divorcer.

— C'est vrai.
— Nous nous sommes vues souvent. Vous avez toujours été très aimable. Il n'y a jamais eu de haine entre nous.
— C'est vrai.
— C'est Vasco qui a tout fait. Je n'étais au courant de rien, je vous le jure ! Il vient seulement de me l'apprendre.
— J'en suis certaine.
— Alors pourquoi m'avez-vous fait cela ? Je suis innocente.
Linda Alvarès a un sourire.
— Moi aussi, j'étais innocente. Et j'étais pourtant promise à la mort. Je n'ai fait que remplacer une innocente par une autre. Cela dit, je vous souhaite encore une fois bonne chance, Paola. Sincèrement...

18 décembre 1984. Il fait toujours aussi beau sur Rio. L'été s'annonce splendide. L'air conditionné fonctionne à plein rendement dans le bureau du commissaire Galvao, dans le quartier central de Rio. Le commissaire Galvao est quelqu'un dans la police brésilienne ; il ne compte plus les succès, malgré ses quarante ans. C'est à ce titre qu'il a été chargé de l'affaire des assassinats de femmes en instance de divorce. Et c'est à ce titre qu'il a en face de lui Linda Alvarès.

Celle-ci est parfaitement calme. Elle n'a rien perdu de sa ravissante beauté, mais elle n'a plus l'air heureux qu'elle avait naguère. Le commissaire Galvao la regarde posément.
— J'attends beaucoup de votre témoignage, madame. Vous êtes en quelque sorte le personnage central de cette affaire.
— Pas « en quelque sorte », monsieur le commissaire, je suis le personnage central de cette affaire.
— Vous connaissiez donc la victime, mademoiselle Paola Carvalho, abattue non loin de chez vous d'une balle dans la nuque ?
— Parfaitement. C'était la maîtresse de mon mari.
— Le tueur, Ruy Gomez, ancien membre des escadrons de la mort, a été arrêté sur place par un agent. Le connaissiez-vous ?
— Non. Lui, je ne le connaissais pas.
— Une fois arrêté, Ruy Gomez a mis en cause votre mari qui lui aurait commandité ce meurtre. Le saviez-vous ?
— Oui.
— Alors, que s'est-il passé, madame Alvarès ? Pourquoi le tueur a-t-il exécuté la maîtresse de votre mari et non vous-même ?

— Parce que j'ai fait le nécessaire.

— Pouvez-vous expliquer en quoi consistait ce nécessaire ?

En quelques phrases, Linda Alvarès explique comment elle a envoyé Paola à sa place au café de l'Univers. Le commissaire Galvao se tait.

— Je vois... C'était en quelque sorte de la légitime défense.

— Pas « en quelque sorte », monsieur le commissaire. C'était de la légitime défense.

Le commissaire Galvao regarde cette femme qui, elle-même, le fixe avec détermination. Il a suffisamment d'expérience humaine pour se rendre compte que cette froideur glaciale, cette apparente insensibilité ne sont que la conséquence d'un choc profond. Placée brutalement devant une situation de péril extrême, Linda Alvarès a eu un réflexe d'autodéfense. Elle a puisé dans le fond d'elle-même l'ingéniosité et le sang-froid nécessaires. Le commissaire change de sujet.

— Votre mari est en fuite. Auriez-vous une idée où il peut être ?

— Oui, à Manaos. Il parlait souvent d'aller là-bas et de vivre dans un des derniers endroits sauvages de l'Amazonie. C'est sûrement ce qu'il a essayé de faire...

Vasco Alvarès a été arrêté trois jours plus tard dans les faubourgs industriels de Manaos. Il errait, affamé et à bout de forces. Depuis longtemps, l'Amazonie n'était plus le refuge des fuyards qu'elle était, du temps du bagne de Cayenne. Elle n'était plus qu'une province comme les autres où les étrangers se font remarquer.

Linda Alvarès avait donc triomphé sur toute la ligne : son mari et le tueur à sa solde étaient sous les verrous, sa rivale sous terre. Elle avait gagné mais elle se serait bien passé de cette victoire. Elle savait qu'elle resterait pour toujours marquée par sa partie de cache-cache avec la mort.

L'apprentissage d'un chef

6 septembre 1974 : une Volkswagen de couleur rouge roule à toute allure dans les rues de Hambourg. Au volant, un jeune homme entre vingt et vingt-cinq ans, blond aux yeux bleus, avec un visage harmonieux mais sans caractère, un peu bellâtre. De grosses gouttes de sueur lui coulent sur le front : de temps en temps, il essuie ses mains moites sur son pull-over avant de reprendre le volant.

Kurt Eggen va n'importe où en multipliant les changements de direction afin de semer d'éventuels poursuivants. Ces manœuvres doivent avoir pour résultat de le faire tourner en rond depuis déjà un bon quart d'heure, mais il n'ose pas encore sortir de la ville, s'engager sur l'autoroute où il serait à la merci de n'importe quelle voiture de police rapide.

Quelle idée de voler une voiture rouge, et décapotable de surcroît, pour commettre un hold-up! Pourquoi pas une voiture de pompiers? Pour attirer l'attention, on ne fait pas mieux. Mais Kurt Eggen a agi dans la plus complète précipitation. Il fallait qu'il s'en sorte. Il n'avait plus le choix...

Se faufilant avec fébrilité au milieu de la circulation, Kurt Eggen tente de chasser ses souvenirs. Tous ses souvenirs sont gris, médiocres, insignifiants : son enfance avec sa mère après que son père les eut abandonnés; ses premiers débuts dans la vie à dix-sept ans alors qu'il ne savait rien faire; une succession d'emplois minables, dont il était chassé en un temps record.

Il n'y a que les filles avec lesquelles il a eu du succès; avec son visage d'ange, son profil typiquement germanique, il avait toutes celles qu'il voulait. Mais uniquement pour des aventures sans lendemain. Les deux seules dont il ait été épris, Ingrid, l'infirmière, et Carlotta, la maîtresse d'école, lui ont ri au nez quand il leur a parlé mariage. On ne se marie pas avec un Kurt Eggen.

Il y a un an, Kurt a cru trouver l'affaire de sa vie. Il était alors représentant de commerce. Deux de ses collègues lui ont proposé de s'associer pour se mettre à leur compte. Une catastrophe, la faillite en six mois et, maintenant, les créanciers qui le poursuivent partout!

Alors Kurt Eggen s'est décidé à franchir le pas, à commettre un hold-up. Voilà pourquoi il a volé cette Volkswagen rouge et s'est rendu dans une succursale de la Banque du Commerce avec un revolver jouet. Le caissier lui a remis 10 000 marks. Un joli butin pour un débutant... A condition qu'il sache à présent garder son calme, qu'il parvienne sans encombre à quitter Hambourg. Mais voilà une demi-heure qu'il tourne en rond dans la ville sans se décider à prendre un chemin plutôt qu'un autre... Kurt Eggen sent progressivement la panique l'envahir.

Pour se calmer les nerfs, il tourne le bouton de la radio, et c'est le choc! Il est tombé en plein bulletin d'informations : « Un hold-up vient d'être commis à la Banque du Commerce. Le bandit, qui opérait seul, un homme blond de vingt-cinq ans environ, s'est enfui dans les rues de Hambourg, à bord d'une Volkswagen rouge décapotable. Il est armé. D'importantes forces de police quadrillent la ville. »

Kurt Eggen manque d'emboutir une voiture en stationnement. Il regrette à présent de toutes ses forces de s'être lancé dans une aventure qui le dépassait. Il entend déjà le crépitement des mitraillettes. Il sent déjà la douleur des balles qui lui déchirent la peau. Il est devenu une bête traquée, un gibier, et il n'a pour se défendre qu'un revolver de gosse en plastique. Il va mourir à vingt-cinq ans par cette belle matinée ensoleillée de septembre.

La Volkswagen pile dans un crissement de freins. Kurt Eggen bondit comme un fou, les yeux agrandis de terreur. Il faut qu'il sauve sa vie et pour cela il n'y a qu'un moyen : il doit se rendre au premier policier qu'il verra... Là-bas, un uniforme, le salut! Le jeune homme se précipite, mains en l'air en hurlant :

— Ne tirez pas!

Le brave policier, ahuri, met un certain temps avant de comprendre la situation, tandis qu'autour de Kurt Eggen éclatent des cris d'enfants effrayés. C'est seulement alors que le jeune homme se rend compte qu'il se trouve dans une cour d'école et que l'agent auquel il vient de se rendre était en train de faire un cours de prévention routière à des gamins.

Voilà comment s'est terminée la carrière de bandit de Kurt Eggen. C'est sans doute la médiocrité même de ses talents de malfaiteur qui lui vaut la relative indulgence des juges : Kurt Eggen est condamné à trois ans de prison. Et c'est à ce moment seulement que commence son histoire.

Dans la prison centrale de Hambourg, la vie continue de manière tout aussi insupportable pour Kurt Eggen. Ce qu'il ignorait, c'est que les prisons sont à l'image du monde extérieur : on y retrouve la même compétition, la même hiérarchie, et les médiocres y restent des médiocres. Kurt, avec son hold-up d'opérette, est immédiatement considéré comme un moins que rien par ses codétenus. Il devient l'esclave, le souffre-douleur des autres. Avec son visage d'ange, il est bien évidemment surnommé « La Fille ».

— Hé, La Fille, viens me cirer mes godasses !

— La Fille, t'es à l'amende d'une cartouche de cigarettes ! Si tu me l'apportes pas demain, je te fais la peau !

Kurt Eggen est même l'objet d'agressions sexuelles. C'est d'ailleurs pour cette raison qu'après s'être plaint à la direction de l'établissement il est changé de cellule.

En entrant dans sa nouvelle cellule, il a un mouvement d'effroi : son codétenu est Thomas Kruger, le caïd, le dur de dur, la vedette de la prison de Hambourg ! Ses exploits dans le banditisme sont une légende que connaissent tous les prisonniers du pénitencier. Arrêté après sa onzième agression à main armée — et uniquement à cause d'une dénonciation — Kruger en a pris pour vingt ans. Peu après, il a tenté de s'évader en tuant son gardien. Cette fois, il a été condamné à perpétuité.

Dès que la lourde porte s'est refermée sur lui, Kurt Eggen se blottit, terrorisé, dans un coin de la pièce, Thomas Kruger ne lui jette même pas un regard. Il semble uniquement absorbé par la lecture de son journal de bandes dessinées. De temps en temps, il émet un rire guttural. Kurt n'ose pas bouger, à peine respirer. Enfin Kruger se lève. C'est un colosse. Il a les cheveux en brosse, la face rouge, des mains énormes et velues, ces mains avec lesquelles il a étranglé son gardien, comme chacun le sait dans la prison de Hambourg. Il s'approche du jeune homme qui se recroqueville encore un peu plus. Il lui tend l'illustré.

— Tiens, mon gars, tu veux lire?

Kurt Eggen relève la tête... Qu'est-ce que ça veut dire? Il ne l'a pas appelé « La Fille ». Il a un ton presque gentil. C'est sans doute un moyen raffiné de le torturer. Mais l'autre est toujours là, lui tendant le journal d'une manière gauche. Il sourit.

— Eh ben, mon gars, il y a quelque chose qui ne va pas?

Non, ce n'est pas un jeu cruel. Kruger est sincère. Pour la première fois depuis qu'il est en prison, quelqu'un lui parle avec humanité... Alors, c'est plus fort que lui, Kurt Eggen éclate en sanglots.

Le colosse s'assied à son côté.

— Ben, qu'est-ce qu'il y a? Raconte.

Kurt Eggen renifle bruyamment.

— C'est les autres! Ils sont toujours après moi. Je veux me suicider.

Thomas Kruger a l'air choqué. Il prend un regard dur.

— Tout ça, c'est terminé, petit gars. Je vais leur dire que s'attaquer à toi, c'est s'attaquer à moi. Et ils te ficheront la paix, fais-moi confiance!

Les nouvelles se propagent vite dans les prisons... Dès le lendemain, Kurt Eggen constate une totale métamorphose chez ses codétenus. On le regarde maintenant avec une sorte de crainte et même, par moments, avec respect. Plus personne ne l'appelle « La Fille ».

Tous doivent se demander comment ce minable, cet avorton, a réussi à obtenir la protection du caïd de la prison. Et Kurt se le demande lui-même...

Mais, à partir de là, tout est changé dans son existence, quelqu'un, enfin, s'intéresse à lui, le prend au sérieux. Thomas Kruger lui fait raconter son hold-up manqué, mais il n'en rit pas, il ne se moque pas de lui. Au contraire, il lui fait des confidences :

— Tu sais, petit gars, moi aussi, au début, j'étais un cave. Mes premiers coups, je les ai tous loupés. Seulement ça, personne ne le sait. Le métier viendra, fais-moi confiance.

Kurt Eggen questionne avidement :

— Qu'est-ce qu'il faut que je fasse?

— Tu vois, mon gars, ce qui compte avant tout, c'est de se faire respecter. Et pour ça, il n'y a qu'un moyen : faut avoir peur de rien. Même si le type est deux fois plus fort que toi, tu rentres dedans! Même si tu as tous les flics aux fesses, tu fonces quand même. Tu finiras peut-être par te faire avoir, mais comme un homme! Et c'est ça qui compte.

Kurt écoute ces paroles avec une sensation d'ivresse.

— Et les gens me respecteront? Ils ne me prendront plus pour un minable?

Thomas Kruger ricane.

— Fais-moi confiance, petit gars, c'est le premier coup qu'est dur; après ça vient tout seul!

Le jeune homme n'a pas fini de poser des questions :

— Et les filles? Il y en a deux qui m'ont envoyé promener : Ingrid et Carlotta.

Kruger ricane encore plus fort.

— Les filles, elles ne demandent qu'à obéir. Tu vas voir : dès que tu seras un dur, t'en feras ce que tu voudras!

Un dur... A partir de ce moment, Kurt Eggen a l'impression qu'il le devient réellement. Il décide de se venger de toutes les humiliations qu'il a subies. Suivant les conseils de Kruger, il va lui-même provoquer ses codétenus dont certains sont pourtant redoutables. Mais la protection du caïd doit jouer car aucun d'eux n'ose vraiment accepter l'affrontement.

Peu à peu, Kurt devient un bagarreur, un teigneux. Sa conduite lui attire le cachot à plusieurs reprises, ce qui lui vaut un incontestable prestige...

Quand il sort de prison, au bout de trois ans, le 6 janvier 1978, Kurt Eggen a presque trouvé le temps trop court! Il n'a plus le visage harmonieux et fade qui était le sien lorsqu'il avait commis son hold-up ridicule. Un petit pli est apparu au coin de ses lèvres bien dessinées, ses yeux bleus ont par moments, un éclat difficile à soutenir. Trois ans de prison ont définitivement décidé de son avenir.

Une fois dehors, il décide de rattraper le temps perdu.

Grâce à Thomas Kruger, qui lui a donné des recommandations, il s'introduit dans le milieu. Mais il refuse les propositions qu'on lui fait pour le mettre sur des coups fructueux. Pour l'instant, il a une tâche à accomplir, une tâche personnelle...

Muni d'un revolver — un vrai et pas un jouet en plastique — Kurt se rend, dix jours plus tard, le 16 janvier, dans une école communale de Hambourg. C'est là que travaille comme institutrice Carlotta Schneider, une des deux jeunes filles dont il était amoureux et qui l'a repoussé. Car Kurt Eggen, avant d'entreprendre les grands projets qu'il a dans le banditisme, veut d'abord exorciser son passé. Carlotta s'était moquée du jeune homme insignifiant qu'il était jadis, on va bien voir l'impression qu'il lui fait maintenant!

Mains dans les poches, chapeau enfoncé sur les yeux, Kurt entre dans l'école à la sortie des classes. En le voyant, Carlotta Schneider a un sursaut. Elle lui demande, d'une voix légèrement inquiète :

— Qu'est-ce que tu viens faire ici?

Kurt Eggen se plante à côté d'elle.

— C'est parce que je sors de prison que tu joues les effarouchées?

Carlotta enfile rapidement son manteau. Elle se dirige vers la porte de l'école.

— Écoute, je croyais que nous ne devions plus nous voir. Alors, laisse-moi tranquille.

Kurt lui barre le passage.

— J'ai un peu changé en prison, tu sais, Carlotta. Dis, comment tu me trouves maintenant?

L'institutrice tente de passer malgré lui.

— Ridicule, si tu veux le savoir... Et maintenant fiche-moi la paix!

« Ridicule » : le mot a frappé Kurt comme une gifle. Il est tellement interloqué qu'il la laisse s'en aller. Mais, aussitôt, il se ressaisit. Elle l'a traité de ridicule, comme avant, comme s'il était le même : elle a eu tort!

Kurt Eggen sort son revolver, vise posément la silhouette qui s'éloigne à pas rapides et fait feu par deux fois. Puis, sans affolement, il gagne sa voiture et démarre sur les chapeaux de roues...

C'est dans sa voiture, tandis qu'il flâne dans les rues de Hambourg, qu'il apprend par la radio la mort de Carlotta Schneider. « Un meurtre d'un sang-froid incroyable, dit le commentateur... Le meurtrier a été identifié comme son ancien fiancé qui venait de sortir de prison. La police est à ses trousses. » Kurt Eggen a un petit rire en repensant à sa réaction quand il avait entendu le même genre d'annonce, quatre ans auparavant, lors de son hold-up. La trouille qu'il avait eue!... « Ne tirez pas! Ne tirez pas! Je me rends. » Comme c'est drôle! Maintenant, au contraire, il est parfaitement calme. Il conduit son véhicule d'une main souple... « Même si tu as les flics aux fesses, fonce quand même », avait dit Thomas Kruger. C'est exactement ce qu'il va faire : il va foncer et pas plus tard que tout de suite!

Kurt gare tranquillement sa voiture devant un hôpital de Hambourg. C'est là que travaillait sa seconde fiancée, Ingrid Menzel, quand elle a rompu avec lui... Non, elle n'a pas changé d'établissement, l'employé de la réception lui indique aimablement son service et le jeune criminel s'y rend sans se presser.

Ingrid Menzel n'a certainement pas entendu la radio, sinon elle ne le recevrait pas de cette manière :

— Toi ! Qu'est-ce que tu fais là ? Va-t'en ou je te fais mettre dehors !

Kurt fait semblant de ne pas avoir entendu. Il prend un air avantageux et pose à Ingrid la même question qu'à Carlotta :

— Je sors de prison, Ingrid. Tu ne trouves pas que j'ai changé ?

L'infirmière a une moue méprisante.

— Retourne donc chez ta mère, cela vaudra mieux !

Comme tout à l'heure dans le hall de l'école, Kurt Eggen a pâli sous l'insulte. Il y a une détonation, un cri... Ingrid Menzel gît sur le carrelage tandis qu'une tache rouge s'élargit rapidement sur le devant de sa blouse. Quant à Kurt, avec un sang-froid parfait, il s'éloigne sans courir et disparaît...

Quelques heures plus tard, au milieu de la nuit, le plus grand quotidien de Hambourg reçoit un appel téléphonique :

— Allô, je suis Kurt Eggen. C'est moi qui ai tué l'institutrice Carlotta Schneider et l'infirmière Ingrid Menzel. J'ai commis ces deux meurtres afin d'obtenir la libération de Thomas Kruger, détenu à la prison de Hambourg. Tant qu'il ne sera pas libéré, je tuerai une personne par jour. N'importe laquelle, n'importe où, à n'importe quelle heure. Racontez donc ça à vos lecteurs, ça fera monter votre tirage !

Le journaliste prévient aussitôt la police. D'après lui, l'appel ne provenait pas de Hambourg : il y a eu un petit déclic indiquant qu'Eggen téléphonait d'une autre province. Mais d'où ?

L'alerte est donnée. Dans une conférence de presse improvisée, le directeur de la police de Hambourg fait part de ses craintes.

— Nous demandons à la population de nous aider. L'homme est dangereux et froidement déterminé. Il est d'autant plus redoutable qu'il peut frapper n'importe qui. Que chacun regarde les photos de Kurt Eggen qui vont paraître dans les journaux et à la télévision. Une prime de 10 000 marks est offerte à toute personne qui permettra la capture du criminel.

C'est la chasse à l'homme, la mobilisation générale !... Quelque part en Allemagne, Kurt Eggen entend avec délectation son nom prononcé avec des accents de crainte. Sa tête mise à prix, des milliers de policiers à ses trousses : même Thomas Kruger n'en avait pas connu autant ! Au sujet de ce dernier, Kurt n'est pas fou ; il ne pense pas qu'on va le libérer. Mais c'est sa manière à lui de prouver sa reconnaissance à son maître et de lui montrer qu'il est devenu son égal.

20 janvier 1978. Dans une rue de Francfort, un gros homme au chapeau tyrolien pointe le doigt en direction d'un individu blond.

— C'est lui ! C'est Kurt Eggen ! Je le reconnais. Arrêtez-le !

Le blond ne s'enfuit pas. Il sort son revolver de sa poche et tire sur l'homme au chapeau tyrolien qui s'écroule sur le trottoir. La foule se précipite, tandis qu'il s'enfuit. Il est finalement rattrapé et, si les policiers n'étaient intervenus rapidement, il aurait été lynché.

Kurt Eggen, qui a été pendant quelques jours l'ennemi public numéro un en Allemagne, passe au mois de juillet suivant devant la cour d'assises de Francfort. Un procès qui n'est qu'une formalité. L'accusé, qui revendique ses crimes avec un cynisme insolent, est condamné au maximum, c'est-à-dire à la réclusion à perpétuité.

Et Kurt Eggen est conduit à la prison de Francfort où il doit purger sa peine. Les choses ont bien changé depuis l'arrivée à la prison de Hambourg du jeune bellâtre insignifiant qui avait si piteusement raté son hold-up ! Eggen est maintenant un dur, un caïd, une vedette. A son entrée dans l'établissement, il est salué par un silence respectueux, craintif, soumis. Il surprend des murmures :

— C'est Eggen !

Maintenant, il va pouvoir régner en maître sur ce monde à part qu'est l'univers pénitentiaire, il pourra dire à n'importe qui :

— Hé, Machin, cire-moi mes godasses !

Et un jour, peut-être, on introduira dans sa cellule un jeune homme terrorisé de se trouver devant le grand Eggen. Alors Kurt quittera son expression méchante, implacable, et lui dira doucement :

— Eh bien, mon petit gars... Y a quelque chose qui ne va pas ? Raconte.

Le loup de Narvik

Mai 1946. Le long hiver polaire se termine tout juste dans le petit village de Sanberg, au nord de Narvik, en Norvège. Les habitants de ce pays rude commencent à sortir de leurs maisons. La vie renaît. Comme chaque année, on ne songe qu'à profiter de la courte belle saison.

Ce n'est pourtant pas le cas d'Olaf Nilsen... Il faut dire qu'Olaf Nilsen n'a jamais été tout à fait comme les autres. Il a vingt-deux ans, il est bien bâti, beau garçon, athlétique même, avec un visage carré qui s'orne d'une splendide barbe rousse, mais il a toujours été sombre, renfermé, peut-être parce qu'il a perdu ses parents au cours d'un bombardement pendant la guerre. En tout cas, Olaf Nilsen a toujours manifesté une aversion farouche pour le genre humain.

Avec une exception, cependant : Margret Benson a su l'amadouer. Margret est une belle fille de son âge, la fille du maire de Sanberg. Olaf et elle sont fiancés. Ils doivent se marier dans quelques semaines...

Mais si la jolie Margret avait cru apprivoiser Olaf Nilsen, elle s'est trompée. Et elle le découvre brutalement dans les premiers jours de mai 1946. La perspective du mariage si proche crée sans doute un choc chez le garçon, car il lui fait une scène inexplicable. Il va la trouver chez ses parents et il commence son discours.

— J'ai décidé de ne pas me marier. Je sais qui tu es, je sais ce que tu vaux, c'est-à-dire pas grand-chose !

Margret est tellement stupéfaite qu'elle ne trouve rien à répliquer. Son père, Knut Benson, qui est là, est tout aussi surpris que sa fille. Olaf continue :

— Je t'ai vue hier à la fête. J'ai vu les garçons qui tournaient autour de toi, qui te souriaient!

Margret Benson retrouve la parole.

— Voyons, Olaf, c'était la fête du village, comme chaque année! Tout le monde était gai. Il n'y a que toi qui n'as pas voulu venir. J'avais pourtant insisté. J'aurais tant voulu que tu sois là!

— J'étais là. Mais j'étais caché et je t'ai vue. Maintenant je suis fixé : je pars!

Margret Benson tente d'apaiser son fiancé.

— Voyons, Olaf, cela n'a pas de sens! Ce n'est pas parce que j'ai ri hier soir...

Mais Olaf Nilsen ne l'écoute pas. Il a déjà franchi la porte. La jeune fille court derrière lui.

— Olaf, où veux-tu aller? Où pourrais-tu aller? Tu ne connais personne ailleurs qu'ici. Où vas-tu, Olaf?

La réponse lui parvient alors que le jeune homme s'éloigne déjà à grandes enjambées :

— Vers le Nord...

Dans le village de Sanberg, le brusque départ d'Olaf Nilsen est, pendant plusieurs jours, au centre de toutes les conversations. La plupart, comme son père, essaient de consoler la jeune fille. Ils lui disent :

— Il reviendra.

D'autres, au contraire, affirment :

— C'est un sauvage. Il est parti vivre dans la forêt avec les bêtes. C'était ce qu'il avait de mieux à faire. On n'entendra plus jamais parler de lui...

Effectivement, les semaines, puis les mois, puis les années passent et Olaf Nilsen ne revient pas. Margret Benson, après avoir beaucoup pleuré, sèche ses larmes. Comme elle est jeune et qu'elle est très courtisée, elle finit par oublier. Au début de l'année 1949, elle se marie avec un garçon du village. Personne, à Sanberg, n'a la moindre nouvelle d'Olaf Nilsen.

Des nouvelles, Olaf ne veut en donner à personne, pas plus qu'il ne souhaite en recevoir de quiconque. Pendant plusieurs jours, il a marché droit devant lui, droit vers le Nord. Et puis il a fini par s'arrêter dans une forêt profonde. Pourquoi? Sans doute parce que cet endroit était spécialement sauvage : des sapins immenses, une plaine encaissée, ravinée, parcourue, même à la belle saison, de vents particulièrement violents.

C'est là qu'Olaf Nilsen décide de vivre sa nouvelle existence, son existence définitive. Avec lui, il a emporté en tout et pour tout une hache et un fusil allemand, récupéré pendant la guerre, plus une caisse de cartouches. Pour un homme décidé, connaissant bien le pays, c'est un équipement suffisant.

Olaf abat quelques arbres et se construit une cabane en rondins. C'est avec des arbres abattus qu'il se fabrique également ses meubles. Il vit de sa chasse et de la cueillette. Il n'a besoin de personne. Il a simplement acheté en chemin, alors qu'il quittait Sanberg, quelques outils et ustensiles de cuisine.

Dans le Grand Nord, Olaf Nilsen vit sa vie de sauvage sans éprouver le moindre regret. Dans le fond, c'est ce qu'il avait toujours souhaité. Les hommes l'ont trop déçu. La mort de ses parents pendant la guerre l'a trop fait souffrir. Il a bien tenté un effort pour s'adapter. Margret lui plaisait, elle était jolie et gentille fille, mais une famille, des enfants, il n'aurait jamais pu. Il ne se sent bien qu'au milieu des rennes, des animaux à fourrure et des loups : là, il est dans son monde.

Pour la première fois de sa vie, Olaf Nilsen est heureux. Dans sa solitude volontaire, il trouve la paix. Les années passent sans que personne vienne le déranger. Peut-être le monde est-il de nouveau en guerre. Peut-être, comme autour de Narvik il y a quelques années, se bat-on, s'entre-tue-t-on : il n'en sait rien, il ne pourra jamais rien en savoir.

27 février 1951. Le village de Sanberg est engourdi dans la nuit arctique... Soudain, dans la rue principale du village, retentissent des cris perçants qui font sortir les habitants malgré leurs fenêtres aux doubles carreaux.

Au milieu de la rue, un homme de petite taille marche en titubant. Il est vêtu d'un anorak couleur kaki. Le maire, Knut Benson, le recueille chez lui et, devant un verre d'acquavit, l'homme raconte son aventure. Il semble au bord de l'épuisement.

— Cela fait des jours que je marche. Je suis, prospecteur de pétrole pour une compagnie d'Oslo. Bjorn Strondjeim et moi — Bjorn Strondjeim, c'était mon collègue —, nous étions chargés d'explorer la région nord de Narvik...

L'alcool et la chaleur de la pièce rendent au prospecteur ses couleurs, mais son visage reste sombre. Ses yeux, en particulier, ont quelque chose d'halluciné. Visiblement il vient de vivre un drame. Pressé de questions par le maire, il continue son récit.

— Bjorn et moi, nous avions une roulotte. Mais, en hiver, c'est dur de coucher dans une roulotte. Alors on s'arrangeait, chaque fois qu'on pouvait, pour demander l'hospitalité aux bûcherons.

« Un matin, nous sommes arrivés près d'une cabane en rondins. Il y avait un homme qui coupait son bois. Nous nous sommes approchés... Quand il nous a vus, il est rentré chez lui. Nous avons continué à nous approcher. Il est ressorti, un fusil à la main. Bjorn lui a fait des signes. Il lui a crié : "Nous sommes des amis!" L'homme nous a laissés venir plus près et, quand nous avons été à vingt mètres, il a tiré, calmement, sans se presser. Bjorn est tombé, tué sur le coup d'une balle dans la tête. Moi, je me suis enfui. J'ai couru droit devant en abandonnant la roulotte... Je ne comprends pas par quel miracle je n'ai pas été touché!

Le maire a écouté ce récit avec une attention extrême. Il est devenu pâle. Il demande, en tremblant légèrement :

— A quoi ressemblait cet homme?

— Il était grand, jeune, avec une barbe rousse.

Cette fois, le doute n'est plus permis! Le tueur de la cabane ne peut être qu'Olaf Nilsen. Il n'y a pas tellement de monde à vivre isolé au nord de Narvik, encore moins de barbus roux et moins encore d'individus capables de tirer de sang-froid sur un homme!

La nouvelle est bientôt connue de tout le village. A Sanberg, il n'y a pas de police ni même de téléphone. C'est par radio que le maire annonce la nouvelle à Narvik. La police de la ville prend la chose très au sérieux. Elle décide d'envoyer immédiatement sur place un avion sur skis avec, à son bord, deux hommes armés.

Le lendemain, l'avion prend son vol. Les renseignements du prospecteur étaient précis. Après avoir décrit de larges cercles à basse altitude, l'appareil finit par repérer la cabane d'Olaf Nilsen...

Sur son poste émetteur, le maire de Sanberg suit le dialogue entre le pilote et la police de Narvik.

— Nous allons nous poser. Il y a la place suffisante.

Il y a quelques instants de silence. Puis la voix du pilote reprend.

— Nous nous sommes posés... L'homme nous a vus... Barbe rousse, c'est bien lui. Il rentre dans sa cabane.

La voix du poste de police à Narvik :

— Faites attention à vous!

De nouveau un silence puis la voix du pilote.

— Je ne le vois plus... Si... il est juste devant nous. Mais... il tient un fusil!

Il y a un léger bruit, puis plus rien, le silence... Depuis son poste récepteur, Knut Benson, le maire de Sanberg, entend seulement la voix du policier de Narvik, qui répète d'un ton de plus en plus angoissé :

– Allô! de l'avion, répondez! Répondez de l'avion! Que se passe-t-il?

Ce qui se passe est malheureusement trop clair : Olaf Nilsen vient de faire deux victimes de plus! L'ermite, le misanthrope, qui s'était retiré dans la forêt du Grand Nord pour trouver la paix, est en train de devenir une bête enragée, un criminel de l'espèce la plus redoutable. Et Sanberg, village paisible vivant à l'alternance bisannuelle des jours et des nuits, devient tragiquement célèbre dans toute la Norvège pour avoir donné naissance à celui qu'on appelle aussitôt, dans la presse norvégienne : « Le loup de Narvik »...

A Narvik et même à Oslo, c'est la mobilisation générale. Pas question d'envoyer un second appareil sur place : ses occupants risqueraient d'avoir le même sort. C'est toute une expédition qui est mise sur pied. Quinze jours plus tard, une colonne de deux cents hommes traverse le village de Sanberg. Ce sont des militaires spécialement entraînés et chaussés de skis. Ils ont pour mission de ramener Olaf Nilsen mort ou vif...

La colonne militaire arrive sans encombre à la cabane d'Olaf Nilsen... Elle est en cendres. Tout a brûlé. Tout, d'ailleurs, était en bois.

A une centaine de mètres des débris calcinés, l'avion de la police forme un monticule recouvert de neige. Les chiens qui accompagnent les soldats n'ont aucun mal à trouver, sous la couche blanche, les cadavres des deux policiers. Ils ont été tués chacun d'une seule balle. Cette constatation renforce l'inquiétude des militaires. Le prospecteur, lui aussi, avait été tué au premier coup de feu : Nelsen est un tireur d'élite.

Alors, c'est la poursuite qui commence... Olaf Nilsen fuit. Il fuit en sens inverse de la civilisation, vers le Nord, dans des régions de plus en plus désolées, de plus en plus hostiles. Il a de l'avance. De plus c'est un homme athlétique et particulièrement bien adapté à l'existence sous ces latitudes. Malgré leur acharnement, ses poursuivants ne gagnent pas sur lui.

Pourtant, ils savent qu'ils sont sur la bonne piste : Olaf Nilsen la leur indique lui-même... Presque personne ne vit dans ces régions. Il y a pourtant quelques individus isolés : des bûcherons, des prospecteurs, des trappeurs. De temps en temps, les militaires retrouvent leurs cabanes, ou plutôt ce qu'il en reste : un tas de morceaux de bois calcinés. Quelquefois, le corps est calciné lui aussi, au milieu des débris, quelquefois les chiens le déterrent un peu plus loin. D'autres fois encore, on ne retrouve personne : l'homme a sans doute réussi à s'enfuir. Mais cela ne change rien à son sort. Sous ces latitudes et à cette période de l'année, s'aventurer seul sans équipement dans la nature équivaut à la mort.

En tout, ce sont seize cabanes détruites que la colonne rencontre dans son parcours. Le nombre des victimes d'Olaf Nilsen s'élève maintenant à dix-neuf!

Et la poursuite continue, toujours plus au Nord, dans des conditions de plus en plus difficiles. L'aisance de Nilsen, qui s'enfonce seul dans cette désolation, est stupéfiante! Pourtant, il faut le rattraper à tout prix! Il s'agit d'un fou dangereux et il n'existe aucun moyen de prévenir les quelques habitants qu'il peut rencontrer.

Comment sauraient-ils, ces bûcherons, ces trappeurs, ces prospecteurs, que l'homme qui va se présenter devant leur cabane est un tueur? Dans ces régions, l'hospitalité est un devoir. Ils vont accueillir Olaf sans méfiance et ce dernier n'aura aucune difficulté à les abattre.

2 mai 1951. Cela fait plus d'un mois que les deux cents hommes d'élite de l'armée norvégienne traquent Olaf Nilsen, mais, cette fois, ils tiennent enfin leur fugitif! Olaf, qui n'a sans doute pas de carte avec lui, vient de s'engager dans un défilé fermé par une paroi infranchissable. Il est pris dans un cul-de-sac. C'est la fin de son aventure!

Pourtant les militaires sont prudents. L'homme est acculé. Il est donc plus dangereux que jamais. Et ils en ont la tragique confirmation! Alors que la colonne s'avance dans la neige, un coup de feu claque. Un homme s'abat, grièvement blessé. Le temps que tout le monde se mette à l'abri, deux autres soldats sont touchés...

Olaf Nilsen n'a pas été jusqu'au bout du cul-de-sac ou, alors, il en est revenu. Il s'est installé sur un petit piton rocheux d'où il semble impossible de le déloger sans de nouvelles pertes. D'autant que la fatigue n'a pas altéré son tir. Il a toujours la même extraordinaire précision.

Devant cette situation, le commandant de la colonne n'hésite pas.

Il refuse de donner l'assaut. Il se contente d'établir un cordon de surveillance autour du piton rocheux et demande l'aide de l'aviation.

Oui, c'est la chasse norvégienne qu'on réclame pour venir à bout d'Olaf Nilsen ! Le lendemain, un avion de l'armée apparaît dans le ciel devenu subitement clair. Il fait un passage à basse altitude, passe à toute allure devant le rocher et lâche une rafale. Apparemment sans résultat. Quelques minutes après, il revient et tire de nouveau. Cette fois, c'est fini ! Les soldats voient Olaf Nilsen rouler sur quelques mètres. Son fusil, qu'il tenait à la main, lui échappe et tombe dans la neige. Tous ensemble, ils se précipitent...

Olaf n'est pourtant pas mort. La balle de mitrailleuse l'a atteint à la cuisse. Sa blessure est sérieuse mais il y a un médecin dans la colonne et celui-ci lui donne les soins qui lui permettront de tenir jusqu'à l'hôpital.

Il est conscient... Il ne fuit pas le regard du commandant de la colonne qui vient l'interroger.

— Pourquoi avez-vous tué le prospecteur ?

— Quel prospecteur ? Le premier homme que j'ai tué était un Allemand. C'était normal : c'est la guerre !

Il s'agite et les mouvements qu'il fait lui arrachent une grimace. Il retombe sur son brancard... Le commandant croit qu'il se moque de lui. Il rétorque d'une voix sèche :

— Il n'y a pas de guerre. Il n'y a pas d'Allemands !

Olaf Nilsen s'agite de nouveau.

— C'étaient des Allemands ! J'ai reconnu leurs uniformes kaki...

Effectivement, les deux prospecteurs avaient des anoraks couleur kaki. Se pourrait-il que ce seul fait ait déclenché la folie du jeune homme ? Le commandant poursuit l'interrogatoire.

— Mais l'avion qui est venu après était un avion de la police. A bord, il y avait des policiers...

Olaf se redresse brusquement. Sa barbe rousse brille de givre ; ses yeux bleus sont fixes.

— Non, c'étaient des Russes ! Les Russes et les Allemands, c'est pareil. C'est la guerre !

Le ton du commandant s'est adouci. Il a compris qu'il a affaire à un malade.

— Et les autres ?

Olaf Nilsen a un air hagard.

— Les autres ? Quels autres ?

— Les bûcherons et les trappeurs que vous avez tués dans votre fuite...

Olaf Nilsen ne répond pas et le commandant se tait également. A quoi bon ? Il n'y a rien d'autre à dire. C'est pour avoir voulu trouver la paix, la paix totale, que Nilsen a brusquement basculé dans la folie. Parce qu'un jour deux inconnus lui ont rappelé, par leurs vêtements, l'uniforme allemand, il s'est figuré que la guerre venait de reprendre. Alors tout s'est brouillé en lui. Son esprit est entré dans une grande nuit, plus profonde que la nuit polaire, une nuit définitive qui ne connaît pas l'alternance des saison...

Reconnu irresponsable, Olaf Nilsen n'a pas été jugé. Il a été interné dans un asile psychiatrique d'Oslo. On l'a trouvé pendu dans sa chambre six mois plus tard. Il n'a laissé aucun mot d'explication. Mais ce n'était pas la peine. Pour tous, il était évident qu'il avait enfin trouvé la paix.

La chasse à l'homme est ouverte

— Vieux fou!
— Salopiot!
— Vieux débris!
— Sac à vin!...

Raoul Verrier, accoudé au comptoir du café du Commerce, unique débit de boissons de Saint-Gilles-la-Forêt, petit village du centre de la France, serre les dents et les poings. « Sac à vin! » Cette pourriture ose le traiter de sac à vin! Les yeux de Raoul Verrier s'injectent de sang, tandis que sa figure devient écarlate... C'est vrai qu'il a un peu bu. Et alors? Un bistrot, c'est fait pour cela, non? Et puis, c'est samedi. Il n'est au café du Commerce qu'une fois par semaine, le samedi matin. Et l'autre vient précisément tous les samedis matin. Pour chercher son tabac, prétend-il. Ce n'est bien sûr qu'un prétexte. C'est pour le provoquer, envenimer encore un peu leur vieille querelle.

Raoul Verrier finit son verre d'un trait... A quarante-cinq ans, il est encore gaillard. Il respire même la santé, avec son physique râblé, sa figure ronde et ses cheveux blonds coupés en brosse. Raoul Verrier, comme la quasi-totalité des habitants de Saint-Gilles-la Forêt, est paysan. Il n'est pas riche, mais son maïs ne se vend pas trop mal. Il est marié depuis vingt ans et sa femme Micheline lui a donné deux beaux fils. Bref, tout va bien dans la vie de Raoul Verrier à une exception près, qui s'appelle François Lebeau, celui-là même qui est en train de lui chercher querelle.

Il s'agit d'un conflit de voisinage comme il en existe des milliers à la campagne. Par le hasard compliqué des héritages, Raoul Verrier a ses champs séparés en deux par une parcelle étrangère, ce qui entraîne une perte considérable de temps et d'argent. Cette parcelle appartient à François Lebeau et ce dernier a toujours obstinément refusé de la lui vendre. C'est par pure méchanceté, par pur désir de nuire, il n'y a aucun doute là-dessus.

Pour bien le montrer, François Lebeau laisse sa parcelle en friche. Depuis quinze ans, elle ne produit rien. Il s'y rend de temps en temps, l'air rigolard et les mains dans les poches, tandis que son voisin s'échine sur le maïs... Raoul Verrier frappe du poing sur le comptoir.

— Vilain nabot !

François Lebeau a pâli sous l'insulte. Il fixe d'un air mauvais Raoul Verrier qui le dépasse d'une bonne tête. C'est vrai que l'épithète de « nabot » lui convient. La soixantaine passée, mais paraissant davantage, François Lebeau n'est pas à proprement parler un nain mais il est de petite taille, avec une tête trop volumineuse pour son corps. En plus, il est affligé d'une légère boiterie et d'une myopie extrême qui l'oblige à porter des verres épais. C'est sans doute cette disgrâce physique qui est la cause profonde de sa méchanceté. Bien qu'il soit l'un des plus riches du village, aucune femme n'a voulu de lui. Alors, pour occuper sa solitude, il augmente sans cesse sa fortune et fait tout le mal possible autour de lui.

Derrière les grosses lunettes, les petits yeux marron ont pris un éclat violent.

— Maudit bâtard !

D'un bond, Raoul Verrier s'est jeté en avant et il n'aurait fait qu'une bouchée de son interlocuteur si plusieurs consommateurs ne l'avaient retenu. « Bâtard » est la seule insulte qui puisse toucher Raoul Verrier, né de père inconnu.

Les choses sont sur le point de vraiment mal tourner, lorsqu'une voix calme tout le monde. C'est le maire, Honoré Champi, qui vient d'entrer... Honoré Champi, soixante ans, est plus que le premier magistrat de sa commune : c'est une autorité morale respectée dans toute la région. Il s'approche des antagonistes avec un air excédé. Ces derniers le prennent à témoin comme deux gamins devant un adulte :

— Il m'a traité de « nabot » !

— Et moi de « bâtard » !

Honoré Champi les fait taire.

— J'en ai plus qu'assez de vos histoires. Raoul, tu devrais rentrer chez toi. Tu perds la tête quand tu as bu.

— Je fais ce qui me plaît.

— Et vous, monsieur Lebeau, vous allez finir par le vendre, votre satané champ ?

— Jamais ! Plutôt crever ! D'ailleurs, je me ferai enterrer dedans ; comme ça, même après ma mort, on ne pourra pas y toucher.

Le concert d'injures reprend de plus belle. L'un après l'autre, pourtant, les deux ennemis se décident à s'en aller. Lorsque le dernier a quitté les lieux, le maire pousse un profond soupir.

— Lebeau est un mauvais et Raoul un violent. J'ai hâte qu'on soit après-demain !

Plusieurs consommateurs posent en même temps la question :

— Pourquoi après-demain ?

— Parce que demain, c'est l'ouverture et qu'ils vont se trouver tous les deux avec un fusil !

Un silence lourd s'installe dans le café. Le lendemain, dimanche 20 septembre 1960, c'est effectivement, l'ouverture de la chasse partout en France. Mais, à Saint-Gilles-la-Forêt, ça risque fort d'être une chasse à l'homme !

C'est le matin. Son fusil à la main, Raoul Verrier avance avec précaution dans les bois. D'habitude, il adore l'ouverture de la chasse, mais, pour la première fois, il ressent un malaise. Il a d'abord essayé de se dire que c'était le froid, assez vif pour la saison, puis les médiocres prévisions concernant le gibier. Mais maintenant, il est bien obligé de s'avouer la vérité : il a peur de François Lebeau !

Raoul Verrier regarde sa montre : il est six heures et demie. Cela fait une heure qu'il s'est mis en route. Il n'avait jamais remarqué à quel point la forêt était dense, à quel point les buissons et les arbres étaient propices pour se cacher. Ces allées, ces chemins, qu'il fréquente depuis qu'il est enfant, cessent tout à coup de lui être familiers ; pour la première fois, il y perçoit un danger... Non, cette ouverture de la chasse n'est pas comme les autres, Raoul Verrier a la sensation absurde mais bien réelle de n'être plus le chasseur mais le gibier.

Un bruissement de feuilles derrière lui. Raoul Verrier se retourne d'un bloc, le fusil pointé. La voix d'Honoré Champi, le maire, retentit :

— Eh, pas de blague, Raoul !

Raoul Verrier pousse un profond soupir et balbutie quelques mots d'excuse. Le maire le regarde d'un air grave.

— Tu es bien nerveux, Raoul...
— Oui, ce matin, je ne sais pas ce que j'ai.
— Moi, je le sais. Et toi aussi, d'ailleurs ! Si cela ne t'ennuie pas, je vais marcher un peu avec toi. Cela évitera peut-être un malheur.
— Quel genre de malheur ?
— Un coup de feu est vite parti. Et rien ne ressemble plus à un accident de chasse qu'un meurtre.
— Tu as vraiment peur que je tue Lebeau ? Tu me connais mal, Honoré.
— Je te connais et je sais que tu en serais capable. Mais j'ai peur aussi d'autre chose.
— De quoi, Honoré ?
— De l'inverse...
Jusqu'aux environs de midi, Raoul Verrier et Honoré Champi font route côte à côte. A l'heure du déjeuner, pourtant, le maire doit quitter son compagnon.
— J'ai promis d'aller voir le garde champêtre. Il faut que j'y aille.
Et Raoul reste seul. Instantanément, ses frayeurs du petit matin lui reviennent. Chaque buisson qui bouge le fait sursauter. Il est à tel point terrorisé que, lorsque des lapins ou des faisans sortent devant lui, il ne songe même pas à tirer.
Six heures du soir... Raoul Verrier est sur le chemin du retour. Il est bredouille, mais il s'en moque éperdument. Il est sain et sauf, c'est tout ce qui compte ! Au loin, il aperçoit une silhouette qui lui cause une sensation de délivrance. Il agite le bras droit et se met à courir.
— Honoré ! Oh ! Honoré !...
En s'approchant, il se rend compte que le maire n'est pas seul. Il est au milieu d'un petit groupe. Le maire tourne la tête dans sa direction, mais ne répond pas à son salut. Il reste figé. Raoul arrive à sa hauteur.
— Eh bien, Honoré, qu'est-ce qu'il y a ? Pourquoi...
Raoul Verrier vient de voir : François Lebeau est allongé par terre, les bras en croix. Il a la poitrine barbouillée de rouge. Raoul reconnaît, agenouillé près du corps, le médecin de Saint-Gilles, qui secoue la tête d'un air sombre. Il reconnaît aussi le brigadier et un des gendarmes. La voix du maire le tire de sa contemplation.
— Donne-moi ton fusil, Raoul.
— Mais ce n'est pas moi.
— Tu nous expliqueras après. Allez, donne ton fusil...

A la gendarmerie, Raoul Verrier nie farouchement le meurtre. Honoré Champi essaie de le convaincre du contraire.

— Avoue, Raoul, je sais bien que c'est toi. Tout le monde le sait!

— Je n'ai pas tué Lebeau! Je ne l'ai pas vu de toute la chasse!

— Il a une décharge dans la poitrine, donc il te faisait face. Son fusil était armé. Vous vous êtes croisés et c'est peut-être lui qui a voulu tirer le premier. Avoue, Raoul!

— Ce n'est pas moi! Je ne l'ai pas tué! Je ne l'ai pas vu!

— C'était de la légitime défense, Raoul. Lebeau était un mauvais. Je pourrai en témoigner. Tout le village pourra en témoigner!

— Ce n'est pas moi!

— Avoue! Et tu seras peut-être relâché ce soir, tu retrouveras ta femme et tes enfants.

— Ce n'est pas moi! Si ça se trouve, c'est lui-même qui a fait cela pour me faire accuser.

— Ne dis pas de bêtise : c'est très difficile de se tirer soi-même un coup de fusil dans la poitrine et, même s'il y était arrivé, ç'aurait été forcément à bout portant. Or le médecin dit que le coup a été tiré au moins à dix mètres.

— Ce n'est pas moi qui l'ai tué! C'est un accident qui n'a rien à voir avec moi. Il faut que tu me croies.

Honoré Champi pousse un profond soupir.

— Je ne te crois pas, Raoul! Et si je ne te crois pas, moi, personne ne te croira.

— Raoul, avoue que c'est toi qui l'as tué! a supplié sa femme, Micheline Verrier.

— Monsieur Verrier, avouez que vous l'avez tué! a supplié son avocat.

Mais à tous deux, comme précédemment au maire et comme, un peu plus tard, au président de la cour d'assises, Raoul Verrier a fait la même réponse, d'un air à la fois égaré et obstiné :

— Ce n'est pas moi!

Honoré Champi avait raison : personne ne pouvait croire à la version de Raoul Verrier. En tout cas, pas les jurés qui, un beau jour de juin 1961, sont revenus avec un verdict de culpabilité. Raoul Verrier a été condamné à vingt ans de prison.

Il n'a pas fait la totalité de sa peine, loin de là. Deux jours plus tard, il se pendait dans sa cellule... Quelque temps après, sa veuve Micheline obtenait des héritiers de François Lebeau, qui n'avaient jamais approuvé sa conduite, la vente de la fameuse parcelle. Les terres Verrier étaient maintenant d'un seul tenant. Le duel entre les deux ennemis s'était terminé par une mort réciproque.

A Saint-Gilles-la-Forêt, tout avait fini par rentrer dans l'ordre. Seul, Honoré Champi avait vraiment accusé le coup. Après le suicide de Verrier, un doute terrible était né en lui : et s'il était innocent? Bien sûr, un coupable peut tout aussi bien se suicider, mais...

Lorsqu'ils le croisaient, ses administrés murmuraient parfois des phrases du genre :

— Notre maire se fait vieux!

— Dame, avec tous les soucis qu'il a!

Et Honoré Champi poursuivait son chemin sans entendre, en se disant qu'il garderait ce doute en lui jusqu'à la fin de ses jours...

12 juin 1971 : plus de dix ans ont passé. Honoré Champi est en train de gravir un sentier escarpé un peu à l'écart du village. L'un de ses administrés, Mathieu Ferrand, est à l'article de la mort et a demandé à le voir.

En pénétrant dans la chambre du moribond, Honoré Champi le trouve entouré de sa famille. D'un geste, Mathieu Ferrand fait sortir tout le monde. Les deux hommes restent seuls. Ferrand parle d'une voix faible mais distincte.

— Il faut que je me confesse avant de mourir. J'ai commis un crime.

Honoré Champi se sent mal à l'aise.

— Vous ne croyez pas que ça serait mieux d'en parler au curé?

— Non. Je crois en Dieu, mais pas aux curés. Et puis, il y a autre chose...

Le moribond s'arrête pour respirer avec difficulté. Honoré Champi interroge :

— Autre chose?

— Le curé ne peut pas répéter ce qu'il entend, mais le maire, si.

— Vous voulez que je rende public ce que vous allez dire?

— Oui... Il s'agit de François Lebeau.

Il y a un moment de silence et cette terrible petite phrase :

— C'est moi qui l'ai tué! J'avais des dettes. Ce vieux grigou m'avait prêté de l'argent avec un intérêt énorme. Il exigeait que je le rembourse. Plusieurs fois, il m'avait fourré sous le nez ma reconnaissance de dettes et l'avait remise dans son portefeuille : j'ai décidé de le tuer, sans quoi, c'était la ruine.

Honoré Champi ne dit rien. Il est en train de comprendre la tragique vérité. Il revoit en particulier le visage de Mathieu Ferrand parmi les consommateurs du café du Commerce, la veille de l'ouverture de la chasse...

— C'est cette dispute entre Verrier et Lebeau qui m'a donné l'idée. Si Lebeau était tué le lendemain, tout le monde accuserait son voisin... A la chasse, vous avez failli faire tout rater en restant avec Verrier. Quand vous l'avez quitté, je n'ai pas perdu de temps. J'ai eu la chance de trouver Lebeau peu après. Ensuite, c'était simple : je n'avais plus qu'à prendre la reconnaissance de dettes dans son portefeuille et à me taire.

Tel est l'épilogue de l'affaire Verrier. Aujourd'hui, à Saint-Gilles-la-Forêt, tout est définitivement oublié. La parcelle, à l'origine du drame, a été ensemencée de maïs comme les deux parcelles qui la bordent. Rien ne la distingue du reste des terres Verrier. Plus rien ne subsiste d'un drame né de la méchanceté et de la cupidité des hommes. Et c'est mieux ainsi !

Meurtre au berceau

Karen Price avance en titubant. Elle se cogne, elle se blesse, mais elle continue à fuir avec les forces qui lui restent. Comment fait-elle pour se diriger dans cette forêt épaisse que la nuit sans lune rend absolument noire ? Elle ne le sait pas. D'ailleurs, elle ne se dirige pas. Elle va droit devant elle. Elle sent les branches qui lui giflent le visage, les cailloux qui lui tordent les pieds. Elle va à l'opposé de la lueur qui est derrière elle et qu'elle voit plus près chaque fois qu'elle se retourne.

Karen Price sent un souffle chaud sur sa nuque... Non, ce n'est pas possible ! Cet être répugnant qu'elle a entrevu tout à l'heure, sortant de cet engin bizarre. Ce géant aux bras gélatineux : elle tombe et pousse un cri.

— Je ne veux pas !

Au-dessus d'elle, la forme glauque se penche. Les deux mains s'avancent vers elle. Elle répète :

— Je ne veux pas !

Mais il n'y a rien à faire : sa vie va prendre fin, ici, dans cette forêt. Quelle forêt d'ailleurs ? Elle ne le sait plus. Elle ne sait pas où elle est, ni pourquoi elle s'y trouve, ni depuis combien de temps...

Une violente lumière succède à l'obscurité. La forme, penchée sur elle, se métamorphose. Elle n'est plus le monstre vert, mais Jerry, un des camarades de l'université de Karen. Qu'est-ce que cela veut dire ?

En fait, Karen Price, vingt-deux ans, ne se trouve nullement, ce 6 juillet 1965, dans une forêt impénétrable. Ce n'est pas non plus la nuit. Elle est dans un petit studio de Phoenix, la capitale de l'Arizona. Il est trois heures de l'après-midi et la journée est à la fois chaude et radieuse.

Jerry se penche sur Karen, qui est allongée sur la moquette, les mains protégeant son visage. Dans un autre endroit de la pièce, une seconde jeune fille et un second garçon sont agités de convulsions inquiétantes. La raison est simple : comme beaucoup de jeunes gens, Karen et ses camarades ont voulu céder à la dernière mode en vogue aux États-Unis, en cette année 1965 : le L.S.D.

Le L.S.D., drogue hallucinogène, n'est pas sans danger, loin de là, et ses effets sont rarement agréables. Chez presque tous les sujets, il déclenche des cauchemars à la limite du supportable. Quelquefois même, les conséquences sont dramatiques. Sous le coup des visions monstrueuses, les drogués peuvent tuer ou se suicider.

C'est pourquoi il est formellement déconseillé d'absorber seul un comprimé de L.S.D. Il faut être en groupe et que l'un au moins n'en prenne pas, afin d'empêcher les autres de faire des bêtises. Tel est le rôle que joue Jerry, cet après-midi du 6 juillet 1965.

Jerry est un grand garçon blond aux allures candides. Ce qui est en train de se passer ne lui plaît pas du tout. Depuis qu'ils ont avalé leur cachet, Karen et les deux autres passent leur temps à hurler et à se tordre, et lui va de l'un à l'autre. Tout à l'heure, l'autre fille a essayé de se jeter par la fenêtre. Il a eu juste le temps de la retenir et il a dû la lâcher aussitôt pour s'occuper du garçon, qui jouait dangereusement avec un couteau de cuisine.

Karen lève un regard vide vers Jerry. C'est une petite brune au visage doux et régulier. Mais ses traits sont profondément creusés, comme ceux de quelqu'un qui serait en proie à une fièvre violente.

— Cela va mieux, Karen?

— Qu'est-ce qu'il se passe?

— Tu as pris de l'acide.

Karen Price plisse le front. Elle semble faire un intense effort de concentration.

— Ah oui, je me souviens.

Brusquement, la jeune fille a l'impression que le visage de Jerry devient carré, puis triangulaire. Une idée absurde s'empare d'elle : le temps se déforme de la même manière que les visages. Elle a juste la force de murmurer :

— Jerry! Je repars...

Il y a un trou noir qui dure une éternité et un morceau d'étoffe blanche apparaît à Karen... Curieuse, cette étoffe! Elle forme comme un dais, une tente. Karen est en dessous, allongée, la tête en l'air. Elle regarde cette surface blanche. Elle n'éprouve pas une impression désagréable. Au contraire, c'est plutôt reposant, apaisant.

Soudain, des voix lui font tourner la tête. Elle ressent une impression de démesure. Les voix sont — comment dire? — énormes, un peu comme si elles provenaient d'un haut-parleur. Pourtant, elles ne sont pas forcées, dénaturées. C'est alors que Karen se rend compte que les voix sont normales, mais que c'est elle-même qui est toute petite.

Karen Price a beau tourner la tête à droite et à gauche pour localiser les voix, il n'y a rien que la surface blanche, uniforme. Maintenant, elle voit de quoi elle est faite : c'est de l'étoffe, une sorte d'étoffe très fine, du voilage. Elle lève les bras et s'aperçoit alors qu'ils sont recouverts de laine rose. Une brassière... Elle est bébé, dans son berceau. Mais qui parle? Karen pousse ce qu'elle voudrait être un cri, mais qui se traduit par un vagissement angoissé. Elle reconnaît à présent l'une des deux voix. C'est celle de son oncle John Douglas; l'autre est une voix féminine, ce doit être celle de sa tante, Olivia Douglas et, si c'est cela, c'est très, très étrange!

Maintenant, Karen aperçoit la pièce à travers la mousseline de son berceau. Elle est dans la maison de son oncle, à Los Angeles. Elle revient à ses pensées de tout à l'heure à propos du temps. Le temps se déforme à volonté puisqu'elle voit sa tante et qu'elle ne l'a jamais connue. Quel âge a-t-elle elle-même? Moins d'un an. Neuf mois sans doute... Oui, c'est cela : exactement neuf mois.

La voix de John Douglas, son oncle, lui parvient à présent avec netteté. Une voix excédée.

— Tu vas te taire, Olivia? Tu ne vas pas dire ces horreurs devant une enfant?

— Qu'est-ce que tu veux qu'elle comprenne, à son âge? Non, je ne me tairai pas!

— Et moi, je ne t'écouterai pas. Bonsoir!

Karen s'agite dans son berceau. Elle crie. Mais personne ne fait attention à elle. Son oncle et sa tante ont quitté la pièce. Ils sont passés à côté; pourtant elle continue à entendre leurs voix. C'est toujours sa tante qui parle :

— Jamais je n'accepterai de divorcer! Tu m'entends? Jamais!

— Il le faudra bien, pourtant!

— Jamais, je te dis! Jamais je ne vous laisserai vous marier!

Karen Price entend alors des bruits violents. Le couple se bat dans la pièce même. Elle entend les cris de rage de sa tante et de son oncle. Soudain, il y a un silence. Puis une voix féminine horrifiée.

— Non ! Ne fais pas cela ! Je t'en prie, John, ne fais pas cela ! Tu peux divorcer si tu veux... Je t'en prie, John !

Une cavalcade dans le living... Poursuivie par son oncle, sa tante accroche la mousseline qui s'ouvre. Karen voit le revolver que tient son oncle. Il y a un bruit assourdissant. Elle se met à hurler. Le visage de son oncle s'encadre un instant au-dessus d'elle.

— Ne pleure pas, mon bébé ! Ne pleure pas.

L'étoffe blanche se referme. A nouveau Karen ne voit plus rien, mais elle continue à entendre. C'est, à présent, le bruit d'un corps qu'on traîne par terre et toujours la voix de son oncle.

— Il faut faire vite ! Ne pas perdre la tête, mais faire vite.

Quelques minutes encore et il y a des pas d'homme poussant quelque chose de lourd, sans doute une brouette. Elle entend distinctement prononcer :

— A la cave. Le mur du fond... Derrière le tas de charbon.

D'après les sons, Karen peut imaginer ce que fait son oncle : il descend péniblement avec la brouette l'escalier de la cave. Puis il revient, charge sur son dos le corps de sa femme et disparaît. Plus tard — combien de temps : elle n'en a aucune idée et, de toute manière, le temps ne veut rien dire —, Karen revoit le visage de son oncle. Elle n'a pas cessé de pleurer.

— Tout va bien, mon bébé. Tu as fait un mauvais rêve. Tout va bien.

Karen s'apaise. Il ne s'est rien passé. Ce qu'elle a cru voir, elle n'a plus qu'à l'oublier pour toujours. Cela restera dans le fond le plus caché de sa mémoire et n'en sortira jamais...

Karen Price se contorsionne sur la moquette du studio de Phoenix. Jerry, l'air brusquement inquiet, se précipite vers elle.

— Karen, je suis là !

Karen s'agite de plus en plus.

— Je sais tout ! J'ai tout vu.

C'est à ce moment qu'un bruit violent éclate dans la pièce. Jerry a une expression de panique. Mais il est le seul. Les trois autres sont toujours sous l'effet du L.S.D., en plein délire, en plein « voyage », comme disent les jeunes Américains.

Jerry, qui était penché sur Karen, se redresse soudain. Il se précipite vers la porte, tandis que les coups redoublent.

— Police ! Ouvrez immédiatement !

Il obéit et trois hommes font irruption. Le premier porte les galons de lieutenant.

— Qu'est-ce qu'il se passe ici ? Une drogue-partie, c'est bien cela ?

Jerry ne peut qu'en convenir. Il essaie pourtant d'argumenter en disant qu'il n'a pas pris de drogue lui-même pour éviter les accidents. Le lieutenant lui coupe la parole.

— Tais-toi ! Qu'est-ce que c'est que cela ?

« Cela », c'est Karen Price qui parle, toujours dans son délire.

— Ce n'était pas un assassinat, c'était un rêve. Personne ne saura jamais.

Le lieutenant s'approche de la jeune fille. Elle a les yeux fermés. Elle est ailleurs, très loin sans doute...

Oui, Karen Price est très loin. Dans un pavillon de Los Angeles. Celui qu'habitaient son oncle et sa tante. Elle est assise sur le canapé du living-room. Elle a son âge actuel : vingt-deux ans. Tout cela n'a rien d'étonnant. Le temps continue à se déformer, c'est parfaitement normal. En face d'elle, un policier répète sa question, qu'elle n'avait pas très bien entendue. Qui est-ce ? Il lui a dit qu'il était lieutenant, mais le lieutenant comment, déjà ?

— Vous pouvez me répéter votre nom, lieutenant ?

— Winter, mademoiselle. Mais vous me parliez d'un meurtre ?

— Oui. Celui de ma tante Olivia par mon oncle John.

— John et Olivia comment, mademoiselle ?

Karen Price a un rire subit.

— C'est drôle : vous êtes chez eux et vous ne savez pas comment ils s'appellent. Eh bien, Douglas, évidemment !

— Et leur adresse ?

Cette fois, Karen plisse le front... Les choses ne sont pas normales. Elle sent plus ou moins confusément que cela doit avoir un rapport avec la distorsion du temps et elle éprouve une vive sensation de fatigue. Elle décide de cesser de s'étonner.

— 316 Pacific Drive, Los Angeles.

— Le meurtre s'est passé ici même ?

— Oui. Dans le living.

— Où étiez-vous ?

— Ici, dans le berceau.

Karen se dirige vers le berceau, qui est toujours au milieu de la pièce, et soulève un des côtés de la mousseline.

— Vous voyez, ainsi, on aperçoit parfaitement tout ce qui se passe.

— Et pourquoi étiez-vous dans ce berceau ?

Karen Price hausse les épaules.

— A neuf mois, où voulez-vous que je sois?

Le lieutenant a, dans la voix, une intonation d'extrême intérêt.

— Je vous en prie, racontez-moi, mademoiselle.

En quelques phrases, Karen fait le récit de ce qu'elle vient de revivre. Le lieutenant Winter reprend ses questions.

— Vous êtes sûre que c'est un coup de feu qui a tué votre tante?

— Oui. Je vous dis que mon oncle la poursuivait avec un revolver.

— La police n'a pas fait une enquête à l'époque?

— Je ne sais pas. J'étais trop petite. J'avais neuf mois.

— Et vous n'avez jamais vu votre tante?

— Non, jamais. Mon oncle disait qu'elle l'avait quitté...

Soudain, Karen Price éprouve une étrange sensation. Tout tourne. Le visage du policier est le seul élément stable dans ce tourbillon. Il est toujours là, avec sa casquette de lieutenant, mais le reste change. Ce n'est plus le living, la pièce se rétrécit et devient un petit studio. Le visage de Jerry apparaît. Elle se sent la bouche pâteuse, l'estomac noué; elle a le cœur qui bat à toute allure, le front dans un étau. Les souvenirs lui reviennent peu à peu... Le L.S.D.! Cette fois, elle est tout à fait revenue à la réalité; le voyage est terminé. Elle a un sursaut en constatant la présence des policiers. Mais le lieutenant n'a pas l'air sévère.

— Nous allons avoir besoin de votre collaboration, mademoiselle. Nous allons oublier que vous avez pris de la drogue. Car elle a eu des effets... inattendus.

John Douglas est un homme d'une cinquantaine d'années, plutôt bedonnant, portant des lunettes. Il n'a pas l'air d'un assassin, mais à part les tueurs à gages personne n'a vraiment l'air d'un assassin.

Il est seul dans son pavillon de Los Angeles quand le lieutenant Winter vient le trouver. Il n'apprécie guère le motif de sa visite.

— Encore! Je pensais cette vieille histoire enterrée.

— Vous ne croyez pas si bien dire, monsieur Douglas. Dans votre cave, par exemple...

Mais l'oncle de Karen n'a aucune réaction particulière à ces paroles et la fouille méthodique qui est faite dans sa cave ne donne rien. Pourtant le lieutenant Winter ne se décourage pas. Il fait continuer les recherches, car il a son idée.

Et il avait raison. C'est dans le jardin de John Douglas, sous le massif d'hortensias exactement, qu'on a retrouvé le squelette d'Olivia Douglas.

Les souvenirs de Karen ne pouvaient pas être aussi précis qu'elle le disait. C'est ce qu'avait compris le lieutenant Winter et c'est ce qui lui a permis de ne pas se décourager quand il n'a rien découvert dans la cave. Il l'explique par la suite à la jeune fille :

— Voyez-vous, tout ce que vous avez vécu sous l'emprise de la drogue, vous l'avez inventé. A neuf mois, on ne peut pas se souvenir de phrases entières, alors qu'on ne sait pas parler soi-même. Vous avez tout inventé, sauf deux choses : le bruit de la dispute et le coup de feu. Ces deux bruits avaient traversé et troublé votre cerveau d'enfant ; ils ont resurgi avec le L.S.D. et, dans votre hallucination, vous avez imaginé tout le reste de la scène...

Karen Price n'a jamais repris de L.S.D. Pour elle, la première fois est restée la dernière. Mais quelle fois ! Son cas reste le seul connu où la drogue a permis la découverte d'un crime.

Les huit shillings

Comme un automate, Thomas MacDonald allume la lumière de sa chambre. Il garde le silence, malgré son envie de crier son désespoir... Se peut-il qu'une vie soit terminée à vingt et un ans? Non. Logiquement, il y aura des jours meilleurs, mais combien d'êtres humains auront eu une épreuve pareille à affronter dans leur existence?

Il faut reconnaître que ce qui arrive à Thomas MacDonald est particulièrement atroce... Il y a trois jours, le 16 avril 1949, Beryl Johnson, sa fiancée, est morte. Elle est morte à dix-sept ans, de la manière la plus horrible : assassinée au coin d'une rue, après avoir été violée. C'est un policier qui a retrouvé son corps au petit matin, derrière une palissade, dans un terrain vague de Woolwich, la banlieue de Londres où elle habitait, de même que Thomas.

Il y avait longtemps que Thomas MacDonald connaissait Beryl Johnson. Leurs parents étaient amis et eux ne s'étaient jamais quittés. Depuis deux ans, leurs relations étaient devenues tendres et, depuis trois mois, ils étaient officiellement fiancés. Mais était-ce la peine? Tout le monde, dans le quartier, savait qu'un jour Thomas épouserait Beryl...

Et voilà qu'un assassin inconnu vient de trancher tragiquement cette histoire! Qui? La police enquête, jusqu'à présent sans résultat. Demain, Thomas MacDonald doit se rendre dans le bureau de l'inspecteur Hardy pour répondre à ses questions. Il aimerait bien lui être utile, mais, malheureusement, il ne sait rien...

Thomas MacDonald se prépare à se coucher. Il est en train de retirer ses chaussures, lorsqu'il pousse un cri :

— Mais qu'est-ce que c'est que ça?

« Ça », c'est un pansement autour de son pied droit, fait d'une compresse et d'une bande. En soi, la chose n'aurait rien d'étonnant, si Thomas n'avait aucun souvenir de s'être blessé et de s'être mis ou fait mettre un pansement. En proie à une curieuse impression, il déroule rapidement la bande et, quand il a terminé, il pousse une exclamation plus surprise encore :

— Mais ce n'est pas vrai! C'est absurde!

C'est absurde, mais c'est pourtant vrai : sous le pansement, son pied droit apparaît, parfaitement intact. Pas de trace de la moindre blessure, du moindre bobo...

Cette nuit-là, Thomas MacDonald ne parvient pas à trouver le sommeil. Ce pied pansé sans blessure l'empêche de dormir. Pourquoi n'en a-t-il aucun souvenir? Pourquoi une partie de lui-même lui échappe-t-elle? Il ne pourra plus trouver le repos tant qu'il n'aura pas répondu à ces questions!

L'inspecteur Hardy regarde le jeune Thomas MacDonald, qui vient d'entrer dans son bureau. Malgré ses vingt et un ans, il a l'air d'un adolescent, avec ses cheveux d'un blond très pâle et ses yeux candides. A vrai dire, quand on regarde ses photos, Beryl faisait le même âge que lui, malgré ses dix-sept ans.

L'inspecteur Hardy considère attentivement Thomas. L'inspecteur se flatte d'avoir du flair et tout lui dit que le jeune homme est un témoin d'importance. Son air troublé ne trompe pas : il sait quelque chose...

— Je ne vous ai pas interrogé tout de suite, monsieur MacDonald, parce que vous me sembliez très affecté par le drame. Êtes-vous à présent en état de répondre à mes questions?

Thomas hoche la tête.

— Oui, inspecteur, je pense... Enfin, je veux dire : oui!

S'il avait osé, Thomas MacDonald aurait répondu « non ». La fatigue de cette nuit blanche, jointe au chagrin : non, vraiment il n'est guère en forme pour répondre à un interrogatoire. Mais il n'y a pas moyen de faire autrement.

— La dernière personne à avoir vu miss Beryl Johnson a été sa mère, madame Johnson. Celle-ci lui avait remis 8 shillings qu'elle devait à votre propre mère. Miss Beryl Johnson devait donc aller chez vous pour rendre l'argent... Elle est partie de chez ses parents à dix-neuf heures. Combien de temps lui fallait-il pour arriver dans le pavillon où vous habitez avec vos parents?

Thomas est surpris du son de sa voix quand il répond. C'est une toute petite voix, presque étranglée.

— Cinq minutes. Pas beaucoup plus.

— Votre mère et votre père n'étaient pas là. Et vous ?

— Moi ?

— Oui, vous... Cela ne va pas, monsieur MacDonald ? Vous n'avez pas l'air bien. Voulez-vous que nous nous arrêtions un peu ?

Le jeune homme ne se sent effectivement pas bien du tout. Mais ce n'est pas seulement physique, c'est une sensation de gêne, une oppression. Il tente de se ressaisir.

— Ça va... Enfin, autant que cela puisse aller après ce qui est arrivé.

— Je comprends... Donc je vous demandais si vous étiez chez vos parents quand miss Beryl Johnson est venue rapporter les 8 shillings qu'elle devait.

— C'est-à-dire, je termine mon travail à l'usine à six heures et demie et, avec le trajet, j'aurais eu du mal à être là.

L'inspecteur Hardy considère son vis-à-vis avec attention.

— « J'aurais eu du mal à être là » : c'est une curieuse manière de répondre ! Dites-moi simplement si vous étiez là ou pas, si vous avez vu la victime chez vos parents avant sa disparition.

Thomas MacDonald esquisse un sourire fatigué.

— Je voulais dire : « non ». Non, je ne l'ai pas vue.

— Vous n'étiez pas encore rentré ?

— Non.

L'inspecteur hoche la tête.

— Bien, bien, bien...

Thomas se rend bien compte qu'il a l'air bizarre. Mais ce n'est pas cela qui le tracasse le plus ; c'est ce qui se passe en lui-même. En fait, il a menti. Il vient de dire « non », mais il ne se souvient de rien. C'est le trou noir... Il revoit sa mère faire irruption dans sa chambre au petit matin. Les Johnson venaient de téléphoner à la maison pour annoncer la terrible nouvelle. Il se lève, encore incrédule. Il se fait répéter par sa mère. Il se prend la tête dans les mains... Et son pied droit ? Ce pansement mystérieux, l'avait-il la veille ? Non, à présent, il en jurerait : il date de la nuit du drame !

— Monsieur MacDonald ?... Vous m'écoutez, monsieur MacDonald ?

— Ah, pardon, inspecteur...

— Vous aviez l'air perdu dans des réflexions, monsieur MacDonald. Si vous pensez à quelque chose, n'hésitez pas à me le dire.

N'importe quel élément peut s'avérer précieux...

— Non, non... C'était sans rapport.

— Donc, je reprends... Le terrain vague dans lequel a été retrouvé le corps de la victime se trouve non loin de l'arrêt de l'autobus M 66. Est-ce que miss Johnson avait l'habitude de le prendre ?

— Non. Elle allait rarement par là.

— Quand l'avez-vous vue pour la dernière fois ?

— La veille de sa mort.

— Elle vous a paru comment ?

— Normale. Absolument normale.

— Pas de contrariété apparente ?

— Non, rien, je vous dis !

Brusquement, Thomas MacDonald aimerait que tout cela soit fini. Il ne peut plus supporter cet inspecteur Hardy et sa façon de le regarder en dessous, sa manière trop douce de s'exprimer

— Donc, tout laisse penser à une agression d'un maniaque qu'elle aurait rencontré par hasard dans la rue. Ce sont malheureusement des choses qui arrivent. Bien entendu, si vous aviez quelque chose à ajouter...

— Que voulez-vous que je vous dise de plus ?

— Je ne sais pas, moi... Tout ce qui pourrait vous revenir : un détail inexplicable, un souvenir oublié.

Il y a un instant de silence. Thomas MacDonald se sent de plus en plus mal à l'aise. Le pansement sans blessure, le trou de mémoire pendant la soirée du meurtre, c'est exactement cela : un détail inexplicable et un souvenir oublié. Est-ce que l'inspecteur est sorcier ou quoi ?

— Bien... Alors, monsieur MacDonald, à bientôt !

— C'est cela. A bientôt, inspecteur !

20 avril 1949. Il est dix-neuf heures cinq. Comme tous les jours. Thomas MacDonald se trouve dans le pavillon qu'il habite avec ses parents, dans la banlieue industrielle de Woolwich. Comme tous les jours, il a quitté son usine à dix-huit heures trente. Il a pris l'autobus et il vient juste d'arriver. Comme tous les jours, son père et sa mère, qui travaillent plus tard que lui, ne sont pas rentrés et il est seul...

Thomas MacDonald a passé une nouvelle nuit blanche. Il a essayé en vain de répondre à ces deux questions : pourquoi avait-il un pansement au pied droit et pas de blessure ? Où était-il le jour du drame, à l'heure qu'il est en ce moment? Il a beau s'efforcer de rassembler ses souvenirs, dans la maison vide, c'est le trou noir...

Dix-neuf heures et cinq minutes : c'est à ce moment précis que Beryl Johnson a dû sonner il y a quatre jours pour rapporter ses 8 shillings... Sonner en vain car il n'était pas là.

Thomas tressaille : le bruit de la sonnette vient de retentir juste quand il y pensait. Il tremble légèrement en traversant le couloir pour aller ouvrir. Ce n'est qu'une coïncidence, mais quand même, cela fait froid dans le dos!

Un nouveau coup de sonnette impatient. Thomas MacDonald lance :

— Voilà... Voilà!

Il ouvre et reste la bouche ouverte, les yeux écarquillés... Le visage, la coiffure blonde, la robe : c'est elle, c'est Beryl!

Il recule précipitamment en mettant les mains en avant.

— Non! Non! Allez-vous-en!

Mais l'apparition continue à avancer. Elle dit d'une voix faible :

— Thomas... Thomas...

Thomas MacDonald se plaque contre un mur. Il voit la jeune fille ouvrir sa main. Et dans sa main huit petites pièces argentées, 8 shillings. Il y a en lui comme une lumière aveuglante. Il pousse un cri; puis il s'entend murmurer :

— Le compte y est!

Sans plus se soucier de l'apparition, Thomas se dirige en titubant vers le salon. Il va vers un vase sur le buffet, y plonge la main et en retire huit petites pièces argentées. Il répète encore une fois, l'air hébété :

— Le compte y est!

Une main s'abat sur son épaule. C'est l'inspecteur Hardy.

— Pardonnez-moi d'avoir employé les grands moyens, mon garçon, mais c'était nécessaire. Pour vous faire retrouver la mémoire, il vous fallait un choc.

Thomas MacDonald secoue la tête de droite à gauche comme un boxeur K.-O.

— Cette... Ce que j'ai vu, ce n'était pas Beryl?

— Non. C'est une auxiliaire de police grimée pour la circonstance.

Il a un signe vers la jeune femme qui se tient, immobile, à distance.

— Merci, Jennifer. Je n'ai plus besoin de vous...

Tandis qu'elle disparaît, il se tourne vers Thomas qui s'est assis sur le canapé du salon.

— Tout vous est revenu, n'est-ce pas ?

Thomas MacDonald parle d'une voix étrange, presque impersonnelle :

— C'est à cause des 8 shillings... Beryl m'avait dit : « Le compte y est » en me les donnant.

— Elle est venue ici le soir du drame ?

— Il était sept heures cinq. Je le sais parce que je venais de regarder ma montre... Après qu'elle me l'eut donné, j'ai pris l'argent et, je ne sais pas pourquoi, j'ai été le mettre dans le vase du salon. Sans doute parce que je pensais à autre chose... Il y a si longtemps que j'y pensais. C'était à un point que j'en devenais fou !

L'inspecteur Hardy hoche la tête gravement. Le jeune homme poursuit :

— J'ai demandé à Beryl de monter dans ma chambre pour écouter un disque. Elle m'a suivi.

Thomas MacDonald se prend la tête dans les mains.

— Je vois tout maintenant... Tout ! Je ne pouvais plus supporter qu'on soit toujours ensemble et que je n'aie aucun droit sur elle. Mes parents me l'interdisaient et elle-même m'impressionnait trop. Si j'avais été moins timide, peut-être que tout se serait bien passé. J'aurais pu lui expliquer. Elle aurait peut-être compris. Mais je n'avais jamais rien osé dire et je ne sais pas ce qui m'a pris, là, tout d'un coup...

— Vous vous êtes jeté sur elle ?

— Oui. Elle s'est débattue. Je l'ai fait tomber sur le lit et je l'ai frappée au visage. Elle s'est mise à saigner et elle a hurlé. C'est là que j'ai perdu la tête. J'ai mis mes mains autour de son cou et j'ai serré.

Thomas MacDonald continue à parler sans regarder l'inspecteur, les yeux dans le vide, droit devant lui.

— Comme tout est net à présent ! Lorsque j'ai pris conscience de ce que j'avais fait, elle était morte sur le lit. Il y avait des taches de sang sur les draps. Je me suis déchaussé et j'ai été me bander le pied. Comme cela, si on découvrait le sang avant mon retour, je dirais que je m'étais blessé... J'ai pris mon trench-coat. J'ai enveloppé Beryl dedans et je suis descendu avec elle. Dehors, par chance, il y avait du brouillard. J'ai pris ma bicyclette. Je l'ai placée sur la selle et moi-même j'ai marché à côté. J'ai été le plus loin possible et je l'ai abandonnée dans le terrain vague...

« Quand je suis rentré, mes parents étaient là, mais ils n'avaient pas été voir dans ma chambre. J'ai enlevé les draps et je les ai lavés dans mon lavabo. Le lendemain, quand je me suis réveillé, je ne me souvenais plus de rien... »

Thomas MacDonald regarde le policier d'une manière implorante.

— Je vous jure que c'est la vérité, monsieur l'inspecteur : je ne me souvenais plus de rien. Jusqu'à tout à l'heure, c'était le trou noir.

L'inspecteur Hardy se contente de répondre :

— Je vous crois...

Les psychiatres ont cru aussi le jeune assassin, puisqu'ils l'ont déclaré en état de démence au moment des faits. L'extraordinaire sang-froid qu'il avait manifesté tout de suite après son crime n'était pas une preuve de lucidité. Il avait agi dans un état second et la conscience véritable ne lui était revenue qu'après. Tout le drame avait été effacé de sa mémoire. Comme l'inspecteur Hardy l'avait deviné, il fallait un choc pour que la mémoire lui revienne.

Thomas MacDonald est donc allé à l'asile, avec sa mémoire retrouvée. Nous ne savons pas au bout de combien de temps il en est sorti, mais son internement a sans doute duré moins longtemps que ses remords.

Madame Poubelle

Le jeune Buster Raymond Price, douze ans, tire la langue avec application. Il a installé son chevalet sur une petite hauteur d'où il découvre toute l'exploitation familiale. Il s'emploie à rechercher les couleurs exactes pour peindre le paysage qui s'étale sous ses yeux : du brun pour l'étendue uniforme du grand champ de pommes de terre, du rouge vif pour les machines agricoles en train d'effectuer la récolte, du blanc, bien éclatant, pour sa maison à l'arrière-plan.

Le jeune Buster Raymond considère son œuvre avec satisfaction. Il ne manque rien. La ferme est bien telle qu'elle est en réalité, avec son corps de bâtiments central et ses deux ailes disposées régulièrement de chaque côté. Il ne reste plus que le ciel. Là, il décide de faire une petite entorse au réalisme de sa peinture. Il va le peindre tout bleu, d'un bleu intense. Même si dans l'État du Vermont, au nord-est des États-Unis, c'est rarement le cas...

Buster Raymond Price a terminé sa peinture. Elle est particulièrement réussie pour un gamin de douze ans. Il trempe une dernière fois son pinceau et ajoute dans le coin droit en bas : « Pour maman », puis il signe : « Buster Raymond ».

Buster Raymond Price, est particulièrement attaché à son second prénom. Il résume, en effet, toute son existence.

Buster est né en 1945 de Joshua Price, alors soldat des troupes américaines en Europe, et de Raymonde Valet. Ils se sont rencontrés à Nancy et c'est là qu'il est né.

« Nancy, Meurthe-et-Moselle » : ce sont des noms étranges qu'il se répète souvent comme quelque chose d'un peu magique.

Buster Raymond Price n'est pas resté longtemps en France : un an seulement. Il en est reparti en 1946. Son père ne lui a jamais dit pourquoi il n'a pas épousé sa mère, pourquoi ils sont rentrés sans elle aux États-Unis. De sa toute petite enfance, Buster garde des souvenirs imprécis : un village aux rues étroites, aux maisons anciennes. Mais est-ce que ce sont de véritables souvenirs ? Est-ce qu'il n'a pas plutôt reconstitué par la suite cette première année de son existence ?

Car depuis qu'il est en âge de lire, Buster Raymond s'est passionné pour la France. Dans sa chambre, il a épinglé une affiche touristique : elle représente précisément un village aux rues étroites, aux toits tout rouges avec, en bas, en grosses lettres majuscules : FRANCE.

Son père, Joshua, s'est marié six ans après son retour aux États-Unis. Buster n'est pas malheureux. Il s'entend bien avec sa belle-mère, ainsi qu'avec ses demi-frères et sœurs. Il est gai, plein de vie. Avec ses taches de rousseur, ses cheveux blonds, ses airs dégourdis, il a tout du parfait petit Américain. A l'école, c'est un garçon travailleur, appliqué. Depuis qu'il est entré au collège, il se passionne, bien sûr, pour le français.

Et les années passent. Plus il grandit, moins Buster se sent l'âme d'un fermier. Malgré tous les efforts de son père, il ne parvient pas à s'intéresser à la monoculture de la pomme de terre. Toutes ces grandes exploitations industrielles du Vermont qui s'étendent sur plusieurs dizaines d'hectares et qui se ressemblent toutes ne l'attirent pas. Il a plus que jamais la nostalgie d'une autre campagne, qu'il n'a connue qu'en rêve.

Quand il a seize ans, son père se décide enfin à répondre à ses questions concernant sa mère.

— Tu es grand, maintenant, Buster. Il faut que je te dise... J'étais soldat. On n'avait pas beaucoup de distractions pendant la guerre, alors, pendant les permissions, on se contentait des femmes... faciles. Ta mère était de celles-là.

Buster Price est bouleversé par cette révélation. Son père continue avec un sourire gêné :

— Tu comprends pourquoi nous ne nous sommes pas mariés. D'ailleurs je lui ai demandé de venir aux États-Unis, mais elle n'a pas voulu me suivre.

Après ces révélations, Buster Raymond court s'enfermer dans sa chambre. Là, devant l'affiche touristique française, il réfléchit. Il imagine les temps difficiles qu'a dû vivre sa mère pendant la guerre. Pour s'en sortir, elle n'avait pas le choix. On ne peut pas juger de ce que font les gens pendant la guerre. Non, il ne lui en veut pas, il a toujours envie de la revoir, même s'il comprend à présent pourquoi son père ne l'a pas épousée.

Buster Raymond Price continue ses études. Il suit des cours à l'université de Montpelier, la capitale du Vermont. Il aime cette petite ville provinciale parce qu'elle porte un nom de ville française. C'est maintenant un jeune homme séduisant qui plaît aux filles. Il passe brillamment ses examens.

Pourtant, depuis qu'il est adulte, il a une obsession : retrouver sa mère, aller la voir en France. Ainsi, il aura retrouvé la partie manquante de lui-même, il sera pleinement lui. Il a besoin de cela pour se lancer dans la vie.

A Montpelier, Buster Price, s'est rendu au consulat de France et il a demandé qu'on fasse des démarches pour savoir où se trouvait actuellement sa mère. On lui a répondu que ce serait long et difficile, mais qu'il aurait satisfaction.

Et un jour de 1967, alors qu'il a vingt-deux ans, il reçoit une lettre à en-tête du consulat de France. Il la décachète avec fébrilité et il lit :

« Monsieur, suite à votre demande, nous avons le plaisir de vous faire savoir que votre mère, Raymonde Valet, réside actuellement à Haumont, Meurthe-et-Moselle, villa “Les Canaris”... »

« Haumont » : Buster Raymond recueille ce nom comme un sésame. C'est la clé qui va ouvrir la partie cachée de sa vie. Désormais il n'a plus qu'une hâte, se retrouver dans ce lieu auquel il rêve depuis qu'il est enfant, auprès de sa mère qui a dû tant souffrir.

Dès qu'il a terminé ses études, il demande à faire son service militaire en Allemagne. C'est tout près de la Lorraine, il pourra s'y rendre quand il voudra, voir sa mère tant qu'il voudra.

La demande d'affectation de Buster Raymond Price est acceptée. Et, en septembre 1967, il part pour l'Europe. Son père, au moment des adieux, a l'air contrarié. Visiblement, il y a quelque chose qu'il voudrait lui dire, mais il n'ose pas. Il lui lance simplement en le quittant :

— Bonne chance, fiston !

Buster, pour toute réponse, sourit de toutes ses dents. Il agite le bras joyeusement. Il est heureux... Il y a bien une pensée qui le chagrine : depuis qu'il connaît l'adresse de sa mère, il lui a écrit plusieurs fois et elle n'a jamais répondu. Mais il chasse bien vite cette préoccupation de son esprit. Tandis qu'il monte dans l'avion, au milieu des autres appelés, il n'a plus qu'une seule idée : bientôt, il sera en France, bientôt, cette photo jaunie et conventionnelle sur les murs de sa chambre sera une réalité, bientôt, il va connaître sa mère !...

Les premières semaines de Buster Raymond Price en Europe sont pénibles. Il a été affecté à Landau, en Allemagne fédérale, pas très loin de la frontière française. Mais il n'y a pas de permission pendant les trois premiers mois de service. Il doit donc attendre, tout près de cette Meurthe-et-Moselle où il est né, de pouvoir enfin s'y rendre.

Il écrit de nouveau à sa mère, et, cette fois, il a une réponse ; un mot griffonné à la hâte et rempli de fautes d'orthographe : « Mon petit Raymond, je suis contente que tu viennes. Apporte-moi un peu d'argent parce que j'en ai besoin. Ta mère. »

Malgré la sécheresse du billet, Buster Raymond le garde précieusement. A la longue il s'était mis à douter du renseignement que lui avait donné le consulat de France. Maintenant, il est sûr que sa mère existe bien, qu'elle habite effectivement à Haumont, Meurthe-et-Moselle, dans cette villa au nom charmant : « Les Canaris ». Il compte les jours qui le séparent de sa première permission. En revanche, il lit rapidement les lettres de son père. Des lettres gênées, le mettant en garde contre une déception possible...

3 novembre 1967. C'est la première permission de Buster Raymond Price. Son paquetage sur le dos, il quitte la caserne. Avec lui, il emporte deux objets : un bracelet en or qu'il a acheté avant de quitter les États-Unis et le tableau naïf qu'il avait peint à douze ans, représentant la ferme paternelle.

Buster fait de l'auto-stop. Les automobilistes s'arrêtent sans difficulté en voyant ce grand soldat américain en uniforme, au sourire franc et sympathique, aux yeux candides.

De voiture en voiture, Buster Raymond Price traverse la frontière, entre, avec un pincement de cœur, dans le département de Meurthe-et-Moselle. Enfin, il aperçoit les toits de Haumont. Il descend pour faire les derniers mètres à pied. Il s'arrête sur une petite hauteur d'où il voit la totalité du village et il regarde, bouleversé.

C'est magnifique ! C'est exactement ce qu'il avait rêvé : ces petites rues serrées autour de l'église et de la place de la mairie, ces champs entourés de haies, aux cultures si variées. Il sort le tableau qu'il a emporté pour sa mère et regarde alternativement sa toile et le paysage. D'un côté, le champ de pommes de terre et la ferme blanche, de l'autre, les petites maisons aux vieilles pierres. Il sourit. Il a retrouvé sa moitié manquante. Il a l'impression d'être maintenant un homme complet.

Buster sort de sa rêverie et descend vers Haumont. Il marche lentement; il voudrait faire durer le plus longtemps possible ces instants privilégiés.

Il est maintenant sur la place du village. Il pousse la porte de l'unique café.

Elle s'ouvre avec un bruit de grelots. Le patron et la patronne ont un sourire en apercevant ce grand militaire américain à l'allure sympathique. Buster s'accoude au comptoir, commande un Coca-Cola et demande, dans un français presque sans accent :

— Excusez-moi, je voudrais savoir où est la villa « Les Canaris », madame Valet?

Le patron du bistrot ouvre de grands yeux. Il met un certain temps à répondre tant la question l'a surpris. Enfin, il dit, d'un ton incrédule :

— Vous allez chez madame Poubelle?

Le soldat américain a un sursaut, comme s'il venait de recevoir une décharge électrique. Il agrippe le patron par le col. Il se met à répéter, tout en le secouant :

— « Poubelle », pourquoi « Poubelle »?

Le patron, qui n'en mène pas large, s'excuse aussi platement qu'il peut.

— Il ne faut pas m'en vouloir... Je ne savais pas que c'était une de vos amies.

Buster réplique d'une voix cinglante :

— C'est ma mère!

Le patron lui explique en quelques mots le chemin. Buster Raymond Price paie et s'en va. La porte fait à nouveau un bruit de grelots. Il n'entend pas la patronne qui murmure à son mari :

— Pauvre petit!

Buster, son paquetage de soldat sur l'épaule, traverse Haumont à grandes enjambées, l'adresse indiquée est tout au bout du village... Voilà : ça doit être ici... Il pense un instant s'être trompé. Mais non, il distingue sur la boîte aux lettres deux canaris grossièrement peints.

Buster Raymond Price reste indécis devant la barrière branlante, dont la peinture a disparu depuis longtemps. Il regarde le petit jardin qui s'étale sous ses yeux. Il est difficile d'imaginer quelque chose de plus sordide, de plus répugnant. Les mauvaises herbes envahissent tout. Il n'y a pas d'allée. Çà et là, des débris jetés au hasard : un sommier éventré avec les ressorts qui sortent, des bassines d'émail depuis longtemps rouillées, une roue de vélo, de vieux chiffons et, juste en face de lui, un tas d'ordures indéfinissables...

Buster, la gorge brusquement serrée, s'avance avec précaution dans le jardin. La maison est tout aussi délabrée que ses abords. Pas un volet ne tient, un carreau est cassé. Il pose son paquetage et sonne. Il y a un bruit de meubles déplacés à l'intérieur et puis une voix s'élève, une voix vulgaire, mal assurée, pâteuse.

— Voilà! Voilà! On y va...

Buster Raymond Price a eu le temps de se remettre du choc qu'il a éprouvé en constatant la pauvreté des lieux... Sa mère est dans la misère : voilà pourquoi, sans doute, elle n'avait pas osé répondre à ses lettres ; elle avait honte ; elle ne voulait pas parler de ce qu'était sa vie, alors qu'elle le savait riche et sans problème. Il se sent brusquement heureux qu'elle ait besoin de lui. Il sourit de toutes ses dents quand la porte s'ouvre. Et, brusquement, son sourire disparaît...

L'être — il n'y a pas d'autre mot! — qui vient de s'encadrer sur le seuil est encore plus répugnant, encore plus délabré que le jardin et la maison. C'est une femme sans âge, outrageusement maquillée. Le rouge déborde de ses lèvres épaisses, tout son visage est badigeonné de fard. Elle est vêtue d'un corsage rose vif dans lequel elle déborde et d'une jupe vert pomme.

Buster regarde à gauche et à droite comme s'il cherchait quelqu'un d'autre. Il ne veut pas y croire! Il s'accroche à un espoir dérisoire.

— Excusez-moi, madame, je cherchais madame Valet, Raymonde Valet.

La femme hausse les épaules et retire de ses lèvres un mégot éteint.

— C'est moi, pardi! C'est toi Buster, je parie? Allez, reste pas planté là, entre!

Sans trop savoir ce qu'il fait, Buster pénètre dans le pavillon. Une odeur écœurante de parfum bon marché le prend à la gorge. Le rez-de-chaussée se compose d'une unique pièce. Le jeune homme écarquille les yeux : les murs sont tapissés de photos pornographiques. Les unes ont été découpées dans des revues spécialisées, mais les autres sont de vraies photos. Elles représentent des couples nus et, sur plusieurs d'entre elles, il reconnaît... sa mère!

La femme s'aperçoit de sa surprise. Elle a un rire sonore.

— Qu'est-ce que tu crois, c'est pas un palace, ici! Il faut bien que je vive. Mais c'est dur! Ah, pour ça, c'est dur. Y a pas plus radins que les paysans d'ici...

Buster Raymond Price, qui avait déjà sorti le petit paquet renfermant la toile qu'il avait peinte à douze ans et le bracelet en or, est saisi par une pensée, qui occupe tout son esprit, qui l'empêche de se concentrer sur quoi que ce soit d'autre : son tableau ! Où pourrait-elle mettre son tableau ? Ce n'est pas possible, au milieu de toutes ces horreurs.

La voix de la femme le tire de sa rêverie.

— Alors, tu m'a apporté de l'argent, dis ?

Tandis qu'il reste figé, elle se met à défaire le paquet qu'il a posé sur la table. Elle repousse le tableau avec une grimace, puis prend le bracelet, le soupèse.

— Ouais, c'est pas mal ! Mais c'est pas pratique... Tu te rends compte qu'il va falloir que j'aille à Nancy pour le vendre. Et puis je vais sûrement me faire avoir. Les bijoutiers, c'est tous des voleurs...

Le grand jeune homme est toujours immobile dans son uniforme américain, les bras ballants, la bouche ouverte. La femme s'énerve.

— T'entends ce que je dis, au moins ? Pourquoi t'as pas apporté des billets ?

Buster n'a effectivement pas l'air de l'entendre. Il murmure, l'air hébété :

— Mon tableau...

Raymonde Valet s'anime soudain. Elle l'agrippe par son uniforme :

— Quoi, ton tableau ? Qu'est-ce que tu veux que j'en fiche, de ton tableau ? De l'argent, donne-moi de l'argent !

Elle se met à le secouer frénétiquement.

— Des dollars, t'en as sûrement plein les poches ! Allez, donne-les-moi !

Alors, tout se brouille dans la tête de Buster... La France, sa mère, son rêve. Il se met à frapper... Il y a un tisonnier dans la cheminée... Il frappe encore ! Cette femme qui crie, cette femme qui hurle, il faut qu'elle disparaisse, pour que son rêve reste intact ! Il le faut... pour sa mère !

Deux mois plus tard, le soldat Buster Raymond Price est arrêté dans un bar de Landau pour coups et blessures. Il faut dire que, depuis sa permission, il n'était plus le même. Lui, jusqu'ici si discipliné, avait pris l'habitude d'aller s'enivrer avec les pires éléments de la garnison.

Au poste de police, Buster demande à voir le commissaire. En présence de celui-ci, il déclare d'une voix sans timbre :

— J'ai tué une femme il y a deux mois, à Haumont, en France. Je pense que c'était ma mère.

La nouvelle déclenche aussitôt une enquête. Et les policiers français découvrent le corps de Raymonde Valet enterré dans un coin du jardin, sous le sommier éventré. Aussi incroyable que cela paraisse, depuis deux mois, au village, personne ne s'était aperçu de sa disparition.

Aux assises de Nancy, Buster Raymond Price a été condamné à cinq ans de prison. Bien qu'il s'agisse d'un matricide, les jurés lui ont trouvé de larges circonstances atténuantes... Ses cinq ans, il les a passés en compagnie de son tableau qu'il avait accroché sur le mur en face de lui : un champ de pommes de terre uniforme, une ferme toute blanche qui ressemblait un peu à une usine, un paysage sans originalité et sans caractère, qu'il n'aurait jamais dû quitter !

Une écriture d'assassin

Il est aux environs de midi, ce 16 février 1932, lorsque le téléphone sonne au poste de police de Greenhill, un faubourg résidentiel de Boston. Le lieutenant Brian Clifton décroche.

— Allô ! Ici l'agent Hamilton. Un meurtre vient d'être commis au 216 Lincoln Avenue. Une jeune femme assassinée chez elle.

Le policier marque un silence et ajoute d'une voix presque confidentielle :

— Il s'agit d'une affaire... très ennuyeuse.

Quelques minutes plus tard, le lieutenant Brian Clifton pénètre dans une luxueuse villa garnie d'imposantes colonnes. L'agent Hamilton se tient sur le seuil; un peu en retrait derrière lui, une femme d'une soixantaine d'années, à l'air bouleversé. L'agent guide son chef à travers une vaste antichambre au sol de marbre.

— Je faisais ma ronde dans la rue quand la femme de ménage m'a appelé. Le corps est dans le salon.

L'agent Hamilton pousse une porte et Brian Clifton découvre une femme allongée sur le tapis. La morte est très belle : grande, brune, elle devait avoir aux alentours de vingt-cinq ans. Elle est vêtue avec élégance d'une robe venant visiblement d'un grand couturier. Une tache rouge au sommet du crâne indique qu'elle a été frappée par un objet lourd. Il a dû y avoir lutte, car la pièce est dans le plus grand désordre. Le lieutenant Clifton se relève et interroge la femme de ménage qui regarde le spectacle en tremblant.

— Qui est-ce ?

— Dolores Shapman, monsieur.

Le lieutenant fronce les sourcils.

— Un nom qui me dit quelque chose. Elle ne serait pas venue du Mexique, par hasard ?
— Si, monsieur.
Brian Clifton parle autant pour l'agent Hamilton que pour lui-même.
— La fille de Bob Shapman, soupçonné de plusieurs vols à main armée. Il s'est réfugié à Mexico au moment où on allait le coincer. Il a été tué avec sa femme en 1928 par un ancien complice qui a été tué lui-même par la police mexicaine. Je savais que sa fille avait quitté le pays tout de suite après mais je ne savais pas qu'elle était venue chez nous.
Le lieutenant s'adresse à l'agent Hamilton :
— Je ne vois pas en quoi cette affaire est spécialement ennuyeuse. C'est un règlement de comptes, voilà tout.
L'agent se racle la gorge.
— C'est que... Vous n'avez pas vu la pièce d'à côté, lieutenant.
La pièce d'à côté est un bureau meublé avec recherche. Deux des murs sont occupés par une bibliothèque garnie de livres de prix. Mais c'est le troisième mur que le lieutenant Clifton regarde, pétrifié, la bouche ouverte.
— Ce n'est pas croyable !
Le lieutenant a en effet sous les yeux les photos, encadrées et mises sous verre, de tout ce que Boston compte de personnalités. Il n'y en a pas moins d'une cinquantaine. Mais le pire, c'est que toutes sont dédicacées par les intéressés. Brian Clifton s'approche au hasard du portrait de l'archevêque. « A ma chère Dolores, avec toute mon affection et ma reconnaissance. » A proximité, le maire, le sénateur et le juge de la ville adressent à la disparue les mêmes mots touchants.
Le lieutenant Clifton voit défiler avec nostalgie quinze ans d'une carrière exemplaire. A trente-cinq ans, on le disait promis au plus brillant avenir dans la police. Mais, maintenant, tout cela est bien fini. Comment pourrait-il se sortir d'un guêpier pareil ? Il demande d'une voix hésitante à la femme de ménage :
— Ces messieurs étaient quoi exactement pour votre patronne ?
Elle répond sans hésitation :
— Ses clients, Monsieur.
Le lieutenant manque se trouver mal. Il répète d'une voix étouffée :
— Ses clients !
— Ben oui. Mademoiselle était une savante. Elle était... Je ne sais

plus comment on dit. Elle regardait l'écriture des gens.

Brian Clifton se sent un peu mieux : la victime était seulement graphologue. Il se recule un peu et considère le mur. Un banal règlement de comptes, tu parles ! Tous ces messieurs qui lui sourient, et dont le moins puissant d'entre eux pourrait briser sa carrière, ce sont... les suspects de son enquête.

19 février 1932. Trois jours ont passé. Le lieutenant Brian Clifton récapitule les éléments qu'il a acquis. Dolores a bien été assommée par un objet lourd, vraisemblablement un bibelot qui se trouvait dans la pièce et que le meurtrier a emporté avec lui. Les spécialistes du laboratoire ont inspecté la villa de fond en comble. Ils ont relevé quatre types d'empreintes différentes. Les trois premières se trouvaient en abondance un peu partout : celles de la victime bien sûr, celles de la femme de ménage et celles d'un inconnu qui devait être un familier de la maison, peut-être l'amant de Dolores. Sur ce point, la femme de ménage, que le lieutenant a interrogée longuement, n'a pu être d'aucun secours. Elle ne venait que le matin et ne connaissait rien des relations de sa maîtresse. Elle n'a vu, en particulier, aucun de ses illustres clients, car Dolores Shapman ne recevait que l'après-midi.

Mais c'est la quatrième empreinte qui est intéressante. On l'a trouvée dans la pièce du crime sur le dessous d'une table. De toute évidence, c'est celle de l'assassin qui a pris soin, avant de partir, d'effacer toutes ses traces, mais a oublié celle-là.

Au volant de sa voiture, dans les rues de Boston, Brian Clifton fait la grimace. Le plus dur reste à faire. Cette empreinte appartient-elle au maire, au sénateur, à l'archevêque, à ce milliardaire dont le nom est connu du monde entier ? Ah, évidemment, ce ne serait pas difficile de le savoir ! Il suffirait d'aller les trouver les uns après les autres...

« Excusez-moi, monseigneur, voudriez-vous tremper votre index droit dans l'encre, s'il vous plaît ?... Non, ne vous inquiétez pas. C'est juste une petite formalité : vous êtes suspecté de meurtre »... « Appuyez bien sur la feuille blanche, monsieur le sénateur. »... « Pardonnez-moi de vous déranger, monsieur Rockefeller : c'est la police criminelle. »

Heureusement, le lieutenant Clifton a tout de même un moyen d'approche : le juge Flint, qui figure en bonne place dans la galerie des portraits. Il lui est arrivé à plusieurs reprises de le rencontrer pour des raisons professionnelles et ils ont tout de suite sympathisé. Avec Flint, ce ne sera pas facile, mais, du moins, ce sera possible.

Le lieutenant Clifton rassemble toute son énergie en franchissant la porte capitonnée du bureau du premier juge de la ville. Richard Flint se lève pour l'accueillir. C'est un homme d'une soixantaine d'années à la stature imposante et aux manières autoritaires, mais son expression est amicale comme chaque fois qu'il rencontre le lieutenant.

— Ce cher Clifton ! Il y a longtemps qu'on ne s'était vus. Asseyez-vous, je vous en prie... Alors, quelle est votre nouvelle affaire ?

Le lieutenant s'assied sur le bord de son fauteuil. Il prend une inspiration et lance :

— Le meurtre de Dolores Shapman.

Richard Flint, la main appuyée sur deux doigts de sa main droite, sourit toujours.

— Qui ?... Je vous écoute.

Clifton regarde, effaré, cet homme qu'il avait toujours considéré comme l'expression même de la droiture et du sens moral. Voilà qu'il est en train de lui dissimuler qu'il connaît la victime ! Le juge Flint ment !

Richard Flint répète d'un ton un peu impatient :

— Eh bien, parlez, Clifton !

Le lieutenant maudit le destin qui l'oblige aujourd'hui à ruiner sa carrière. Mais le devoir avant tout.

— Je suis venu vous voir en tant que témoin. Car vous connaissiez la victime.

Richard Flint bondit de son siège.

— Quoi ! Je n'ai jamais entendu ce nom-là. Vous êtes devenu fou ?

Le lieutenant continue à gravir son calvaire. Il sort de son dossier le sous-verre dédicacé.

— Voyez vous-même.

C'est au tour du juge d'être effaré. Il bafouille d'émotion.

— « A Dolores, coupable de trop de charme et de talent, que je condamne à subir mon amitié à perpétuité. » Mais c'est ahurissant ! C'est... Je ne trouve pas mes mots !

— Est-ce que c'est votre écriture ?

— Mais oui, c'est mon écriture. C'est cela qui est ahurissant !

Le juge Flint agrippe le bras du lieutenant.

— Écoutez-moi, Clifton ! Sur mon honneur de magistrat, je n'ai pas écrit ces inepties et je n'ai jamais vu cette femme. Vous me croyez ?

Le lieutenant est agité par les sentiments les plus contradictoires. Pourtant, même s'il est dépassé par les événements, il sent pour la première fois un petit espoir naître en lui. Le juge Flint, admiré et redouté de tous, n'est plus qu'un vieil homme implorant. Sa sincérité saute aux yeux. Brian Clifton parle d'une voix émue.

— Je vous crois. Il y a un mystère, mais je le découvrirai. Même si je dois passer toutes mes nuits sur ces satanées photos.

— Parce qu'il y en a d'autres que la mienne ?

— Oui. Tout ce qui a un nom à Boston.

Le juge Flint, à bout d'émotions, ne trouve qu'une chose à dire en raccompagnant son visiteur :

— Que Dieu vous protège !

Le lieutenant Brian Clifton n'a pas besoin de plusieurs nuits pour résoudre le mystère des dédicaces. Il lui vient une idée qu'il n'avait pas eue au premier abord : enlever les verres pour examiner les clichés eux-mêmes ; et l'analyse se révèle formelle : les photos ne comportent que deux types d'empreintes, celles de Dolores Shapman et celles d'un individu qui ne peut être que le photographe. Or ces empreintes sont justement celles qui figurent un peu partout dans la maison. Mais aucune des sommités bostoniennes n'a laissé la moindre trace. Comment peut-on écrire et signer sans déposer d'empreintes ? C'est tout bonnement impossible.

Pour le lieutenant Clifton, le premier problème — et le plus angoissant, il faut bien le dire — est éclairci. C'est Dolores Shapman elle-même qui a imité les écritures grâce à son talent de graphologue. Comment en a-t-elle eu des échantillons ? C'est un point à éclaircir après. Chaque chose en son temps.

Ce qui compte maintenant pour le lieutenant, c'est de retrouver ce mystérieux photographe... Mystérieux n'est d'ailleurs pas le mot, car Clifton n'a aucun mal à connaître son nom. Il s'agit de Jack Crawley, le photographe le plus coté de la ville. Toutes ces personnalités étaient d'ailleurs ses clients et c'est à ce titre qu'il possédait leurs photos. Malheureusement, Jack Crawley est absent. Il est parti pour Washington le jour même du meurtre. Crawley n'est pas n'importe qui : il est en train d'exécuter une série de portraits du président et de sa famille.

Mais il va sans dire que lorsqu'il rentre à Boston, le 25 février 1932, le lieutenant Clifton est sur le quai de la gare pour l'accueillir.

— Monsieur Crawley, veuillez me suivre, je vous prie. J'ai une mauvaise nouvelle à vous apprendre et beaucoup de questions à vous poser...

Ce n'est qu'une fois arrivé dans son bureau qu'il apprend au photographe la mort de sa maîtresse. Ce dernier devient très pâle. On sent qu'il contient difficilement ses larmes. Il froisse nerveusement sa lavallière de soie.

— Excusez-moi, lieutenant, c'est tellement inattendu et affreux !

Brian Clifton a un sourire contraint.

— Je comprends votre peine, monsieur Crawley, mais vous comprendrez vous aussi que j'ai besoin de savoir beaucoup de choses et même d'être indiscret.

Le photographe redresse la tête d'un air décidé.

— Je ferai tout pour vous aider à retrouver le meurtrier de Dolores.

— Bien. Vous avez remis ces portraits à mademoiselle Shapman ? Puis-je vous demander dans quel but ?

— Il faut d'abord que je vous explique qui était Dolores. Elle est arrivée ici il y a quatre ans, comme vous le savez sans doute, après le meurtre de son père et de sa mère. Elle a voulu changer d'univers, se faire une nouvelle vie. Elle avait de l'argent. Elle a suivi des études pour être graphologue et elle a brillamment réussi... Dolores était très douée. Elle pensait que tout allait bien se passer pour elle. Seulement, rien ne s'est bien passé.

Jack Crawley a un soupir.

— C'est à cette époque-là que je l'ai rencontrée. Elle était désespérée. Elle n'avait aucun client. Dans le quartier chic et puritain de Boston où elle s'était installée, tout se sait et les gens ne sont pas tendres. Ses origines étaient connues. Malgré tout son argent, elle n'était, pour ces gens-là, que la fille de Bob Shapman, le gangster.

Le lieutenant Clifton marque quelque impatience.

— Je connais Boston comme vous. Venez-en à des faits précis.

Le photographe fixe son vis-à-vis d'un air triste.

— Ce que je vous dis est la clé de tout, lieutenant. Dolores, sans doute pour racheter un passé dont elle n'était pas responsable, avait un furieux besoin de respectabilité. Elle ne rêvait que d'être introduite dans la bonne société de la ville. C'est elle qui a eu l'idée des photos. Moi, toutes ces personnes, je les connaissais par mon métier, vous comprenez ?

— Je comprends. Mais comment a-t-elle fait pour imiter les écritures ?

— Je lui ai remis les chèques que j'avais reçus, tout simplement. Elle n'a pas eu besoin de plus pour faire les dédicaces. Et le plus fort, c'est que cela lui a servi ! Des gens ont vu la galerie des portraits et y ont cru. A partir de ce moment, elle a eu une clientèle. Mais dans le fond elle n'avait pas fait cela pour l'argent. C'était pour l'illusion. A force de voir tous ces portraits et ces mots gentils, elle finissait par y croire.

Brian Clifton regarde le photographe froidement.

— Vous êtes parti le jour même du meurtre, monsieur Crawley.

Jack Crawley a l'air impressionné par la remarque.

— J'avais une commande officielle et vous le savez bien.

Son regard se fait brusquement perçant.

— Écoutez-moi, je ne suis pas le meurtrier, mais je peux peut-être vous aider à le retrouver.

— Et comment, je vous prie ?

— Je connais la maison. Vous, vous n'avez pu examiner que ce que vous avez vu. Mais supposez que quelque chose ait été enlevé, comment le sauriez-vous ?

Crawley sort un cliché de son portefeuille.

— J'ai fait cette photo de Dolores devant la galerie des portraits. Combien en avez-vous trouvé ?

Le policier connaît le chiffre par cœur.

— Quarante-neuf.

Jack Crawley compte du doigt sur sa photo.

— Eh bien, lieutenant, il y en avait cinquante tout juste. Du moins, avant que l'assassin n'ait retiré le sien...

Quelques heures plus tard, Brian Clifton est dans le bureau de Francis Miller, directeur de la banque Miller and Miller. Un personnage important, qui est en ce moment en pleine campagne électorale en vue de détrôner le sénateur en place. Miller, dont le portrait, qui figurait sur la photo de Crawley, avait mystérieusement disparu après le crime.

Francis Miller reçoit le lieutenant avec affabilité. Quelqu'un qui veut se faire élire doit être aimable avec tout le monde, spécialement avec les policiers.

— Heureux de vous voir, lieutenant ! Besoin d'un service ?

Brian Clifton a décidé d'attaquer en force.

— Oui. Me dire ce que vous faisiez le 16 février à dix heures trente, moment présumé du meurtre de Dolores Shapman.

L'effet de surprise n'est pas raté. Le banquier candidat sénateur bredouille :

— Mais... Qu'est-ce que... ?

Alors, le lieutenant prononce enfin la phrase qu'il n'aurait jamais crue possible au début de son enquête :

— Monsieur Miller, voudriez-vous tremper votre index droit dans votre encrier et l'appliquer sur cette feuille de papier, s'il vous plaît ? Voyez-vous, l'assassin a été très consciencieux il a retiré son portrait du mur et il a effacé toutes ses empreintes. Toutes, sauf une, qui se trouvait sous une table et qui n'était pas visible. Eh bien, monsieur Miller, voulez-vous tremper votre index ?

Le milliardaire sait qu'il est perdu. Il avoue.

— J'avais entendu parler des talents de graphologue de miss Shapman et de son désir de respectabilité sociale. Alors je suis allé lui proposer un marché. Si elle imitait l'écriture du sénateur sortant en lui faisant tenir des propos compromettants, je me chargeais de lui ouvrir les portes de la bonne société.

Francis Miller se prend la tête dans les mains.

— Mais je n'avais pas compris quelle femme c'était ! Elle est devenue folle. Elle m'a menacé, oui, menacé ! Elle m'a tenu le langage inverse. Non seulement elle n'imiterait pas l'écriture du sénateur mais elle était prête à imiter la mienne si je ne l'introduisais pas dans le monde de Boston. Alors, nous nous sommes battus. J'ai perdu la tête. J'ai pris une statuette sur la table et je...

Brian Clifton sourit. Son enquête est terminée et sa carrière de policier est toujours — et même plus que jamais — en bonne voie. Il jette un coup d'œil sur le bureau du banquier, encombré de notes de sa main. Il conclut.

— Dans le fond, Dolores Shapman a quand même commis une erreur professionnelle : elle aurait dû voir que vous aviez une écriture d'assassin.

Un bel effet oratoire

20 août 1888. Dans la campagne du Loir-et-Cher, non loin du village des Montils, près de Blois, on est en pleine période des moissons. Beaucoup de journaliers agricoles ont dormi dans les champs, à la belle étoile, et un petit groupe d'entre eux se dirige, au lever du jour, vers le Beuvron, la tranquille rivière qui coule en contrebas.

C'est alors qu'ils remarquent un paquet flottant sur les flots. L'un d'eux s'approche et pousse un cri : ce n'est pas un paquet, c'est un cadavre ! Tout tremblant, il le ramène à la rive et, l'instant d'après, il y a des cris horrifiés.

C'est le corps d'une femme. Le meurtre est récent : elle est à peine défigurée par son séjour dans l'eau. Il s'agit d'un crime d'une férocité inouïe. La malheureuse est lardée, tailladée de coups de couteau. Parmi les journaliers, des exclamations consternées fusent :

— Madame Cosson ! Une si brave femme !

Huguette Cosson, trente ans, fermière aux Montils, mère de famille sans histoire, vient de terminer son existence sous les coups d'un sauvage assassin. C'est un crime brutal, comme il s'en produit de temps en temps dans les campagnes et pourtant ce meurtre, apparemment sans originalité, est le début d'une affaire unique en son genre.

Le commissaire Veller, de Blois, est chargé de l'enquête. Et, sous sa direction, les choses ne traînent pas.

Dès la fin de la première journée, la police est en mesure de faire plusieurs constatations. D'abord le crime a été d'une férocité peu commune. La malheureuse a été frappée de trente-six coups de couteau. C'est l'œuvre d'une brute, d'un vagabond sans doute, à moins que l'acharnement ne soit le signe d'une vengeance.

Huguette Cosson a été tuée dans le chemin qui surplombe la rivière, à cent mètres environ de l'endroit où on a retrouvé son corps. La trace est facile à suivre : sur le lieu du meurtre se trouve le mouchoir de la victime, puis du sang sur les herbes, jusqu'au lit de la rivière.

Honoré Cosson, le malheureux mari, est totalement effondré quand le commissaire Veller l'interroge. Toutefois, il peut fournir des précisions intéressantes.

D'abord, sa femme avait de l'argent sur elle : 3 francs. Même en 1888, ce n'est pas grand-chose. Mais cette somme n'a pas été retrouvée sur elle, ce qui indiquerait que l'assassin était assez démuni pour voler une aussi petite somme ; à moins, évidemment, que les pièces ne soient tombées dans la rivière au moment où le corps a été jeté à l'eau.

D'autre part, monsieur Cosson fait le récit de la dernière journée de sa femme. Ils ont travaillé ensemble à la moisson jusqu'à sept heures du soir. A ce moment, lui-même est rentré à la ferme pour s'occuper des bêtes, tandis que sa femme allait chez des voisins rapporter les outils qu'ils leur avaient empruntés. Le trajet pour s'y rendre passe par l'endroit de l'agression. Compte tenu de la distance, le crime aurait dû avoir lieu vers sept heures et demie du soir.

En même temps, les gendarmes, qui continuent à ratisser les lieux, font une découverte capitale : un quignon de pain, et pas n'importe lequel : il est d'une forme bizarre, tout tordu.

Le commissaire Veller n'a pas à poser de question. Un de ses hommes, qui est des Montils, lui fournit tout de suite l'explication.

— C'est du pain des Montils, commissaire. Le boulanger a son fournil qui est cassé. Il manque une brique sur le bas. Et, à chaque fournée, il y a un pain qui a une forme bizarre.

C'est pour le commissaire un indice inespéré. Le pain est encore frais. C'est donc qu'il fait partie de la fournée de la veille, celle du 19 août, jour du crime...

Le boulanger, interrogé par le commissaire Veller, se souvient parfaitement à qui il a vendu le seul pain bizarrement conformé de sa fournée.

— C'est à madame Descombes, une femme âgée, une veuve. Elle habite dans la grand-rue à cinq maisons d'ici.

Le commissaire s'y rend, un peu troublé. Une vieille dame : il ne s'attendait pas à cela. Il était sur la piste d'un dangereux rôdeur et non d'une veuve âgée. Mais, après tout, les choses vont sans doute s'éclaircir.

Et effectivement, dès les premiers mots de madame Descombes, le commissaire se retrouve sur un terrain solide.

— Ce quignon de pain? Mais bien sûr, je me souviens. Je l'ai donné à un vagabond.

— Vous rappelez-vous son visage?

La vieille dame secoue la tête.

— Oh non, je ne saurais vous dire. Tous ces gens-là se ressemblent...

Malgré ce dernier élément négatif, le commissaire Veller est satisfait. Sa première journée d'enquête a été menée tambour battant. Il était difficile d'aller plus vite. Et, de plus, l'affaire semble d'une parfaite simplicité : il suffit d'arrêter tous les vagabonds qui errent dans la région et de les interroger les uns après les autres. On finira par découvrir lequel est le bon.

Les jours suivants voient dans la région de Blois des rafles de grande envergure. Des dizaines de clochards défilent dans les bureaux de la police. Ils jurent qu'ils ne se trouvaient pas du côté des Montils au moment du crime. Mais comment vérifier? Après les avoir longuement interrogés, le commissaire se voit contraint de tous les relâcher, sauf un : Germain Loiseau.

Germain Loiseau a trente-quatre ans. Théoriquement, il est ouvrier agricole, mais, en fait, il se trouve sans profession depuis des années. Avec sa barbe noire, ses vêtements rapiécés et son baluchon, c'est la caricature même du vagabond. Avec cela, il n'est pas antipathique; il a quelque chose de gouailleur, d'insolent; il est naturel. Dans son genre, il a l'air d'un brave homme.

Lui aussi a prétendu qu'il n'était pas aux Montils le jour du meurtre, tout en étant incapable de le prouver. Mais s'il a été retenu, à la différence des autres, c'est que des témoignages sont parvenus à son sujet au commissaire Veller. Plusieurs cabaretiers de Blois, apprenant par les journaux son arrestation, sont venus faire état de propos qu'il a tenus en état d'ivresse.

— Il a dit : « Il faut du sang, monsieur le commissaire. Il faut se révolter. Qu'est-ce que ça peut me faire, le sang? Je n'ai pas d'argent. »

— J'ai dû le chasser de mon établissement, monsieur le commissaire. Il était complètement saoul. Il répétait : « Du sang, du sang!

Avant deux mois vous entendrez parler de moi! »

Le commissaire Veller interroge Loiseau sur ces propos. Mais l'intéressé répond sans se troubler.

— Quand j'ai dit ça, j'étais ivre. On ne sait pas ce qu'on dit quand on a un verre de trop dans le nez, pas vrai? Et, si j'ai parlé de me révolter, pourquoi je m'en serais pris à cette dame? Je ne la connaissais pas. Elle n'était pas riche. Non, si j'avais eu envie de sang, croyez-moi, ce n'aurait pas été de ce sang-là.

Effectivement, la réponse ne manque pas de bon sens. D'ailleurs le commissaire est loin d'être persuadé qu'il se trouve en présence de l'assassin. Il a examiné son casier judiciaire. Il y a, bien sûr, trouvé les petites condamnations que récoltent tous les vagabonds : mendicité, chapardage, outrages à agent. Mais rien qui indique un tempérament violent : pas de coups et blessures, en particulier.

Toutefois, le commissaire continue son enquête. Il provoque dans son bureau une confrontation entre madame Descombes, la veuve charitable, et Germain Loiseau. Mise en présence du vagabond, la vieille dame le regarde avec circonspection.

— C'est que c'est délicat, un témoignage. C'est peut-être lui, mais je n'en suis pas sûre.

Cette fois, le commissaire est prêt à relâcher définitivement Germain Loiseau. Mais ce dernier intervient d'une manière tout à fait imprévisible.

— Je n'aime pas mentir, monsieur le commissaire. Je veux être en règle avec ma conscience. Ben oui, c'est moi à qui cette dame a donné le morceau de pain.

Le commissaire n'en revient pas. Il suffisait que Loiseau se taise pour qu'il soit libre. Mais puisqu'il a parlé, il est bien obligé de l'interroger.

— Alors pourquoi a-t-on retrouvé le quignon sur la route?

Le vagabond répond avec le plus grand calme :

— Faut que je vous explique, monsieur le commissaire... Quand je mendie, on me donne du pain. Je ne vous dis pas que c'est mauvais, mais c'est toujours pareil et ça ne soulage pas la soif. Alors, la plupart du temps, je garde les morceaux et je vais les vendre. Y a toujours des gens qui veulent des croûtes pour les poules ou les lapins. Ça me fait un peu d'argent pour boire. Ce morceau-là, je l'ai mis dans mon sac avec les autres. Et comme mon sac est troué, il a dû tomber sur la route.

Encore une fois, la réponse est plausible. Le commissaire Veller, vu le rebondissement de son enquête, garde Germain Loiseau en détention, mais quelque chose lui dit que ce n'est pas lui le coupable. Le fait qu'il se soit fait reconnaître spontanément de la veuve Descombes, dans le fond, plaide pour lui. C'est un homme honnête à sa façon, qui veut que la vérité soit dite, même si elle peut lui être défavorable.

Pourtant, un autre témoignage parvient le lendemain au commissaire. Un cabaretier de Blois — encore un — affirme que le 20 août, c'est-à-dire le lendemain du crime, Loiseau s'est enivré dans son établissement et l'a payé. Alors, avec quel argent ? Les 3 francs de la victime ?

Cette question ne surprend nullement le vagabond. Il répond avec la même simplicité, la même placidité.

— C'est l'argent des croûtes, monsieur le commissaire, et aussi quelques pièces, car on nous en donne quand même. Combien j'avais sur moi ce jour-là : je ne sais pas vous dire. Vous savez, nous autres vagabonds, on n'est pas comptables.

Tout cela sonne juste... Le commissaire Veller doit en convenir : il ne possède pas de preuve digne de ce nom contre Germain Loiseau. Et, même, sa conviction personnelle est que l'homme n'est pas coupable. C'est un marginal, un asocial; les propos qu'il a tenus en état d'ivresse indiquent qu'il a peut-être de vagues tendances anarchistes, mais ce n'est pas un assassin.

Pourtant, le commissaire sent que la police doit faire quelque chose. Les pistes qu'il a suivies dans les autres directions n'ont rien donné. Le couple Cosson était irréprochable. Il n'y avait pas de questions d'argent ni d'héritage entre les époux. Le mari n'avait pas de maîtresse ni la femme d'amant... Bref, tout indique qu'il faut chercher l'assassin parmi un vagabond de passage.

C'est pourquoi le commissaire Veller se décide à présenter Germain Loiseau au juge d'instruction, qui l'inculpe de meurtre. C'est un geste pour calmer l'opinion publique. Les habitants des Montils et de la région veulent leur procès, ils l'auront. Il faut bien leur donner satisfaction et leur prouver que la police a fait son métier. Le rôle d'un commissaire est aussi de rassurer. Quant à la justice, elle n'aura qu'à faire le sien, c'est-à-dire acquitter un prévenu contre lequel il n'existe aucune preuve sérieuse...

Décembre 1888. Aux assises de Blois s'ouvre le procès de Germain Loiseau, un vagabond accusé du meurtre de madame Cosson, cultivatrice des Montils.

Il y a peu de monde dans la salle. Le procès ne passionne personne. Pour tous ceux qui sont là, il est évident que le procès va se terminer par un acquittement. Les amis et les voisins de la victime ne se sont même pas déplacés, comme c'est fréquent en pareil cas, pour réclamer la tête de l'accusé. Son avocat, le brillant Me Legrand, n'aura aucun mérite à obtenir l'acquittement.

Et le début du procès renforce cette impression, Germain Loiseau répond, de sa voix bourrue mais franche, à toutes les questions du président. Il le regarde bien en face, de même que les jurés. Bref, les débats tournent entièrement à son avantage.

Quant aux témoins, il est évident qu'ils n'ont rien d'intéressant à dire. A part ceux qui rapportent les propos anarchistes de Loiseau — et on ne peut rien en conclure vraiment — aucun d'eux n'est précis. Le procureur a l'air de s'ennuyer dans son coin. Visiblement ce n'est pas son jour. Il se rattrapera sur une autre cause.

L'avocat de la défense, Me Legrand, lui aussi, a l'air contrarié. « A vaincre sans péril, on triomphe sans gloire », disait Corneille. Et quelle cause sera moins glorieuse que celle-ci ? L'acquittement d'un innocent, c'est à la portée du premier venu. C'est la négation même du rôle de l'avocat ! Or Me Legrand aime bien les grands mouvements de manches et les envolées lyriques. C'est un excellent défenseur et il s'est déjà sorti avec brio de situations difficiles. Aussi on comprend qu'il enrage d'avoir été commis d'office pour ce travail de débutant.

Les débats avancent, mornes au possible. Mais, à la reprise de la deuxième audience, Me Legrand arbore un discret sourire. On devine qu'il a une idée pour relancer l'intérêt du procès. Car il n'est pas homme à se satisfaire d'un acquittement gagné d'avance. Il veut quelque chose de brillant. Grâce à lui le procès de Blois ne restera pas dans la grisaille des archives judiciaires. On en parlera longtemps...

Après la déposition du dernier témoin, aussi incolore que toutes les précédentes, Me Legrand demande la parole. Le président la lui accorde. Il se tourne alors vers son client avec un très spectaculaire effet de manches et prononce d'une voix emphatique :

— Loiseau, l'instant est solennel ! Je vous le demande : voulez-vous d'un acquittement faute de preuve ? Non, vous devez rentrer dans votre conscience et nous dire ici, devant tous, la vérité, face à votre conscience, face à Dieu, Loiseau, dites-nous la vérité !

Cette dernière phrase a été prononcée d'un ton terrible et l'accusé semble vivement troublé. La sortie de son avocat est d'autant plus impressionnante qu'elle est absolument inattendue. Il y a un moment de silence. Me Legrand doit savourer cet instant. Grâce à lui le procès a connu tout de même un instant d'émotion.

La voix de Germain Loiseau rompt le silence. Il a l'air gêné, comme s'il s'excusait de ce qu'il allait dire.

— Je comprends, monsieur l'avocat. Il faut que je dise la vérité... La conscience, c'est quelque chose d'important. Vous avez raison. Alors, c'est moi qui ai tué madame Cosson...

Les juges, les jurés et les rares spectateurs qui sont dans la salle ont l'impression d'assister à quelque chose comme un tremblement de terre. Tout s'écroule... Ils n'ont pas entendu! Ce n'est pas possible, ce n'est pas vrai!

Me Legrand, la face décomposée, agrippe son client par le bras.

— Loiseau, faites attention à ce que vous dites!

Mais Germain Loiseau n'écoute pas ce que lui dit son avocat. Il en est resté aux phrases qu'il a prononcées il y a un instant. C'est un brave homme. Alors, dans un silence pétrifié, il continue ses aveux.

— C'est vrai. C'est moi l'assassin. C'est personne d'autre.

Le procureur est le premier à revenir de sa surprise. Il écarte les feuillets du discours résigné qu'il s'apprêtait à prononcer. Malgré ses efforts de courtoisie, il ne peut s'empêcher de parler avec une certaine ironie.

— Loiseau, je me félicite que l'intervention éloquente de votre distingué défenseur ait réveillé votre conscience. Maintenant, puisque vous nous avez avoué votre crime, faites-nous-en le récit.

Et Germain Loiseau parle. Il dit tout, avec un luxe de détails, sans voir Me Legrand qui, effondré à son banc, se tient la tête entre les mains.

— C'était vers sept heures et demie du soir le 19 août, sur le chemin des Montils, près du Beuvron. Je m'étais arrêté pour casser la croûte quand une femme est passée. Je n'ai pas vu qui c'était, mais j'ai eu envie d'elle. C'était plus fort que moi. Elle s'est débattue. Je l'ai frappée avec mes poings pour l'empêcher de crier, mais elle s'est mise à hurler encore plus fort. Alors j'ai sorti mon couteau et je l'ai frappée... Ensuite, j'ai traîné son corps jusqu'au Beuvron.

Imperturbable, le procureur continue son interrogatoire.

— Les 3 francs, vous les avez quand même pris?

Loiseau ne veut rien dissimuler.

— Oui, mais je ne l'ai pas fouillée. Ils étaient tombés sur le chemin pendant qu'on se battait.

— Et vous qui avez tant de conscience, pourquoi avez-vous menti jusqu'ici ?

Pour la première fois, Germain Loiseau semble gêné. Il dit d'une voix mal assurée :

— Ben, ce que j'ai fait, c'étaient pas des choses à raconter...

Maintenant, le procureur n'a plus qu'à improviser son réquisitoire. L'avocat, l'infortuné Me Legrand, est obligé de faire de même. Il prononce sa plaidoirie d'une voix blanche. Il met en avant comme il peut l'absence de préméditation et insiste sur les aveux spontanés de l'accusé.

Peine perdue ! Les jurés sont trop heureux de tenir un coupable. A l'issue de rapides débats, Germain Loiseau est condamné à mort. Et son avocat, qui décidément aura tout raté sur toute la ligne, ne retrouve pas sa spectaculaire éloquence pour convaincre le président de la République. La grâce est refusée et, peu après, Germain Loiseau est guillotiné...

Me Legrand n'a plus jamais plaidé en assises. On comprend que le remords lui ait dicté cette conduite. Mais, de toute manière, il y a peu de chances qu'il ait jamais retrouvé un client. Il ne reste, de sa malheureuse initiative, qu'un fait unique dans les annales judiciaires et l'exécution d'un assassin qui avait voulu montrer qu'il avait une conscience.

La quatrième flèche

Le commissaire Amedeo Virelli de la police de Foggia, en Italie du Sud, considère avec attention la carcasse d'une Alfa-Romeo, en contrebas de la route de Bari. L'accident, qui s'est produit dans l'après-midi de ce 18 avril 1968, a fait un mort : le conducteur a perdu le contrôle de sa voiture et s'est écrasé dans le fossé, profond d'un mètre cinquante à cet endroit. Tout cela serait extrêmement banal, si...

L'adjudant de carabiniers Barla, qui a alerté le commissaire, se penche sur la carcasse du véhicule et en retire un objet allongé.

— Voici la cause du drame : une flèche.

Le commissaire Virelli la prend en main et l'examine attentivement. A quarante ans, il a tout à fait le physique de l'Italien tel qu'on l'imagine : plutôt rondouillard, les cheveux bruns bouclés, avec un air de bon vivant qui ne donne pas tellement l'impression qu'il est policier. Cela fait déjà longtemps qu'il travaille avec l'adjudant Barla, qu'il a chargé plus spécialement des accidents de la route. Dès que l'un d'eux est signalé, c'est Barla qui se rend sur les lieux, le commissaire ne se déplaçant lui-même que dans les cas importants, comme aujourd'hui.

— C'est cette flèche qui l'a tué?

— Oui, mais indirectement. Elle a frappé le pare-brise, l'a fait éclater, et le conducteur a perdu le contrôle.

Le commissaire Virelli regarde quelques instants la route... Effectivement, elle est parfaitement droite à cet endroit et, vu le beau temps qui règne, parfaitement sèche : ce ne peut être que la flèche qui est cause de l'accident.

— Vous avez essayé de savoir s'il y a une école ou une institution quelconque dans les environs ?

L'adjudant Barla secoue la tête avec un léger sourire.

— Je suis désolé de vous contredire, commissaire, mais je ne pense pas qu'un enfant soit en cause. J'ai fait moi-même, autrefois, un peu de tir à l'arc et, pour lancer une flèche pareille, il faut un arc de compétition, qui ne peut être manié que par un adulte ou un adolescent.

— Alors c'est une flèche perdue ?

— Peut-être. Quoique, pour faire éclater le pare-brise, il fallait qu'elle soit tirée d'assez près. Je pencherais plutôt pour l'acte d'un déséquilibré.

Le commissaire Amedeo Virelli a malheureusement la confirmation de cette hypothèse une semaine plus tard. Le 25 avril 1968, un second attentat a lieu sur la route de Naples dans des circonstances encore plus dramatiques que le premier : cette fois, la flèche a non seulement crevé le pare-brise, mais traversé l'œil et le crâne du conducteur, et sa femme, qui était à son côté, a également péri. Et, six jours après, le 1er mai, alors que le trafic est dense en raison du jour férié, une petite Fiat quitte brusquement la route et percute un arbre. La cause du sinistre est tout ce qu'il y a d'ordinaire : éclatement du pneu avant droit, mais la cause de l'éclatement, elle, n'est pas ordinaire : une flèche a transpercé la chambre à air de part en part. Pourtant, d'une certaine manière, rien n'a encore débuté. Le drame véritable n'aura lieu qu'avec le quatrième attentat, la quatrième flèche...

Le 12 mai 1968, le commissaire Virelli et l'adjudant de carabiniers Barla sont de nouveau devant un véhicule arrêté. Comme les autres fois, le conducteur est mort. Mais, cette fois, les circonstances sont un peu différentes. D'abord, le drame n'a pas eu lieu sur une route, mais dans un bois. La voiture était arrêtée dans la clairière d'une pinède lorsque le déséquilibré a tiré. La flèche est passée par la vitre ouverte. Elle est entrée dans le côté gauche du cou du conducteur et elle est ressortie par l'oreille droite. Ensuite, il y a un témoin : la femme de la victime était sur les lieux ou, du moins, à proximité.

Elle s'appelle Laura Dolci. Son mari, Alberto Dolci, quarante ans, employé de bureau, lui avait proposé un pique-nique à la campagne pour ce dimanche. Ils sont allés déjeuner dans la pinède. Après avoir terminé, Alberto est monté en voiture et Laura s'est attardée pour cueillir des fleurs. C'est à ce moment-là qu'elle a entendu le tragique sifflement, ou plutôt les deux sifflements, car le déséquilibré a manqué une fois son but avant d'atteindre sa victime. Lorsqu'elle est arrivée, Alberto Dolci était mort...

C'est le lendemain du drame que le commissaire Virelli interroge Laura Dolci. Pour la ménager, il s'est rendu chez elle, dans le petit appartement qu'elle habite au centre de Foggia. Laura Dolci ne fait pas quarante ans. Ou plutôt elle représente ce qu'il y a de mieux chez la femme de quarante ans : avec ses opulents cheveux blonds et son corps épanoui, elle n'est pas loin d'avoir un physique de star de cinéma. Mais, pour l'instant, elle est terriblement marquée par la tragédie qu'elle vient de vivre.

— C'est affreux, commissaire ! J'aurai toujours devant les yeux l'image d'Alberto, avec... cette flèche.

Le commissaire affiche une mine de circonstance.

— Je suis désolé de vous importuner, madame, mais je dois faire mon devoir, même s'il est parfois difficile. Il faut arrêter ce monstre, vous comprenez ?

— Oui. Mais, malheureusement, je ne pourrai pas vous dire grand-chose.

— Vous n'avez absolument rien vu ?

— Non. J'étais en train de cueillir des fleurs lorsqu'il a tiré. Je n'étais pas loin, mais, à cause de la végétation, il était impossible de voir quoi que ce soit.

— Cet homme vous a vraisemblablement épiés. Vous n'avez rien remarqué dans les moments qui ont précédé le drame ?

— Absolument rien.

— Et votre mari ?

— Alberto non plus. Il était très gai. Nous n'avons cessé de rire pendant tout le pique-nique.

Et Laura Dolci éclate en sanglots.

Quatre jours plus tard, l'adjudant de carabiniers Barla vient faire son rapport au commissaire Virelli. Bien que ce ne soit pas exactement dans ses attributions, c'est Barla que le commissaire a chargé de le seconder dans cette affaire. C'est, en effet, parmi tous les policiers de Foggia, celui qu'il estime le plus. Et l'adjudant Barla va amplement mériter cette confiance.

— J'ai deux choses importantes à propos de la dernière affaire, commissaire. D'abord, j'ai étudié de près la flèche qui n'a pas atteint son but, ainsi que l'impact qu'elle a laissé sur la portière gauche.

— Vous avez pu déterminer sa provenance?

— Non. C'est une flèche de compétition de marque courante. Ce que je voulais savoir, du moins approximativement, c'était sa vitesse.

— Sa vitesse?...

— Oui. Et, dans le cas présent, elle était très grande. La preuve en est que sa pointe était complètement écrasée et que la tôle de la voiture a été profondément creusée.

Le commissaire Virelli fronce les sourcils.

— Excusez-moi, Barla, mais je ne vois pas exactement où vous voulez en venir...

— A ceci, commissaire : d'après mon expérience en matière de tir à l'arc, une flèche ayant créé un tel impact n'a pu être tirée que de très près, quelques mètres, cinq tout au plus.

Cette fois, le commissaire commence à entrevoir un peu la vérité.

— Pourquoi notre archer s'est-il montré si maladroit cette fois-ci?

— Effectivement : pourquoi? C'est d'autant plus étonnant que ses trois premiers tirs ont été d'une précision diabolique, surtout celui dans l'œil du conducteur et celui dans le pneu. Or il s'agissait de voitures qui roulaient. Et là, à quelques mètres de distance, dans une clairière, ayant tout le temps de viser, il doit s'y reprendre à deux fois pour atteindre une cible immobile!

— Il était peut-être ému. Ou alors...

— Ou alors ce n'était pas le même tireur, mais quelqu'un d'autre, quelqu'un qui a profité de cette série de crimes pour régler une affaire qui n'avait rien à voir. C'est de cela que je me suis occupé, commissaire.

— Vous avez trouvé un indice?

— Mieux que cela : Alberto Dolci avait une maîtresse.

Amedeo Virelli hoche pensivement la tête.

— Je vois... Madame Dolci est une femme pleine d'opportunisme; elle entend parler de l'archer fou, elle se procure un arc et elle arrange un guet-apens sur les lieux du pique-nique avec, je suppose, la complicité de son amant.

— Ce n'est pas certain, commissaire. D'abord, je ne lui ai pas découvert d'amant. Ensuite, Laura Dolci est une femme plutôt bien bâtie. Elle doit posséder une force physique tout à fait remarquable.

— Donc, elle aurait pu tirer elle-même?

— Absolument. Il y a d'ailleurs beaucoup de femmes qui

pratiquent le tir à l'arc.

Amedeo Virelli regarde sa montre.

— L'enterrement d'Alberto Dolci a lieu dans moins d'une heure. Je vais m'y rendre, comme j'en avais l'intention, et, après, j'inviterai Laura Dolci à répondre à quelques questions.

Peu après, un peu en retrait dans la nombreuse assistance qui a envahi le cimetière de Foggia, Amedeo Virelli et l'adjudant Barla contemplent la veuve, au premier rang. En fait, ils contemplent seulement sa silhouette car toute sa personne est cachée par un voile noir qui descend du sommet de la tête aux chevilles. Tandis que le prêtre officie, elle est courbée, se tenant le front, ou du moins le haut du voile avec la main. Par moments, elle a un tressaillement qui manque de la faire s'effondrer et les personnes qui sont à ses côtés doivent la soutenir. Le commissaire Virelli commente à voix basse :

— Si c'est elle, c'est une sacrée comédienne ! Elle ne manque pas de sang-froid !

L'adjudant Barla répond sur le même ton :

— Du sang-froid, il lui en a fallu, pour viser le cou de son mari...

C'est sur cette réplique que va s'arrêter leur conversation car l'événement se produit à cet instant précis. Il y a un sifflement dans l'air et un cri d'horreur dans l'assistance. La silhouette voilée de noir est brusquement propulsée en avant et précipitée dans la fosse ouverte.

Le commissaire fend la foule et arrive au premier rang. Il se penche sur le trou en réprimant un cri d'horreur : Laura Dolci repose face contre le cercueil. Dans la chute, ses voiles se sont déployés et laissent voir la flèche qui vient de la frapper : elle est entrée à la base du cou, elle s'y est enfoncée de plus de la moitié et est ressortie par la gorge... Il y a plusieurs policiers postés dans le cimetière. Le commissaire Virelli se met à crier :

— Il est là ! Empêchez-le de s'échapper !

C'est l'adjudant Barla qui est le plus prompt. Il a déjà repéré une forme qui fuyait d'un des caveaux situés derrière le cortège. En quelques bonds, il est sur l'homme et il lui a passé les menottes. Il s'agit d'un individu jeune de vingt-cinq, trente ans environ, qui se met aussitôt à tenir des propos incohérents, dans lesquels il est question de la défense de l'environnement saccagé par les automobilistes et de la mission qu'il a reçue, lui, nouveau Robin des Bois, de sauver la terre. De toute évidence, l'homme est fou. Mais il est, en revanche, parfaitement capable d'expliquer au commissaire les raisons de son geste.

— Pourquoi avez-vous fait cela? Et les autres fois, c'était vous?

— Les trois premières fois, oui, c'était moi; mais pas la quatrième. La quatrième, c'était elle! Elle a tué son mari et elle a voulu qu'on m'accuse. Elle n'avait pas le droit. Alors je l'ai punie...

L'homme a les cheveux ébouriffés et le regard halluciné. Amedeo Virelli le considère avec un rien d'admiration. Ainsi donc, il avait compris, lui aussi! Le meurtrier dément et le policier étaient arrivés, chacun de leur côté, à la même conclusion et avaient décidé de se rendre à l'enterrement : le commissaire pour arrêter Laura Dolci, l'archer fou, pour la supprimer...

Le commissaire se met en marche avec son prisonnier. Il est inutile de parler plus longtemps avec ce malheureux. Ce sont les psychiatres qui se prononceront sur son sort, mais le commissaire a suffisamment d'expérience pour savoir qu'ils l'enverront en maison de santé.

L'affaire des flèches mystérieuses de Foggia était terminée. Elle s'était achevée d'une manière aussi tragique que possible, sur la vision de Laura Dolci, veuve et meurtrière de son mari, clouée sur son cercueil par la flèche de celui qu'elle avait voulu faire accuser.

L'ombre de la mafia

— Taxi!...

Stephen Quinn s'avance sur le perron de la gare d'Acapulco, la station balnéaire mexicaine. Il fait une température d'étuve, ce 18 juillet 1976. Bien que vêtu d'un complet d'été et d'une chemisette sans cravate, Stephen Quinn transpire abondamment. Il a trente-cinq ans environ, les cheveux très bruns et l'allure sportive. Il y a pourtant chez lui quelque chose d'inquiétant, sans qu'on sache exactement quoi. Peut-être est-ce sa barbe de deux jours, peut-être cette anxiété qu'on voit sur son visage et que trahit son comportement; il se retourne fréquemment et, quand il ne se retourne pas, il jette des regards furtifs à droite et à gauche.

Stephen Quinn s'approche du taxi qu'il vient de héler : une guimbarde qui devait être à peu près présentable au début des années 50 et dont les pare-chocs tiennent avec de la ficelle. Le chauffeur est un moustachu au teint jaune.

— Où voulez-vous aller, señor? Peut-être le circuit touristique de la ville pour seulement 15 pesos?

Stephen Quinn parle avec un fort accent américain :

— Démarrez d'abord! Je vous dirai après.

Le chauffeur met en marche avec un grand rire qui couvre le bruit de ferraille.

— Alors, vous êtes poursuivi par des gangsters, señor?

Stephen Quinn a une sensation de glace malgré la température ambiante, tandis que sa main plonge dans le sac de voyage à la recherche de son revolver... Se pourrait-il que le chauffeur de taxi en fasse partie? Non, il a l'air trop bête! Et puis ils n'ont pas trouvé sa trace aussi vite. La puissance de l'organisation a quand même ses limites. Avant tout, il doit surveiller ses nerfs, sinon il va finir par se faire remarquer. Le chauffeur se tourne vers lui.

— Quelque chose ne va pas, señor? Vous êtes souffrant?

— Ce n'est rien. C'est cette satanée chaleur! Je n'ai pas l'habitude... Je suis en vacances pour quinze jours. Je cherche un hôtel calme, genre pension de famille. Est-ce que vous voyez ça?

— Je vois parfaitement, señor. Il y en a un tout près d'ici.

Tandis que l'antiquité roulante bringuebale dans les rues d'Acapulco, Stephen Quinn se laisse aller sur la banquette défoncée. Un hôtel familial : c'est une excellente idée! Les autres iront plutôt chercher dans les maisons borgnes ou alors dans les palaces, mais beaucoup moins volontiers dans un établissement intermédiaire à clientèle paisible.

Oui, une excellente idée! Il va rester là quinze jours, le temps de se remettre, de reprendre ses esprits. Et il en a bien besoin, après ce qui vient d'arriver!

Stephen Quinn repense à la folle course qui vient de le mener en voiture, puis en train, de New York à Acapulco : des milliers de kilomètres, la moitié de l'Amérique du Nord. Mais la distance n'est pas suffisante, le monde lui-même est trop petit quand on est poursuivi par les tueurs de la mafia...

— La pension Les Mimosas, señor. Je suis sûr que vous y serez bien.

Stephen Quinn distingue un hôtel aussi passe-partout que possible. Avant de sortir de voiture, il jette un coup d'œil à droite, à gauche et derrière lui. Brusquement, le chauffeur cesse de sourire. Il a compris que ce qu'il disait en matière de plaisanterie à propos des gangsters était peut-être la réalité. Il rend précipitamment la monnaie et, sans attendre de pourboire, démarre aussi vite que le lui permet le moteur poussif.

Stephen Quinn reste seul avec son sac de voyage en bandoulière sur le trottoir chauffé à blanc... En ce moment, Nico Alberti, mafioso responsable d'une filière de drogue à New York, lui, est à l'ombre; à l'ombre de la prison de Sing-Sing. Nico Alberti, son ancien chef, qu'il a dénoncé pour toucher la prime.

Quel imbécile il a été! Empocher les 10 000 dollars et se retirer au soleil : quelle absurdité! Comment a-t-il été assez fou pour penser une chose pareille? Du fond de son trou, Nico Alberti a su, par ses informateurs, qui l'avait trahi et il a donné des ordres à ses tueurs... Se retirer au soleil : c'est risible, c'est à pleurer de rire! Quand on est poursuivi par la mafia, il n'y a plus de soleil nulle part; le monde entier n'est qu'un avant-goût du tombeau !

Stephen Quinn franchit le portail de la pension Les Mimosas. Il ne se rend pas compte qu'en pleine canicule il est en train de frissonner.

25 juillet 1976. Cela fait maintenant une semaine que Stephen Quinn est arrivé à Acapulco. A la pension Les Mimosas, personne n'a fait attention à ce célibataire silencieux et rangé. Il a réussi à se fondre dans l'anonymat. Pour l'instant, il n'a pas d'idée sur ce qu'il va faire ensuite. Le principal est de n'avoir, depuis qu'il est là, aperçu aucun individu suspect. Stephen Quinn sent peu à peu les forces et l'optimisme lui revenir, il récupère, il revit !

C'est sur la plage, aux environs de dix heures du matin, ce 25 juillet 1976, qu'il aperçoit l'homme. Ce dernier n'a rien de particulier : plutôt bedonnant, en maillot de bain, le type mexicain, mais Stephen Quinn est tout de suite sûr que c'est lui. Quelque chose ne trompe pas dans l'allure, dans la démarche, dans la façon d'observer sans en avoir l'air... L'homme vient vers lui directement avec un air faussement naturel. Il sort un paquet de cigarettes de sa serviette de bain pliée.

— Vous avez du feu, señor ?

— Je regrette, je ne fume pas.

— Ah, dommage ! Il m'a semblé que vous veniez de la pension Les Mimosas. J'y suis descendu moi-même. Nous aurons sans doute l'occasion de nous revoir.

Stephen Quinn ne répond pas. L'homme a un léger sourire.

— Je m'appelle Sanchez. Horatio Sanchez.

A quoi joue-t-il ? A un jeu cruel ? C'est malheureusement plus que probable. S'il avait voulu, il aurait déjà pu se débarrasser de lui. Mais cela aurait été trop simple, trop doux, trop léger comme vengeance... Stephen Quinn imagine Nico Alberti donnant ses instructions depuis sa prison :

— Surtout, qu'on ne l'abatte pas par surprise ! Je veux qu'il crève de trouille avant de crever pour de vrai !

Oui, c'est tout à fait dans la manière d'Alberti... Maintenant, Stephen Quinn en est certain : il a devant lui l'homme de la mafia chargé de le descendre. Et, dans ces conditions, il n'a plus qu'une chance de s'en tirer : le prendre de vitesse.

Tandis qu'Horatio Sanchez s'éloigne sur la plage, Stephen Quinn se lève précipitamment. Il retourne en hâte à l'hôtel... Un rapide coup d'œil au registre des entrées à la réception déserte et il est déjà dans sa chambre. Il s'habille, prend son revolver, dont il n'aurait pas dû se séparer tout à l'heure pour aller sur la plage, et sort sur le palier. Il tient à la main un morceau de fil de fer...

De son passé de malfaiteur, Stephen Quinn garde quelques talents. En particulier, il n'a pas son pareil pour crocheter une serrure. La chambre qu'occupe Horatio Sanchez est située comme par hasard juste en face de la sienne. En quelques gestes précis, il a ouvert la porte. L'occupant n'a pas beaucoup de bagages, sauf une valise de petites dimensions. La fouille ne donne rien, si ce n'est des papiers au nom d'Horatio Sanchez, citoyen mexicain. L'autre ne lui a pas menti tout à l'heure en se présentant. La mafia est capable de recruter un tueur mexicain. C'est une preuve supplémentaire de sa puissance.

Car Horatio Sanchez est bien un tueur : Stephen Quinn continue à en être persuadé. S'il n'a pas trouvé ce qu'il cherchait dans la valise, c'est que c'est ailleurs. Dans le tiroir de la table de nuit, peut-être... Oui, c'est bien cela : un revolver parabellum 9 mm, l'arme des professionnels. Il sort de la chambre et part à la rencontre d'Horatio Sanchez. Pour une fois, il aura été plus vite que la mafia.

Stephen Quinn a un mouvement de surprise. Il s'attendait à retrouver Sanchez sur la plage, mais il tombe nez à nez sur lui dans le hall de l'hôtel. Il prononce à voix basse d'un ton impératif :

— Suivez-moi !

— Mais señor...

— Vous vouliez me parler tout à l'heure, non ?

Horatio Sanchez a l'air brusquement effrayé. Il veut fuir mais Stephen le retient par le bras.

— Pas de ça : j'ai un revolver !

Une fois dans la rue, il poursuit, toujours à voix basse :

— C'est cuit pour toi, Sanchez ! Je t'ai repéré. Tu aurais dû être plus prudent, mais tu as voulu faire le malin !

— Écoutez, ne faites pas de bêtises !

— La bêtise, ce serait de te laisser en vie.

— Qu'est-ce que vous dites ?

— Tu as perdu : tu paies. C'est la règle du jeu, non ?

— Vous êtes fou ! Vous m'avez repéré, d'accord. Vous êtes très fort, chapeau ! Mais vous ne voulez tout de même pas me tuer ?

— Parce que tu te serais gêné, toi ?

— Moi, vous tuer !...

— Ne te fatigue pas, j'ai trouvé le parabellum dans ta table de nuit.

— Mais ce n'est pas pour m'en servir ! C'est simplement en cas de besoin, pour ma profession.

Stephen Quinn sort son revolver de sa poche. Le Mexicain se met à trembler de tous ses membres. Il parle avec précipitation.

— Pitié ! Je vous jure que je ne dirai rien à monsieur Borgos. Cela m'est égal, moi, que vous couchiez avec sa femme. Au contraire, je ne souhaite qu'une chose, c'est que vous soyez très heureux ensemble... Je vous le jure, señor, sur la tête de ma femme et de mes trois petites filles !

— Qu'est-ce que c'est que cette histoire ridicule ? Pour un tueur d'Alberti, tu m'as l'air drôlement minable.

Horatio Sanchez parle de plus en plus vite.

— Je ne connais pas d'Alberti. Je ne connais que monsieur Borgos qui m'a demandé de descendre à l'hôtel des Mimosas pour surveiller sa femme, qui est en vacances toute seule. Je fais cela pour mon métier de détective privé... Je suis détective privé, señor. C'est pour cela, le revolver, vous comprenez ? Monsieur Alberti, je ne connais pas...

— Et la mafia, tu ne connais pas, par hasard ?

Pour la première fois, un sourire apparaît sur le visage décomposé d'Horatio Sanchez. Il vient d'entrevoir un faible espoir et il s'y raccroche de toutes ses forces.

— C'est une méprise, señor, une épouvantable méprise ! Vous me prenez pour quelqu'un d'autre ! Je ne suis pas un tueur de la mafia. Je ne suis qu'un inoffensif détective privé, employé par monsieur Borgos pour surveiller sa femme !... D'ailleurs, je peux vous le prouver. J'ai ma carte professionnelle dans ma poche.

Horatio Sanchez veut joindre le geste à la parole et plonge la main dans sa veste... C'est une faute qu'en tant que professionnel il n'aurait jamais dû commettre. Dans un réflexe, Stephen Quinn a appuyé sur la détente. Sanchez lui lance un regard douloureux et s'écroule sur le trottoir. Machinalement, Stephen se baisse et s'empare du papier que son interlocuteur tenait dans sa main. C'est une carte de visite du type commercial courant. Il lit :

« Horatio Sanchez, détective privé. Adultère, enquêtes commerciales, etc. Discrétion assurée. »

Un cri dans son dos le fait se retourner.

— Arrêtez !

Stephen Quinn aperçoit un policier qui court vers lui, l'arme à la main. Dans un second réflexe, il fait feu de nouveau. Le policier s'écroule à son tour sur le trottoir.

Stephen Quinn contemple les deux corps sans vie, à quelques mètres l'un de l'autre, sur le trottoir. Alors, et alors seulement, il comprend l'incroyable, la dérisoire tragédie qu'il est en train de vivre. Il a été victime de ses nerfs. Il a eu peur pour rien. Dans son angoisse d'homme traqué, il a vu le danger là où il ne se trouvait pas, il a pris pour un tueur de la mafia un malheureux qui n'avait rien à voir avec elle. Et voilà que non seulement il vient de le tuer, mais qu'il vient, en plus, d'abattre un policier !

A quelque distance de lui, des cris s'élèvent, auxquels se mêle le bruit strident d'un sifflet. Stephen Quinn se met à courir. Maintenant, oui, il est bel et bien traqué ! La mafia n'avait pas retrouvé sa trace et elle ne l'aurait peut-être jamais retrouvée. Par affolement, par manque de sang-froid, il s'est placé de lui-même dans l'horrible situation qu'il voulait précisément éviter. Car un meurtre de policier est aussi grave qu'une condamnation à mort par la mafia. Il va être pourchassé impitoyablement dans tout le Mexique et, même s'il parvient à franchir la frontière, Interpol ne le lâchera pas. Stephen Quinn, meurtrier pour rien, reprend sa course folle... Il finit par se réfugier dans un immeuble en construction, un de ces hôtels qui poussent un peu partout, témoins de la prospérité touristique de la ville. Tout autour, des policiers prennent place. Le commissaire Esquiro, de la police d'Acapulco, fait les sommations d'usage :

— Vous êtes cerné, rendez-vous ! Vous n'avez aucune chance !

Stephen Quinn répond par un coup de feu. Une fusillade générale s'ensuit, puis c'est le silence et on retrouve son corps criblé de balles...

Tout au long de l'enquête, le commissaire Esquiro s'est heurté aux pires difficultés. Il n'a pas réussi à comprendre pourquoi Stephen Quinn, trouvé en possession de 10 000 dollars et fiché à la brigade des stupéfiants de New York, avait abattu le détective privé Horatio Sanchez.

Malgré toutes les recherches, il a été impossible d'établir la moindre relation entre Sanchez et les milieux de la drogue ; pas plus qu'entre ces mêmes milieux et son client, monsieur Borgos. Ce dernier était bel et bien un mari trompé, qui voulait des preuves de l'infidélité de sa femme.

Alors pourquoi ce meurtre parfaitement absurde ? La police

d'Acapulco a eu beau faire, elle n'a pas pu trouver la réponse à cette question...

Et il faut reconnaître à sa décharge que la vérité était pratiquement introuvable, car elle était toute bête, comme l'erreur humaine.

La poutre

21 décembre 1947. Deux hommes marchent côte à côte dans les rues de Sieberg, une petite ville allemande non loin de Cologne. Il fait froid. La neige tombe de façon clairsemée. Les deux hommes ne se ressemblent ni dans leur physique ni dans leur allure. Sigmund Erlich est un grand blond d'une trentaine d'années, au sourire intelligent et aux traits harmonieux.

C'est une forte personnalité, ce Sigmund Erlich... A trente-deux ans, il a été élu bourgmestre de Sieberg. L'opposition résolue qu'il a manifestée au nazisme, et qui l'a envoyé dans les camps, fait de lui un personnage irréprochable sur le plan politique. On le dit même promis au plus brillant avenir. Ce qui ne l'empêche pas de goûter pleinement aux plaisirs de la vie. Resté célibataire, Sigmund Erlich a une réputation tout à fait justifiée de don Juan. Bref, tout lui réussit sur le plan public et privé.

Avec Karl Stenheim, le contraste est total. Karl Stenheim, sous-chef du service ravitaillement à la mairie, n'a que trente-cinq ans, mais il paraît bien dix ans de plus que son supérieur. C'est le type même de l'homme qu'on oublie tout de suite après l'avoir vu. Il s'avance, un peu voûté, tenant sa serviette serrée sous son bras. Il porte de petites lunettes. Ses cheveux châtains, séparés par une raie au milieu du crâne, sont soigneusement peignés. Il parle d'une voix déférente.

— C'est un grand honneur pour moi, monsieur Erlich!

Sigmund Erlich l'interrompt d'un geste agacé.

— Laissez les politesses tranquilles, Stenheim. Je voulais vous parler personnellement. Au bureau, on ne sait jamais. Il y a toujours des oreilles qui traînent...

Karl Stenheim a l'air brusquement inquiet.

— Il y a quelque chose qui ne va pas dans mon travail?

— Mais non, mais non! Vous faites très bien votre travail, au contraire et, si vous avez un défaut, c'est de manquer de confiance en vous. Regardez-vous, Stenheim! Vous êtes tout voûté, vous avez le regard fuyant. Vous êtes bourré de complexes. Et vous avez tort : moi, j'ai confiance en vous!

Karl Stenheim fixe le bourgmestre avec incrédulité. Il a toujours admiré ce personnage qui possède tous les dons. Il se figurait tout naturellement qu'il le méprisait, ou, même pas : qu'il l'ignorait...

Les deux hommes sont arrivés devant une rue déserte qui longe le cimetière. La neige s'est mise à tomber plus fort. Karl Stenheim sort son mouchoir pour essuyer ses lunettes... Il y a un bruit d'explosion et il reçoit sur lui les quatre-vingts kilos de son chef. Karl Stenheim remet ses lunettes et pousse un cri : Sigmund Erlich, qui s'est effondré dans ses bras, est mort! Son sang dégouline d'un trou au milieu du front.

Karl Stenheim repousse le corps en hurlant et s'enfuit à toutes jambes. Il ne comprend rien, sinon que sa vie est en danger. Il s'attend à entendre siffler les balles autour de lui. Mais rien de tel ne se passe. Il s'arrête quelques centaines de mètres plus loin, hors d'haleine. C'est alors qu'une autre idée affreuse lui vient : c'est lui qu'on va soupçonner du meurtre... Que faire? Ne rien dire à personne. C'est la seule solution. Même à sa femme!

Comme un automate, Karl Stenheim arrive chez lui. Dès qu'il entre, sa femme, Eva, lui demande :

— Alors, chéri, que t'a dit le bourgmestre?

Eva Stenheim a vingt-trois ans. Elle est incontestablement une beauté : grande, blonde, les yeux bleus, bien faite, elle attire tout autant les regards que son mari passe inaperçu.

— Je... Je ne l'ai pas vu.

— Pourtant, tu m'as dit à midi qu'il devait te raccompagner ce soir!

Karl Stenheim s'apprête à répliquer, mais ses yeux tombent sur son pardessus. Une large tache de sang s'étale sur le côté droit. Eva Stenheim l'a vue en même temps.

— Mon Dieu! Qu'est-ce qu'il t'est arrivé?

Karl traverse rapidement l'appartement, il se rend dans la salle de bains et commence à brosser son manteau à grande eau.

— Si, j'ai vu le bourgmestre! Mais il ne faut rien dire à personne. Tu comprends, Eva? A personne!

Eva Stenheim pâlit, tandis que son mari s'escrime sur la tache de sang.

— Mais qu'est-ce qui s'est passé?

— Je te dirai tout à l'heure... Va coucher le petit.

La silhouette blonde du petit Leopold, cinq ans, s'encadre dans la porte de la salle de bains. Madame Stenheim le prend par la main et disparaît avec lui. Une minute s'est à peine écoulée que la sonnette se met à carillonner. Karl sent son cœur s'arrêter. Des coups redoublés sont frappés à la porte.

— Police! Ouvrez!...

L'instant d'après, le commissaire Hans Wagner est devant le couple.

— Veuillez me suivre, monsieur Stenheim. J'ai quelques questions à vous poser à propos du meurtre de Sigmund Elrich.

Eva Stenheim pousse un cri. Karl Stenheim balbutie :

— Un meurtre? C'est incroyable! C'est affreux!

Le commissaire Wagner parcourt l'appartement.

— Ne vous fatiguez pas, monsieur Stenheim, des témoins vous ont vu quitter la mairie en compagnie du bourgmestre et un autre vous a aperçu en train de courir dans la rue du cimetière. Alors je suis sûr que vous avez des tas de choses intéressantes à me dire...

Hans Wagner revient de la salle de bains en tenant le manteau.

— Tenez! Prenez votre pardessus, monsieur Stenheim. Oui, votre pardessus que vous étiez en train de laver! Il neige, dehors. Vous risqueriez d'attraper froid...

Karl Stenheim semble plus insignifiant que jamais dans le bureau du commissaire Wagner. Après avoir tenté pendant quelques minutes de nier la vérité, il vient d'avouer ce qui s'est passé. Il est là, sur sa chaise, la tête baissée, regardant ses pieds à travers ses petites lunettes. Le commissaire a un léger sourire.

— Je préfère cela, monsieur Stenheim! De toute manière, nous l'aurions su. Vous savez, le sang ne s'en va pas comme cela. Quand le laboratoire examinera votre pardessus au microscope, il en trouvera bien assez pour déterminer le groupe. Évidemment, il est fâcheux que vous ayez commencé par mentir... Très fâcheux!

Karl Stenheim relève la tête. Il est plus désemparé que jamais.

— J'étais paniqué. Je ne voulais pas qu'on m'accuse. J'ai été stupide!

— C'est incontestable. Admettons votre version. Ce n'est donc pas vous qui avez demandé au bourgmestre de vous accompagner, c'est lui qui vous a fait cette proposition. Et, d'après vous, il avait des choses importantes à vous dire ?

— Oui, et je suis sûr que c'est pour cela qu'on l'a tué.

Le commissaire Wagner affiche une moue dubitative... Karl Stenheim s'anime pour la première fois.

— Mais enfin, pourquoi l'aurais-je tué ? C'est absurde ! Je n'avais aucune raison, aucun mobile.

— Si, vous aviez un mobile, monsieur Stenheim.

— Quoi !

— Un mobile pas très original, mais très valable : la jalousie.

L'employé de mairie reste la bouche ouverte pendant quelques instants.

— La jalousie ?...

— Sigmund Erlich était l'amant de votre femme. Tout Sieberg le savait. Moi-même j'étais au courant et, pourtant, les policiers sont les derniers à savoir ce genre de chose.

Karl Stenheim a l'impression que tout s'écroule autour de lui. Il avait placé Eva sur un piédestal... Bien sûr, il savait qu'elle lui était supérieure dans tous les domaines et que c'était une chance inouïe de l'avoir épousée, tout simplement parce qu'elle s'était retrouvée enceinte de lui à dix-huit ans. Eva avait mené depuis une vie très indépendante. Lui, ne voulait pas savoir. Il fermait les yeux. Maintenant, il sait, et la trahison de sa femme est doublement atroce car elle signifie en même temps sa propre perte. Maintenant, plus personne ne le croira...

La suite de l'enquête ne fait que confondre davantage le malheureux Stenheim. La fouille au domicile du bourgmestre confirme qu'il a bien été l'amant d'Eva Stenheim. Sigmund Erlich notait soigneusement ses nombreuses aventures sur de petits carnets. Sa liaison avec Eva avait été particulièrement passionnée. Elle était terminée depuis six mois environ, mais cela ne change rien.

C'est pourtant la perquisition au domicile de Karl Stenheim qui est la plus grave pour lui. Il avait, en effet, dans son bureau, un revolver, qu'il gardait depuis la guerre. Or l'arme a disparu...

On comprend dans ces conditions que, lorsque le procès de Karl Stenheim s'ouvre devant les assises de Cologne, fin décembre 1948, tout semble joué d'avance. C'est l'avis du public ; c'est même l'avis de l'avocat commis d'office, qui a vainement tenté de convaincre son client de plaider coupable.

Les débats sont expédiés rapidement. Les témoins se succèdent, précis, accablants. L'avocat, qui ne croit pas à la cause qu'il défend, n'essaie même pas d'intervenir. Karl proteste comme il peut, mais personne ne croit à son histoire de mystérieux tireur embusqué dans le cimetière et de révélations tout aussi mystérieuses que voulait lui faire le bourgmestre.

Pourtant, il y a un témoignage qui tranche sur les autres :

C'est celui d'Eva Stenheim. Elle est pathétique, bouleversante.

— C'est moi qui suis responsable de tout, monsieur le juge ! Oui, j'ai trompé Karl avec Sigmund, mais je ne pensais pas que cela se terminerait par un drame. Je vous demande d'avoir pitié de mon mari. Il n'a agi que par amour...

C'est sans doute grâce à Eva que Karl Stenheim n'est condamné qu'à vingt ans de réclusion. Les jurés lui ont accordé les circonstances atténuantes, considérant qu'il s'agissait d'un crime passionnel. Dans le public, l'avis unanime est qu'il doit une fière chandelle à sa femme.

Le lendemain même du procès, Eva Stenheim parle à son fils Leopold, qui vient de rentrer de chez ses grands-parents. Pendant un an, en effet, elle a voulu écarter l'enfant afin qu'il ne soit au courant de rien.

— Eh bien, voilà, mon chéri : papa est parti. Il nous a quittés tous les deux pour aller en Amérique.

Eva laisse passer les larmes de son fils. Le plus difficile reste à dire.

— Comme je ne peux pas rester toute seule, j'ai décidé de me marier avec un gentil monsieur : monsieur Kandel. Tu sais, le pharmacien... Et puis, on ne va plus habiter ici. On va aller à Cologne. Monsieur Kandel a acheté là-bas une grande pharmacie et une grande maison pour nous. Toi, tu vas aller à l'école. Tu auras un bel uniforme avec des boutons...

Eva Stenheim vient, en effet, d'entamer une procédure de divorce. Quoi d'étonnant ? Ce n'est pas le genre de femme à rester seule. Son choix s'est porté sur Rainer Kandel, cinquante ans, la plus grosse fortune de Sieberg. Mais elle a le souci de préserver avant tout Leopold. C'est pour cela que Rainer et elle ont décidé de s'installer à Cologne et de le placer dans un pensionnat. A Sieberg, Leopold aurait tout de suite appris la vérité par ses camarades de classe. Et il ne faut à aucun prix que Leopold apprenne la vérité.

Septembre 1957. Neuf ans ont passé depuis la condamnation de Karl Stenheim pour le meurtre de Sigmund Erlich, bourgmestre de Sieberg...

Au 18 de la Beethovenstrasse, à Sieberg, monsieur et madame Schneider, un couple de jeunes mariés, discutent des transformations à faire dans le coquet appartement qu'ils viennent d'acquérir. Madame Schneider désigne le plafond de la pièce principale.

— Il faudra enlever cette poutre. J'ai horreur des poutres!

Son mari n'est pas de cet avis.

— Une poutre, cela ne s'enlève pas. Ça tient le bâtiment.

Pour le lui prouver, monsieur Schneider monte sur un escabeau.

— Tu vas voir : c'est du solide!

Il cogne contre le bois et s'arrête, surpris.

— C'est curieux, ça sonne creux! On dirait que le panneau peut s'enlever... Mais oui!

Monsieur Schneider retire une partie de la poutre, de cinquante centimètres environ.

— Il y a des choses à l'intérieur... Des papiers.

Monsieur Schneider, juché sur son escabeau, commence à lire :

— C'est daté de décembre 1947 et c'est écrit sur du papier à en-tête de la mairie : « Éléments du dossier contre Rainer Kandel. Marché noir, contrebande de cigarettes, réseau de fuite d'anciens nazis en Amérique du Sud. »

Madame Schneider est tout excitée.

— Tu te rappelles ce que nous a dit la concierge? C'est ici qu'habitait le bourgmestre de Sieberg quand il a été assassiné.

Le mari redescend de l'escabeau.

— Je crois qu'il faut porter tout cela à la police...

Dans le parc du collège Goethe à Cologne, un jeune homme de quinze ans, aux cheveux blonds et aux yeux bleus, vêtu de l'uniforme réglementaire noir à boutons dorés, voit venir vers lui l'un de ses camarades tenant un journal.

— Stenheim, tu m'as bien dit que tu étais de Sieberg?

— Oui, pourquoi?

— Écoute... Je ne sais pas si je devrais, mais lis ça.

Intrigué, Leopold prend le journal. Sous le titre : « DU NOUVEAU

DANS L'AFFAIRE STENHEIM », le journaliste a écrit : « Certains se souviennent peut-être qu'il y a neuf ans Karl Stenheim a été condamné à vingt ans de prison pour le meurtre de Sigmund Erlich, le bourgmestre de Sieberg. »

Leopold devient pâle comme un linge. L'Amérique... C'était donc un mensonge ! Cela fait dix ans qu'on lui ment depuis qu'un jour, sans raison, on l'a envoyé chez ses grands-parents.

Leopold Stenheim reprend sa lecture, et son camarade le voit blêmir encore davantage.

« On se souvient peut-être également qu'à l'époque Karl Stenheim avait prétendu qu'au moment où il a été assassiné Sigmund Erlich allait lui faire d'importantes révélations. Or on vient de retrouver dans l'appartement du bourgmestre, un dossier accusant monsieur Rainer Kandel de divers trafics. Il est à noter que monsieur Kandel a épousé, peu après le procès, la propre femme de Karl Stenheim. Monsieur et madame Kandel seront entendus cet après-midi à quinze heures par Hans Wagner, commissaire de Sieberg. »

Les yeux bleus de Leopold deviennent vagues. Sa mère, son beau-père, qu'il a toujours instinctivement détesté...

La rage lui colore subitement les joues. Il essaie de mettre de l'ordre dans le flot de pensées qui se bousculent et la vérité lui apparaît peu à peu... Ce n'est pas pour le préserver que sa mère l'a éloigné, c'est pour l'empêcher de dire quelque chose qu'il sait. Quelque chose de capital ! Il s'adresse à son camarade :

— Prête-moi ton vélo...

— Tu ne vas pas faire le mur ?

— Il est midi : j'ai le temps d'arriver. Prête-moi ton vélo !

Le commissaire Hans Wagner n'a pas la tâche facile, en face de monsieur et madame Kandel. Le pharmacien n'est pas n'importe qui et il le prend de haut.

— Qu'est-ce que signifie cette histoire ? Cela ne tient pas debout ! Sigmund Erlich me soupçonnait de marché noir et de je ne sais quoi encore ? Il n'y a aucune preuve là-dedans ! A supposer que ce ne soient pas tout bonnement des faux ! Je porterai plainte pour diffamation.

Eva Kandel, de son côté, est bouleversée.

— Quand je pense à tout ce que j'ai fait pour mon mari ! Quand je pense que j'ai témoigné en sa faveur au tribunal !...

Dans le couloir, il y a des bruits de dispute, des cris. La porte s'ouvre avec violence et Leopold Stenheim fait irruption. Le planton s'excuse.

— Je n'ai pas pu l'empêcher, monsieur le commissaire...

Eva et Rainer Kandel restent pétrifiés sur leur siège. Le commissaire fait signe au planton de se retirer. Il y a un moment de silence et le jeune Leopold, raide dans son uniforme, parle.

— Je suis venu vous dénoncer deux assassins, monsieur le commissaire : l'homme et la femme que vous avez en face de vous !

Eva pousse un cri.

— Leopold !

Le jeune homme ne tourne pas les yeux en direction de sa mère. Il fixe toujours le commissaire.

— Dans l'après-midi du meurtre, j'ai vu ma mère prendre le revolver qui se trouvait dans le bureau de mon père. Elle m'a aperçu. Elle a semblé très embarrassée. Elle m'a dit qu'elle avait peur que j'y touche et qu'elle allait le cacher ailleurs. Mais, un peu plus tard, je l'ai vue qui sortait. Elle allait donner l'arme du crime à son amant Rainer Kandel...

Leopold Stenheim s'arrête un instant. Le silence est toujours total. Il conclut :

— Bien sûr, cette scène m'a longtemps intrigué. Mais comme j'ignorais tout, je ne pouvais savoir la signification qu'elle avait. Maintenant, j'ai compris. Kandel et ma mère ont bien combiné leur coup : ils se débarrassaient à la fois du bourgmestre qui avait découvert le trafic et du mari gênant.

Le jour même, le couple Kandel a été arrêté. Une semaine plus tard, Karl Stenheim sortait de prison et, six mois après, le tribunal de Cologne prononçait son acquittement, en même temps qu'il condamnait Eva et Rainer Kandel à dix et à vingt ans de prison.

La plus grande surprise de Karl Stenheim a été de retrouver, dans l'enfant qu'il avait quitté, un homme. Il n'y avait pourtant pas lieu de s'en étonner. S'il est vrai que les épreuves font mûrir, Leopold Stenheim avait eu largement de quoi devenir adulte.

L'avocate

Le lieutenant Mulligan examine, sans amabilité aucune, la jeune femme de vingt-cinq ans qu'on vient d'amener dans son bureau, non loin de la Cinquième Avenue, à New York.

Il est aux environs de trois heures du matin, ce 18 novembre 1973. Comme dans les films policiers, le lieutenant Mulligan est en bras de chemise, chapeau mou sur la tête. Le bureau est éclairé par une puissante lampe flexible, dont le faisceau est dirigé sur la jeune fille. Cette dernière n'est pas désagréable à regarder : une rousse bien faite — on aurait tendance à dire : bien fichue, car il se dégage d'elle une vulgarité certaine. Cette vulgarité ne se voit pas seulement, elle s'entend à l'accent populaire de la jeune femme.

— Qu'est-ce que vous me voulez? Je me promenais bien tranquillement dans la rue et vos bonshommes m'ont sauté dessus.

— Tu faisais le trottoir...

— Et alors? Ça ne mérite pas de s'énerver comme ça!

— Effectivement. Et ce n'est pas pour cela que tu es ici. Tu t'appelles bien Ellen Farmer?

— Ouais. Qu'est-ce que vous lui voulez à Ellen Farmer?

— Tu étais bien la maîtresse de Tony Harrisson, avant qu'il en prenne pour vingt ans?

Ellen Farmer se dresse brusquement sur son siège.

— Il lui est arrivé quelque chose?

— Un peu, oui! Il s'est évadé tout à l'heure. Et pas n'importe comment. Quelqu'un lui avait remis un pistolet et une grenade.

— La vache!...

Le lieutenant Mulligan a un hochement de tête expressif. Elle se défend, la petite! Sa surprise est drôlement bien jouée.

— Qu'est-ce que cela veut dire : « la vache »?

— La vache, c'est elle. Celle qui lui a donné son arsenal.

— Parce que c'est une autre femme qui lui a procuré les armes? Comment s'appelle-t-elle, cette généreuse donatrice?

— C'est l'avocate, pardi! Grace Sinclair. Si je la tenais, celle-là!

— Qu'est-ce que c'est que cette histoire?

— La vérité, malheureusement... Elle en est tombée tout de suite amoureuse, de mon Tony. Il fallait voir comment elle lui tournait autour! Tous les jours ou presque elle venait le voir à la prison. Quand je la rencontrais, elle me disait : « Le dossier avance. » Le dossier, tu parles! Moi, j'avais droit au parloir, mais elle, comme avocate, elle pouvait le voir dans sa cellule. Ça devait être du joli!

— Tu ne vas tout de même pas me dire qu'une avocate...

— Bien sûr que si : c'est elle qui lui a donné le flingue. Elle en était capable, la garce! Mon Tony lui a complètement tourné la tête. Faut dire qu'il sait y faire avec les femmes.

Le lieutenant Mulligan n'est pas encore revenu de sa surprise. Il cherche l'adresse de Me Grace Sinclair dans l'annuaire... Ellen Farmer continue à lancer des épithètes malsonnantes à l'intention de sa rivale. Il la fait taire.

— Ça suffit! Si c'est elle qui a fait cela, tu devrais la remercier au contraire. Elle l'a fait évader, ton Jules.

— Et elle va me ramener Tony à mon hôtel, pendant que vous y êtes? Elle se l'est gardé pour elle, oui! Elle a mis le grappin dessus, avec son sale fric... Oh, vous pouvez téléphoner! Les oiseaux sont déjà envolés!

Le lieutenant vient effectivement de composer le numéro de l'avocate. A cette heure-ci, trois heures et demie du matin, il ne peut que la réveiller. La première sonnerie retentit, puis la deuxième... Au bout de la dixième, il raccroche et dit d'une voix incrédule :

— C'est pourtant vrai!

Ellen Farmer se lève et se plante devant lui, les deux poings sur le bureau. Ses yeux étincellent.

— Je vous en supplie, lieutenant : retrouvez-les! Je veux qu'ils paient le plus cher possible, tous les deux!

19 novembre 1973, huit heures du matin. Le lieutenant Mulligan, conformément à la loi, a attendu l'aube pour perquisitionner chez Grace Sinclair, avocate de Tony Harrisson.

Accompagné de son adjoint et du gardien de l'immeuble, il entre.

Il parcourt successivement toutes les pièces. L'appartement est vide. Dans la chambre, il constate que plusieurs cintres sont nus. Dans la salle de bains, il ne découvre ni brosse à dents ni objets de toilette de première nécessité. Nulle part il ne trouve de sac à main. Pas de doute, il s'agit d'un départ préparé. Il se tourne vers le gardien.

— Quand avez-vous vu Me Sinclair pour la dernière fois?

Le gardien, un gros homme rougeaud, a un haussement d'épaules.

— Vous savez, vingt-cinq étages, ça fait du monde. Je peux pas faire attention à tous ceux qui passent. Évidemment, miss Sinclair, ce n'est pas pareil!

— Pourquoi?

— Une sacrée jolie fille! Chaque fois que je peux, je ne me prive pas de la regarder. D'autant qu'elle s'habille plutôt court, si vous voyez ce que je veux dire...

— Parfait. Donc, vous pouvez me répondre : quand l'avez-vous vue pour la dernière fois?

— C'était il n'y a pas longtemps... Deux jours... Oui, c'est ça : avant-hier...

Le lieutenant hoche la tête. Deux jours, cela concorde. Grace Sinclair a dû partir en même temps que l'évadé. Il reprend ses questions :

— Miss Sinclair était souvent avec des hommes?

Le gardien réfléchit quelques instants.

— C'est curieux ce que vous me dites. Elle rentrait souvent au bras d'un homme, jamais longtemps le même, d'ailleurs. Et puis, depuis six mois environ, plus personne. Toujours seule. Une belle fille comme ça. Comment vous expliquez la chose?

Le lieutenant Mulligan comprend parfaitement. Me Grace Sinclair est bien la complice de l'évasion de Tony Harrisson. Cela fait six mois qu'elle est amoureuse de lui et, en plus, elle lui est fidèle! Il quitte l'appartement, où il n'a plus rien à apprendre, et charge son adjoint des recherches de routine : compte en banque, retrait d'actions, achats de dernière minute, etc.

Le soir même, celui-ci lui apporte les informations demandées.

— Formidable, lieutenant! D'abord la banque. Elle a été retirer avant-hier 1 million de son compte et en billets de 10 dollars!

— 1 million de dollars!

— Ce n'est pas fini. J'ai fait aussi les bijoutiers de la Cinquième Avenue avec la photo de la dame. Encore une fois, réussite complète. Elle a vendu une dizaine de bagues, de bracelets et de colliers pour 450 000 dollars. D'après le patron, le lot valait le double. Pour qu'elle ait accepté ce prix-là, il fallait qu'elle ait de sérieuses raisons... Mais ce n'est pas encore le plus beau !

Le lieutenant Mulligan tend l'oreille.

— Près de chez elle, il y a une agence de voyages. Juste avant de rentrer, j'ai eu l'idée d'y passer. Elle a acheté deux billets d'avion pour Mexico, au nom de monsieur et madame Sinclair. Deux allers simples.

Mulligan bondit sur son téléphone. Le lendemain matin, le ravissant visage de Grace Sinclair s'étale à la une des journaux, sur les écrans de télévision, tandis qu'il a pris place dans les fichiers d'Interpol et les locaux de la police mexicaine.

Parmi les journalistes, certains ne peuvent s'empêcher d'être émus par cette femme qui a tout risqué pour sauver l'homme qu'elle aimait. Mais la plupart sont sévères à l'égard de son geste. Elle a profité des avantages de sa condition d'avocate pour faire évader un prisonnier. Son plan ne pouvait réussir que grâce à la confiance dont elle bénéficiait. Et cette confiance, elle l'a trahie ! L'amour n'excuse pas tout...

Le lieutenant Mulligan poursuit son enquête. Comment Me Sinclair a-t-elle pu se procurer les armes ? Pour le pistolet, pas de problème : ils sont en vente libre aux États-Unis. Mais, même aux États-Unis, il n'y a pas de rayon grenades au supermarché. Elle n'a pu obtenir ce genre de matériel que de truands ou de terroristes. En raison de son métier, ce n'était pas une chose impossible. Le mieux est d'éplucher les affaires dont elle s'est occupée, en espérant mettre la main sur le mystérieux fournisseur. C'est un travail long et difficile et, après des jours de recherche, le lieutenant n'a toujours rien trouvé.

Il en apprend davantage dans la prison elle-même.

Un détenu, un certain Cellentani, demande à lui parler. L'individu a une tête de brute et un regard fuyant.

— Tony était mon pote. Il me disait tout. Alors, si je vous le répète, ça me vaudra un petit quelque chose ?

— Faut voir... Dis toujours.

— Ben voilà... Le gars Tony s'est arrangé pour que l'avocate soit folle de lui. Faut dire qu'il est beau gosse, Tony. Bref, ça a marché sur toute la ligne.

— Il t'a parlé de son évasion ?

— Ouais. Il m'a dit que l'avocate lui apporterait un flingue. Pour la grenade, il me l'avait pas dit.

— Et après ? Il t'a dit où ils iraient tous les deux ?

— Quand même pas ! Il est pas fou, Tony. Mais tous les deux, ça m'étonnerait !

— Comment cela ? Il ne serait pas parti avec elle ?

— Vous rigolez ! Fallait voir comment qu'il causait d'elle. Il arrêtait pas de la traiter d'andouille. Et quand je dis « andouille » je suis poli !

— Tu veux dire qu'il ne l'aimait pas ?

Le dénommé Cellentani part d'un gros rire.

— Tony amoureux ? Ça serait la meilleure ! Tony, il aime personne. Seulement, il plaît aux nanas et ça lui sert. La preuve ! Il a une sacrée veine, Tony !

Le lieutenant Mulligan quitte le parloir. Brusquement, tout vient de changer d'aspect. Ce qu'a fait l'avocate reste tout aussi condamnable, mais il ne peut s'empêcher d'éprouver un petit pincement au cœur en pensant à la trahison dont elle a été victime. Fallait-il qu'elle soit aveugle, c'est-à-dire amoureuse ?

Mais ces considérations humaines cèdent vite la place à une question capitale. Visiblement, Tony Harrisson n'était pas le genre à s'embarrasser d'une femme dans sa fuite. Pourtant, Me Sinclair a bel et bien disparu. Alors, si elle n'est pas avec lui au Mexique, où est-elle ? Est-elle même de ce monde ?...

C'est près d'un mois plus tard, le 16 décembre 1973, que le lieutenant a la réponse à sa question. C'est son adjoint qui la lui donne.

— Je reviens de la morgue : on a repêché un corps cette nuit dans l'Hudson. Il n'est pas joli à voir, mais pas de doute, c'est elle, l'avocate.

— Elle est morte comment ?

— Assassinée, autant qu'on peut l'être. Une balle de gros calibre dans le dos. Du travail de professionnel...

Le rapide diagnostic de l'adjoint se révèle entièrement exact. Il est confirmé au lieutenant Mulligan par le médecin légiste deux jours plus tard.

— Il ne peut en aucun cas s'agir d'un suicide. La balle a été tirée à environ un mètre cinquante. Calibre 11.65.

Le lieutenant note mentalement l'information. C'est l'arme

favorite des truands.

— Et la date de la mort ?

— Environ un mois. Disons entre le 15 et le 20 novembre.

Le policier remercie le médecin. Tout concorde. Tony Harrisson s'est évadé le 17 novembre. La malheureuse Grace Sinclair a été exécutée tout de suite après lui avoir remis les armes, l'argent et les billets. Est-ce par Tony Harrisson lui-même, avec le pistolet qui lui a servi à s'évader ? C'est possible, mais ce n'est pas certain. Mulligan connaît sur le bout des doigts la carrière criminelle de Tony Harrisson. C'est un bandit redoutable, mais il répugne à se salir les mains. Il a toujours fait exécuter ses mauvais coups par des hommes à lui.

Le lieutenant Mulligan a de la chance. En faisant vérifier systématiquement les armes qui ont été saisies récemment, il trouve celle du crime. Elle appartient à un certain Joe Muller, arrêté, en sa possession, pour trafic de drogue. Aussi vite que possible, le lieutenant le fait venir dans son bureau. Il a vraiment le physique de l'emploi : corps massif, mains velues, front bas. Mulligan attaque sans préambule.

— C'est toi qui as tué l'avocate ! Ce n'est pas la peine de nier. Les experts sont formels : la balle a été tirée avec ton arme. Tu seras condamné par n'importe quel jury. La seule chance d'éviter le maximum est de dire tout ce que tu sais.

Le tueur a une expression d'effroi. Après avoir plusieurs fois avalé sa salive, il dit d'une voix tremblante :

— Bon, je parlerai.

— Tu faisais partie de la bande à Tony ?

— Ouais. C'est à moi qu'il donnait ses instructions. Des mots dans des enveloppes.

— C'est l'avocate qui te les donnait ?

— Ouais.

— C'est toi qui lui as remis le revolver et la grenade ?

— Ouais.

— Et après, comment cela s'est passé ?

— J'ai vu revenir la fille avec une valise. Elle m'a dit qu'elle allait s'enfuir avec Tony et elle m'a donné une lettre de lui. Je l'ai ouverte. Tony me disait : « Demande-lui le fric et les billets d'avion et descends-la. » Alors, j'ai fait ce qu'il m'a dit.

Le lieutenant Mulligan est plus ému qu'il ne le voudrait du sort tragique qu'a connu la malheureuse Grace Sinclair coupable d'avoir trop aimé. Mais il retrouve ses réflexes professionnels.

— Et Tony, tu sais où il est?

— Pas exactement. Il voulait aller au Canada. Le Mexique, c'était de la frime. C'était fait exprès.

L'épilogue est survenu trois jours plus tard. Il a été tout aussi tragique que le reste de l'histoire. Alertée, la police canadienne a enquêté. Elle a découvert que Tony Harrisson était mort.

Il avait été écrasé, accidentellement sans doute, par un train, à un passage à niveau non loin de Montréal. Le cadavre, affreusement déchiqueté et sans papiers, n'avait pu être identifié. Les policiers ont eu l'idée de vérifier à tout hasard si ce ne serait pas l'évadé.

C'était bien lui. Du beau garçon cynique qui avait fait le malheur de tant de femmes et la perte de la dernière d'entre elles, il ne restait plus que des débris informes. C'est grâce aux radios de la mâchoire qu'on a pu l'identifier.

Le baroud d'honneur

19 juin 1940. Le canonnier de deuxième classe Raoul Richard avance sur une route de France. Où est-il ? Il l'ignore. Quelle heure est-il ? Il ne le sait pas non plus. Le deuxième classe Raoul Richard dort. Il dort en marchant. Cela fait quarante-huit heures qu'ils ne se sont pas arrêtés, lui et ses camarades du 115e bataillon d'artillerie. Les Allemands sont derrière, à quelques kilomètres, donc, pas question de repos. Mais l'organisme humain est une chose bien faite : passé un certain seuil de fatigue, le cerveau se met en sommeil de lui-même tandis que les jambes continuent à fonctionner.

L'odyssée du canonnier de deuxième classe Richard, depuis un peu plus d'un mois — depuis le 10 mai 1940 exactement —, ressemble à celle des autres soldats : incompréhensible, dérisoire, absurde... Il était quelque part, avec son unité, près de la frontière belge, la tête farcie de slogans promettant la victoire, et puis, brusquement, les avions allemands ont rempli le ciel, piquant dans un bruit épouvantable ; ce furent, dès lors, le fracas incessant des bombes et les morts, soldats et civils confondus, gisant au bord des routes, au milieu de la panique générale.

Le deuxième classe Raoul Richard se réveille... C'est le matin. Il jette un coup d'œil à ses camarades débraillés, traînant leur équipement, ou ce qu'il en reste, comme un boulet. Une pancarte au bord de la route : « Montargis, 15 kilomètres. » Où est Montargis ? Il n'en a pas la moindre idée. Avant la guerre, Raoul Richard n'avait jamais quitté Paris et la géographie n'est pas son fort.

Paris, les Batignolles, son quartier : c'est à cela que pense le deuxième classe dans cette tourmente incompréhensible. Il donnerait cher pour retrouver son petit atelier de tourneur et Pierrette, sa fiancée. Mais les reverra-t-il un jour ?

Bientôt les points noirs vont revenir dans le ciel avec leur bruit exaspérant et la mort autour d'eux. Quand tout cela finira-t-il ? Quand va-t-on enfin mettre un terme à cette boucherie ? Raoul Richard était parti sans aucun enthousiasme pour la « der des der » et jamais il ne s'est senti plus bas. Son moral est absolument égal à zéro.

Il fait beau. Avec le jour, les colonnes de réfugiés se sont remises en marche. La route est pleine de gens qui avancent en sens unique : vers le sud.

Quelqu'un tape sur l'épaule de Richard. C'est son chef, le capitaine Poussin.

— Allez, Richard, mon vieux, encore un petit effort !

Le deuxième classe Richard a un faible sourire. Un type bien, le capitaine, pas du tout l'esprit militaire. Dans le civil, il est ingénieur. Depuis la retraite, son seul souci a été de veiller sur ses hommes et d'essayer de leur remonter le moral. Richard l'interroge.

— Où est-ce qu'on va comme ça, mon capitaine ?

Le capitaine Poussin essaie d'adopter un ton convaincant :

— A Montargis. On va retrouver les autres éléments de notre unité.

Richard ne répond rien pour ne pas faire de peine à son capitaine mais cela l'étonnerait beaucoup que les autres soient à Montargis. Ils sont n'importe où, comme eux...

C'est alors qu'il se demande s'il ne s'est pas remis à dormir debout. Là-bas, à quelques centaines de mètres au milieu de la cohorte des réfugiés, il vient d'apercevoir des soldats français. Le spectacle en lui-même n'a rien que de banal, mais ce qui est extraordinaire, c'est qu'ils marchent au pas ! Si ce n'est pas tout à fait comme sur les Champs-Élysées le 14 Juillet, du moins, ils ne ressemblent pas à un troupeau de bêtes en kaki : ils ont vraiment l'air de soldats.

Quelques minutes plus tard, les deux groupes font leur jonction. Richard est aux côtés du capitaine Poussin. Un commandant s'approche d'eux. Encore une fois, le deuxième classe croit rêver. L'officier a une tenue impeccable comme s'il sortait d'une conférence d'état-major. Le capitaine Poussin lui fait un salut rapide.

— Capitaine Poussin, du 115e bataillon d'artillerie.

L'officier lui rend son salut de la manière la plus réglementaire.

— Commandant Lambert... Nous appartenons à la même unité. Étant l'officier du grade le plus élevé, je prends le commandement de vos hommes.

Le commandant Lambert promène un regard déplaisant sur les épaves barbues et débraillées qui constituent le 115e bataillon.

— Laisser-aller déplorable... Je ne vous félicite pas pour la tenue de vos troupes, capitaine.

Le capitaine Poussin ne répond rien à cette ahurissante réflexion. Il se contente de pousser un soupir. Raoul Richard, lui, observe ses nouveaux camarades. Ils appartiennent à la même unité mais il faut le savoir ! Eux, ils sont rasés et boutonnés, des militaires d'active, pas de doute. Il leur demande :

— Vous êtes des engagés, les gars ?

Plusieurs voix lui répondent :

— Oui, mon gars.

Dans ce « oui », Richard sent toute la supériorité qu'éprouve instinctivement le soldat d'active face au bidasse incorporé, qui n'est jamais qu'un civil déguisé. Autour d'eux, les réfugiés continuent à défiler avec leurs bicyclettes, leurs poussettes d'enfants, leurs carrioles. Le contraste est tellement grotesque que, pour la première fois depuis des semaines, Raoul Richard éclate de rire.

Mais la voix du commandant Lambert l'interrompt brutalement :

— En rang par quatre ! Revue d'équipement.

Instantanément, les hommes du commandant se mettent en ordre.

Les hommes du 115e bataillon, eux, se regardent avec des expressions ahuries et croient avoir mal compris... Une revue d'équipement, en pleine débandade ? Mais il est fou !

Le capitaine Poussin se fait leur interprète en des termes plus mesurés :

— Mais mon commandant, les Allemands ne sont qu'à quelques kilomètres. Si nous nous arrêtons avant Montargis, nous risquons...

Le commandant lui coupe la parole :

— Pas le savoir ! Exécution ! Et d'abord, je veux voir toutes les vareuses boutonnées.

Dans un champ, au bord de la route où continue le flot des réfugiés, Raoul Richard et ses camarades reboutonnent leurs uniformes. Avec les hommes de l'autre groupe, ils sont plusieurs centaines alignés de manière réglementaire. D'une seconde à l'autre, les Stukas peuvent jaillir du ciel pour anéantir cette cible immanquable ; d'une minute à l'autre, les premiers Panzers peuvent apparaître sur la route et ils seront tous prisonniers.

Képi bien droit sur la tête, mains derrière le dos, le commandant

Lambert parcourt les rangs sans hâte, avec une moue méprisante. L'inspection dure cinq bonnes minutes. Les hommes du 115e bataillon ne tiennent plus en place. Enfin, le commandant revient vers le capitaine Poussin.

— Capitaine, de quel matériel disposez-vous?

— Deux canons de 75, deux mitrailleuses, six pièces antichars, mais...

Le commandant Lambert ne le laisse pas poursuivre.

— Parfait.

Du doigt, il désigne une colline boisée à quelques centaines de mètres derrière le champ.

— La position est idéale. De là nous battons la route sur plusieurs kilomètres.

D'un geste lent, le commandant enfile ses gants, des gants blancs impeccables. Il s'adresse aux troupes, toujours alignées :

— Messieurs, nous allons livrer combat. Depuis le début de la retraite, notre unité n'a jamais pu accrocher l'ennemi. Cette fois, nous sommes sûrs d'établir le contact.

Avec ses camarades, le deuxième classe Raoul Richard a spontanément quitté les rangs. Un cri d'indignation générale a jailli du 115e bataillon; les hommes du commandant, eux, n'ont pas bronché.

Le capitaine Poussin lance un ordre en direction de ses soldats.

— Repos! Je veux du calme!

Richard et ses camarades obéissent. Ils font confiance à leur capitaine. Ils savent qu'il ne se laissera pas faire, qu'il ne les abandonnera pas à la merci de ce fou... Effectivement, le capitaine Poussin se tourne vers son supérieur.

— Mon commandant, mes hommes sont épuisés. Ils n'ont pas dormi depuis des jours. Ils sont incapables de livrer bataille.

Le commandant Lambert réplique sèchement :

— Ce ne sont pas vos hommes, ce sont les miens! J'ai donné un ordre!

Le capitaine ne lâche pas prise.

— Mon commandant, les nouvelles sont mauvaises. La partie est perdue. L'armistice va être signé d'un jour à l'autre.

L'officier a un regard de défi.

— Justement! Un soldat ne termine pas une guerre sans se battre. C'est notre dernière occasion.

Les hommes du 115e bataillon entourent les deux officiers. Leur sort dépend de la discussion qui s'est engagée entre eux. Le capitaine Poussin tente désespérément de faire revenir le commandant sur sa décision.

— Nous avons dû abandonner presque toutes nos munitions dans le repli. Nous avons deux minutes, trois minutes de feu, pas plus : juste le temps de nous faire repérer. Nous sommes menacés de destruction totale.

Le commandant Lambert s'est déjà mis en marche.

— C'est un risque à courir.

Le capitaine s'accroche à ses pas.

— Il y a tous ces gens sur la route. Nous risquons de les atteindre.

— Les civils n'ont pas à se trouver sur le théâtre des opérations.

Et le commandant lance d'une voix forte :

— Exécution !...

Le canonnier de deuxième classe Raoul Richard se précipite alors vers son capitaine. Tout se bouscule en lui, mais une certitude s'impose : il faut faire quelque chose. Ils ne vont pas se laisser conduire à la boucherie par ce fou qui veut son baroud d'honneur en gants blancs.

— Mon capitaine, on ne marche pas ! Dites-lui que le 115e ne marchera pas.

Le commandant Lambert se retourne violemment vers lui.

— Refus d'obéissance au feu... Vous êtes en état d'arrestation. Vous passerez en Conseil de guerre.

Richard se rapproche, l'air farouche. Il tient tête au gradé.

— On ne marche pas, on vous dit ! On ne se fera pas trouer la peau pour vous.

Le capitaine Poussin tente d'éviter le pire.

— Écoutez, Richard...

Mais le commandant Lambert ne l'écoute pas, il se tourne vers ses hommes à lui, les soldats d'active, qui sont jusque-là restés impassibles. Il désigne quatre d'entre eux.

— Vous, là-bas, sortez des rangs. Formez le peloton.

Il s'adresse au capitaine Poussin :

— Capitaine, emparez-vous du meneur. Qu'on le fusille sur-le-champ !

Le capitaine n'a pas bougé. Le commandant Lambert se met à hurler :

— Capitaine, obéissez ! C'est un ordre !

Il commence à déboucler la gaine de son revolver. Mais le soldat Richard est plus rapide que lui. Il lève son fusil et, sans épauler, tire une seule balle. Le commandant Lambert, touché en pleine tête, s'effondre. Il y a un grand silence... Richard jette son arme à terre. Il va vers son capitaine.

— Il fallait le faire, mon capitaine. C'était la seule solution pour tout le monde.

Le capitaine Poussin ne répond pas. Il évite son regard.

— Deuxième classe Richard, vous êtes en état d'arrestation. Vous serez conduit à la prison de Montargis en attendant d'être jugé.

Puis il se tourne vers les autres soldats qui sont restés au milieu du champ, immobiles et silencieux.

— Pourquoi restez-vous plantés là ? Vous voulez donc vous faire tuer pour rien ? En avant ! Direction Montargis...

A Montargis, le capitaine Poussin remet son prisonnier aux autorités de police et puis il repart avec ses hommes, encore plus au sud. Comme les autres, il a arrêté sa fuite trois jours plus tard, le 22 juin 1940, avec l'armistice.

Sept ans ont passé. Nous sommes le 25 avril 1947, devant le tribunal militaire de Montargis.

Pendant tout ce temps, Raoul Richard est resté en prison et la guerre s'est passée sans lui, ce qui dans le fond, ne l'avait pas contrarié...

Quand le capitaine Poussin vient déposer à la barre, il n'a aucun mal à reconnaître son ancien soldat. Il lui adresse un sourire d'encouragement. Bien qu'il s'agisse d'une juridiction militaire, l'atmosphère dans la salle est plutôt à la réconciliation. D'ailleurs, la famille du commandant Lambert ne s'est pas portée partie civile.

Le président interroge le capitaine Poussin, redevenu civil, avec déférence. Poussin, en effet, après sa démobilisation, s'est engagé dans la Résistance où il a joué un rôle actif. Il est évident que son témoignage est capital et que c'est de lui que va dépendre le sort de Richard.

L'ancien capitaine commence par rendre hommage à la victime :

— Le commandant Lambert était un officier de valeur, un patriote et un homme courageux. Il avait le désir de s'opposer à l'ennemi, à l'envahisseur. S'il avait vécu, il aurait sûrement fait un grand résistant. Seulement...

Le témoin marque un temps. On sent qu'il a pesé chacun des mots qu'il va dire à présent.

— Seulement, le 19 juin 1940, il était trop tôt pour résister. Le rapport des forces était trop défavorable et l'action militaire que voulait mener le commandant n'aurait conduit qu'à un massacre inutile.

Le président lui pose la question cruciale :

— Donc, vous justifiez le geste de votre ancien soldat?

L'ancien capitaine Poussin répond en tournant la tête vers Raoul Richard.

— Aucun crime n'est justifiable et il s'agissait bien d'un crime. Mais il faut se rappeler les conditions dans lesquelles nous étions le 19 juin... Cela faisait des jours que nous fuyions l'armée allemande. Nous dormions en marchant. Tous les jours, il y avait des attaques de l'aviation et des morts. Et puis il y avait aussi la foule des pauvres gens qui fuyaient dans la panique la plus totale. Le moral de mes hommes était catastrophique. Moi-même, j'essayais de les réconforter, mais je n'étais guère plus brillant. Alors, pour juger Richard, il faut penser à tout cela.

Les juges militaires y ont pensé. Eux aussi avaient vécu ces tragiques moments de notre histoire et avaient eu sous leurs ordres des soldats dans le même état d'esprit.

Raoul Richard a été condamné à la dégradation et à cinq années d'emprisonnement. Étant donné qu'il était deuxième classe et qu'il venait de passer sept ans en cellule, c'était évidemment une condamnation morale.

La cage infernale

Samuel Baldwin, détective à Boston, Massachusetts, commence sa journée du 10 septembre 1951, comme tous les jours que Dieu fait, par la lecture des faits divers du *Boston News*. Samuel Baldwin aime se plonger dans ces drames quotidiens : il en retire une justification de son métier et de son utilité sociale.

Or, en première page du *Boston News*, s'étale un fait divers particulièrement dramatique, photo sensationnelle à l'appui. La veille au soir, lors de la représentation du Splendid Circus, un cirque ambulant de passage dans la ville, le dompteur, George Ribbon a été dévoré par ses bêtes. Sur le journal, on voit le malheureux emporté sur une civière. Il devait décéder avant son arrivée à l'hôpital.

Samuel Baldwin lit machinalement l'article consacré à la victime. George Ribbon était considéré comme l'un des meilleurs dompteurs des États-Unis. Il était le seul à travailler dans une même cage avec des lions, des tigres, des panthères noires et des ours. Chaque soir, il prenait tous les risques pour son public. Il est mort victime de sa témérité.

La lecture du quotidien terminée, Samuel Baldwin se rend à son bureau. Il est l'un des détectives privés les plus en vue de Boston, ce n'est pas le travail qui lui manque et il a une dizaine de rendez-vous pour cette seule journée.

Il est six heures de l'après-midi quand sa secrétaire vient le trouver.

— Il y a là un certain monsieur Halley. Il veut absolument vous voir.

Samuel Baldwin rétorque assez sèchement :

— Eh bien, dites-lui de prendre rendez-vous.

La secrétaire a l'air gêné.

— C'est que la personne insiste. C'est le directeur du Splendid Circus... C'est au sujet de l'accident d'hier soir.

Du coup, Samuel Baldwin change de ton.

— Le dompteur dévoré par les fauves? Dites-lui d'entrer.

Quelques instants plus tard, John Halley, directeur du cirque, est dans le bureau. Il doit avoir la cinquantaine. Il a les cheveux gris, une petite moustache. C'est un homme bien bâti : on sent qu'il a dû être un bel athlète dans sa jeunesse. Mais, pour l'instant, il semble accablé, comme courbé sous le poids d'un fardeau.

Le détective lui tend une main cordiale.

— J'ai lu le drame dans les journaux, monsieur Halley. Je vous exprime toute ma sympathie.

Le directeur du cirque remercie d'un hochement de tête.

— Vous devez être surpris de ma visite. Mais je ne tenais pas à ce que la police soit mêlée à tout cela.

Samuel Baldwin fronce les sourcils.

— La police, et pourquoi donc?

— Parce que c'est un meurtre et que le coupable est forcément parmi nous!

Malgré l'horreur du drame, le détective est piqué au plus haut point dans sa curiosité professionnelle.

— Comment pouvez-vous être certain d'une chose pareille?

Le directeur a un soupir.

— Il n'y a hélas aucun doute à ce sujet... Il faut que j'entre dans certains détails techniques. Savez-vous en quoi consistait exactement le numéro de George Ribbon?

Baldwin doit avouer qu'il l'ignore.

— Eh bien, c'était un numéro absolument unique. Ribbon commençait par des exercices traditionnels avec ses lions et ses tigres. Et puis on lâchait deux panthères noires et trois ours. C'était alors que commençait vraiment le numéro.

« George Ribbon s'installait au centre de la cage. Il ne faisait aucun geste mais pas une bête n'osait l'approcher. Il faisait ensuite claquer son fouet et tous les fauves, comme pris de panique, se mettaient à tourner follement autour de lui jusqu'à ce que, sur un nouveau coup de fouet, ils quittent la cage.

Samuel Baldwin a hâte que son visiteur en vienne au fait.

— Cela me semble impressionnant, en effet. Mais ne pensez-vous pas que le numéro était tout simplement trop risqué?

— Non, il n'y avait aucun risque. Je vous demande, bien sûr, de garder secret ce que je vais vous dire, mais tout était truqué!

Du coup, l'intérêt du détective s'éveille de nouveau. Le directeur poursuit.

— C'était un dispositif que j'avais mis au point moi-même avec Ribbon. Mettre ensemble des lions, des tigres, des panthères noires et des ours dans une même cage, ce serait trop dangereux. Mais ils ne pouvaient pas atteindre le dompteur, grâce à une barrière invisible, une barrière électrique...

John Halley marque un temps avant de reprendre le cours de ses explications.

— Le sol de la cage est en métal. Au centre, un cercle de cinq mètres de diamètre est séparé du reste par un mince périmètre de bois. Avant qu'on ne lâche les bêtes, George s'installait au milieu. Moi, j'étais aux manettes et je lançais alors le courant dans le rond central. Il n'était pas assez fort pour mettre en danger la vie des fauves, mais suffisant pour leur donner une violente décharge. Quant au dompteur, il portait des bottes en caoutchouc qui l'isolaient parfaitement.

« Voilà pourquoi, malgré les apparences, George ne risquait absolument rien. Maintenant, la suite du numéro était un peu plus compliquée...

Le détective Samuel Baldwin reste songeur. Il n'y a pas que les escrocs, les faussaires et les assassins qui maquillent la vérité. L'illusion est partout...

Le directeur du Splendid Circus continue.

— Le reste de la plaque de métal, à partir du rond central, est divisé par des lames de bois en rayons. A un moment donné, je mettais en marche une sorte de balai qui faisait le tour du dispositif en transmettant le courant électrique. Ainsi, chaque plaque de métal était tour à tour électrifiée. C'est pourquoi les bêtes se mettaient à courir en rond pour fuir le courant. Elles ne pouvaient pas rentrer au centre, qui était électrifié en permanence; elles ne pouvaient que fuir devant elles, poursuivies par l'électricité.

Samuel Baldwin réprime une grimace. Décidément, le sort de ces malheureuses bêtes, martyrisées chaque soir pour le contentement du public et le plus grand profit du Splendid Circus, lui semble assez répugnant. Mais John Halley n'a pas l'air de partager ce sentiment. Il semble satisfait de son invention.

Le détective en revient aux faits.

— Alors, dans ce cas, monsieur Halley, expliquez-moi ce qui s'est passé hier soir. Qu'est-ce qui n'a pas marché ?

Le directeur du cirque redevient sombre.

— Justement, c'est inexplicable. Tout s'est d'abord bien passé. George s'est installé au milieu de la cage et j'ai envoyé le courant dans le rond central. Le garçon de piste a libéré les bêtes. George a commencé son numéro. Il a claqué son fouet et j'ai mis en marche le balai électrifié.

John Halley ferme à demi les yeux. Il revit le drame de la veille.

— Les fauves ont commencé à courir en rond comme prévu. Et puis ils ont ralenti... Or, normalement, ce n'était pas possible. Dans ce cas, ils auraient marché sur la plaque électrifiée qui les poursuivait. J'ai compris brusquement qu'ils s'étaient mis en mouvement au coup de fouet par habitude, mais qu'aucun courant ne passait sous la cage. Les fauves s'en sont rendu compte au même instant que moi. C'est un tigre qui a sauté le premier. Les autres ont suivi.

John Halley s'interrompt un instant.

— C'était horrible ! Le garçon de piste est entré dans la cage avec une fourche. Il a pu arriver jusqu'aux bêtes, ce qui prouve que le courant ne passait pas, car il n'avait pas de bottes en caoutchouc. Il a dégagé George, mais il était trop tard. Plus personne ne pouvait le sauver.

Samuel Baldwin retrouve ses réflexes professionnels.

— Je comprends ce qui vous fait dire que c'est quelqu'un du cirque qui a fait le coup, monsieur Halley : personne d'étranger ne pouvait connaître ce dispositif électrique. De quelle manière a-t-il été saboté ?

Le directeur du Splendid Circus pousse un énorme soupir.

— Justement, je ne comprends pas ! Vous pensez bien que j'inspecte l'installation avant chaque représentation. Une panne est toujours possible. Or je peux vous le dire : tous les circuits étaient en parfait état de fonctionnement. J'ai refait la même vérification après le drame. Il n'y avait pas une anomalie, rien. Pour moi, c'est de la magie.

Le détective Baldwin en sait désormais assez et ce qu'il vient d'apprendre fait pressentir qu'il va se trouver devant l'une des enquêtes les plus extraordinaires de sa carrière. Il se lève de son fauteuil.

— Je pense que le mieux est d'aller voir sur place. J'aimerais jeter un coup d'œil sur cette installation...

Les deux hommes sont sur place peu après. La cage aux fauves est restée sur la piste. De loin, elle fait une tache brillante au milieu des gradins déserts. La sciure a été retirée et les plaques de métal apparaissent à nu. Samuel Baldwin voit parfaitement le disque central délimité par un cercle de bois et le reste de la surface métallique divisé également par des lames de bois, un peu comme la roue d'une loterie.

Samuel Baldwin sort de sa contemplation. Sa voix a un accent étrange sous le grand chapiteau.

— Combien avez-vous d'employés ?

— Entre la troupe et le personnel de service, environ une centaine.

Le directeur ajoute, après un temps :

— Mais, je vous le demande, quoi que vous trouviez, ne le dites pas à la police. Nous tenons à régler cette affaire entre nous. La solidarité des gens du voyage, vous comprenez ?

Le détective répond sans se compromettre :

— Nous verrons...

Et il enchaîne :

— Pour l'instant, c'est la sciure qui m'intéresse. Qui la dépose dans la cage ?

John Halley semble surpris par la question.

— C'est le garçon de piste, Antoine Delarue, un Canadien français, un brave garçon. Il a risqué sa vie quand les fauves ont attaqué George.

Antoine Delarue se trouve quelques minutes plus tard devant le détective. C'est un garçon dégingandé d'une vingtaine d'années, aux cheveux blonds frisés et au visage couvert de taches de rousseur. Il a l'air très choqué par le drame de la veille. Samuel lui parle d'un ton doux et persuasif.

— Je sais ce que tu ressens, mon garçon. J'ai besoin simplement de savoir ce qui s'est passé hier soir. C'est bien toi qui as mis la sciure dans la cage ?

Le garçon de piste hoche la tête.

— Oui, monsieur.

Samuel Baldwin garde le silence quelques instants. Seuls avec lui dans le chapiteau désert, le directeur et le garçon de piste attendent, l'air plutôt intrigué, sa prochaine question. Le détective pose la main sur l'épaule du jeune homme.

— Dis-moi, mon garçon, quel métier veux-tu faire plus tard ?

La figure d'Antoine Delarue s'illumine brusquement.

— Dompteur, m'sieu ! Je veux être dompteur.

Samuel Baldwin parle avec une grande douceur.

— Mais tu veux être un vrai dompteur, n'est-ce pas ? Sans trucage électrique.

Le garçon de piste a un moment d'hésitation. Il regarde le directeur comme s'il lui demandait l'autorisation de parler. Celui-ci l'encourage d'un geste. Il répond alors sans oser regarder le détective.

— Oui, moi, je ne veux pas faire ça. J'aime les bêtes. Je le disais à monsieur Ribbon, mais...

Samuel Baldwin a toujours sa voix douce.

— Mais quand tu lui disais cela, monsieur Ribbon t'envoyait promener. Peut-être même qu'il te donnait des coups.

Antoine Delarue a un sursaut.

— Non, pas des coups, ce n'est pas vrai !

— D'accord, pas des coups, ça n'empêche qu'il ne te traitait pas comme il aurait dû le faire.

Le garçon de piste garde le silence, la bouche pincée, la tête baissée. Le détective continue...

— Alors hier, tu as voulu lui donner une leçon. Je dis une leçon, rien de plus. Tu en avais assez de ce faux dompteur qui ne risquait rien parce qu'il était protégé par un courant électrique...

Dans les allées du chapiteau, plusieurs des membres de la troupe viennent d'arriver. Ils forment un petit groupe qui commence à grossir. A côté de la cage, Samuel Baldwin continue.

— Non, tu n'as pas voulu tuer le dompteur ; la preuve, c'est que, quand il a été attaqué, tu es entré dans la cage au risque de ta propre vie. Tu n'es pas un assassin, Antoine, tu es seulement un gamin qui a fait une mauvaise farce.

Antoine Delarue redresse la tête d'un air arrogant.

— Vous dites n'importe quoi ! Vous n'avez pas de preuve.

Samuel Baldwin prononce à mi-voix :

— Mais si, il y a une preuve : la sciure...

Et comme le garçon se tait, il continue.

— La sciure, tu l'as enlevée après la représentation. Mais je suppose que nous pouvons encore la retrouver dans une des poubelles. Et tu sais ce qu'elle a de particulier, cette sciure ? Elle est brune et grise. Grise parce que tu y as versé de l'ébonite en poudre qui empêche le courant électrique de passer et brune à cause du sang séché !

Le jeune homme pousse un cri... Sous le chapiteau, maintenant, presque toute la troupe est au complet et assiste, en bord de piste, à cette représentation hors du commun. Samuel Baldwin est satisfait de lui. Il ne s'était pas trompé. Puisque l'installation électrique fonctionnait, la seule possibilité d'empêcher le courant d'arriver était la sciure qui recouvrait les plaques de métal.

Le détective continue.

— Voyons, mon garçon, je suis sûr qu'en allant fouiller les poubelles nous trouverons une quantité importante d'ébonite en poudre dans la sciure. Et cette ébonite, il a bien fallu que tu l'achètes quelque part... Tu n'as pas beaucoup d'imagination, Antoine. En venant au cirque, j'ai vu un drugstore de l'autre côté de la plage. Je parie que c'est là que tu l'as achetée. Il en fallait quelques dizaines de kilos. Ce n'est pas un achat qu'on fait tous les jours. Je suis sûr que le personnel te reconnaîtrait sans difficulté.

Antoine Delarue se met soudain à sangloter.

— Je ne voulais pas... Je voulais seulement faire une blague..., lui donner une leçon. Je vous jure, rien d'autre.

John Halley s'approche du détective. Il sort de sa poche une liasse de billets.

— Voici vos honoraires, monsieur Baldwin. Maintenant, s'il vous plaît, laissez-nous. Nous réglerons cette affaire entre nous.

Samuel Baldwin regarde son interlocuteur. Le visage de ce dernier exprime la tristesse, mais pas la colère.

— Normalement, je devrais avertir la police. Il y a eu meurtre.

Il regarde cette fois Antoine Delarue. Le jeune homme, les yeux rouges, les pommettes brillantes, renifle bruyamment. La troupe du Splendid Circus l'entoure en silence.

A quoi bon créer un drame supplémentaire? Ces gens-là sont suffisamment éprouvés. Et ce n'est pas une enquête de police, un procès et une condamnation qui rendront la vie au malheureux dompteur. Samuel Baldwin fait un salut à la cantonade et prononce, comme pour lui-même, en s'en allant :

— Que le spectacle continue!

Un incroyable hasard

18 novembre 1978. Wilfrid Geiler est en train de souper dans le coquet appartement que possède Inge Breisach dans un quartier résidentiel de Francfort. C'est un repas aux chandelles et, à n'en pas douter, un repas d'amoureux.

Wilfrid Geiler prend la main de sa compagne. A trente-huit ans, il a vraiment tout pour plaire : un physique sportif, viril, mais en même temps un air de sérieux et d'intelligence. Si l'on ajoute à cela que son cabinet d'architecte marche fort bien, on comprendra qu'il n'est pas précisément le genre d'homme désagréable à fréquenter.

Inge Breisach n'est pas déplaisante non plus : trente-cinq ans, blonde, beaucoup de charme. Elle est à la tête d'une petite maison de couture et la robe qu'elle porte dit assez son goût en la matière. Elle a au cou un collier de diamants dont il n'est pas difficile de deviner qui le lui a offert.

Inge Breisach soupire car, malgré les apparences, leur couple a un problème, le plus banal et le plus difficile des problèmes : il est illégitime. Elle, de son côté, est célibataire, mais pas Wilfrid Geiler...

— As-tu parlé à ta femme?

— Oui, ce soir.

— Et cela s'est passé comment?

La question est de pure forme. Il suffit de voir la tête de Wilfrid Geiler pour connaître la réponse.

— Très mal. Eva refuse toujours le divorce.

— Tu lui as proposé de l'argent?

— Oui, mais ce n'est pas cela qui l'intéresse. Ce qu'elle veut, c'est me garder. Elle s'imagine que notre liaison ne durera pas, qu'à la longue je reviendrai vers elle.

— C'est absurde ! Tu ne lui as laissé aucun espoir, j'espère ?

— Je lui ai dit cent fois que c'était fini, terminé ! Elle ne veut rien entendre. Mais hier soir, il y a eu pire...

— Qu'est-ce qu'elle t'a dit ?

— Rien. Ce n'est pas elle, c'est moi. Je me suis fâché. J'ai été brutal. En paroles d'abord, et elle m'exaspérait tellement qu'à la fin je l'ai frappée.

— Tu es fou !

— J'aurais voulu t'y voir ! Comment garder son sang-froid devant ce mur, cette montagne d'obstination ? Je lui ai dit des choses qui ont dépassé ma pensée... Que je souhaitais sa mort. « J'espère te voir crever ! » Oui, je lui ai dit cela. Et puis je lui ai donné une paire de gifles.

Inge Breisach soupire de nouveau.

— Essayons quand même de passer une bonne soirée.

Deux heures du matin. Au volant de sa Mercedes, Wilfrid Geiler arrive devant la coquette villa qu'il habite dans un autre quartier résidentiel de Francfort. De loin, il distingue un attroupement et le gyrophare bleu d'une voiture de police. Il s'arrête en catastrophe, saute sur le trottoir et reste pétrifié. Leur autre voiture, celle qu'utilise sa femme Eva, est engagée sur le trottoir devant la grille ouverte de la villa ; un corps recouvert d'une couverture est étendu sur le sol.

Un homme s'approche de lui.

— Vous êtes monsieur Geiler ? Je suis le commissaire Leibel.

— Ne me dites pas...

— Malheureusement si, monsieur Geiler.

Le commissaire Leibel soulève la couverture.

— Reconnaissez-vous votre femme ?

Wilfrid Geiler reste bouche bée. Oui, c'est bien Eva qui est là, dans le faisceau des phares. Elle semble encore en vie, avec son visage un peu enfantin, aux joues pleines et aux boucles brunes. Sa bouche et ses yeux ouverts paraissent indiquer la surprise. Elle est vêtue, comme elle en avait l'habitude, de son manteau de fourrure en panthère.

— Qu'est-ce qui lui est arrivé ?

— Elle a été poignardée, il y a un quart d'heure environ, par un inconnu en voiture, alors qu'elle était sortie pour ouvrir la grille. Nous avons été prévenus par l'un de vos domestiques. Mais nous sommes arrivés trop tard. Elle a été tuée sur le coup.

Wilfrid Geiler interpelle son valet de chambre, qui est un peu plus loin.

— Gunter, que s'est-il passé?

Mais le domestique ne répond pas à la question. Au contraire, il se détourne avec une sorte d'horreur. Le commissaire Leibel reprend la parole.

— J'aurai quelques questions à vous poser, monsieur Geiler. Pouvons-nous entrer chez vous?

— Cela ne peut attendre?

— Non, monsieur Geiler, cela ne peut pas attendre.

Wilfrid Geiler franchit la grille de sa villa d'un pas mécanique, suivi du policier... Quelques instants plus tard, ils sont dans le salon.

— Pouvez-vous me dire où vous étiez il y a un quart d'heure, monsieur Geiler?

Wilfrid Geiler pousse un soupir.

— Autant vous le dire tout de suite, puisque vous l'apprendrez. J'ai passé la soirée chez Inge Breisach. Inge Breisach est ma maîtresse.

— Vous vous trompez, monsieur Geiler. Je ne risque pas de l'apprendre, pour la bonne raison que je le sais déjà.

— On vous l'a dit?

— Oui. Et bien d'autres choses encore.

— Enfin, vous ne me soupçonnez tout de même pas d'avoir tué Eva?

— Pour être tout à fait franc, si, monsieur Geiler!

— Écoutez, je veux garder mon calme. Quand vous m'avez vu arriver en voiture, ma femme était déjà morte, non?

— C'est exact... Voici le témoignage de votre valet : alors que madame Geiler s'approchait de la grille, une voiture noire comme la vôtre a surgi. Un homme vêtu d'un pardessus sombre comme vous en est sorti, l'a poignardée et a redémarré. J'ai demandé au domestique s'il pouvait s'agir de votre voiture et de vous-même. Il m'a répondu : « De là où j'étais, je ne pouvais pas bien voir. Il est possible qu'il s'agisse de Monsieur. » Alors, pourquoi ne pas imaginer que vous avez tourné pendant un quart d'heure avant de revenir?

— Mais c'est affreux! Et pourquoi aurais-je fait une chose pareille?

— Parce que vous avez une maîtresse, monsieur Geiler.

— Selon vous, il suffit d'avoir une maîtresse pour tuer sa femme?

— Non. Mais lorsque la femme en question refuse le divorce, lorsque le mari en vient à la frapper et à la menacer de mort, c'est un peu différent : vous ne trouvez pas ?

— C'est Gunter qui vous a dit cela ?

— Oui. Il a entendu toute votre dispute d'hier soir. Ce n'est pas bien, mais c'est ainsi : Gunter écoute aux portes.

Wilfrid Geiler garde un moment le silence en secouant la tête d'un air accablé.

— Je suis perdu !

— J'ai bien peur que votre situation ne soit effectivement délicate, monsieur Geiler.

— Vous m'arrêtez ?

— Je vais vous demander de me suivre...

— Je peux monter dans ma chambre prendre quelques affaires ?

— Bien sûr. Mais je vous accompagne. Je ne veux pas risquer un geste inconsidéré de votre part.

Wilfrid Geiler, le dos courbé, la démarche pesante, commence à gravir l'escalier, et le commissaire Leibel le suit... Lorsqu'il est entré dans la police, l'une des premières choses qu'on lui a apprises est qu'il faut toujours se méfier. En voyant cet homme accablé, il a oublié un instant ce principe essentiel. C'est une erreur : Wilfrid Geiler, qui est bâti en athlète, se retourne d'un bloc et lui assène un coup à la pointe du menton. Le commissaire s'écroule sans un gémissement.

Wilfrid Geiler ressort de la villa d'une démarche naturelle. C'est un homme d'action, de décision. Il a beau être innocent, il sait que tout l'accable. Même si sa fuite passe pour un aveu, il vaut mieux gagner du temps. Les choses s'arrangeront peut-être d'elles-mêmes. Et comme il a de l'argent, il peut se permettre de se mettre à l'abri très loin et très longtemps.

Les policiers en faction devant la grille le voient arriver avec étonnement. Il leur lance :

— C'est d'accord avec le commissaire !

Le temps qu'ils aient compris, il est trop tard. Il a sauté dans sa voiture et démarré en trombe. Un des agents a le réflexe de dégainer et de tirer, mais le coup de feu se perd dans la nuit.

Quelques heures plus tard, dans son bureau, le commissaire Leibel, la joue bleuie, les yeux injectés de sang et l'air mauvais, hurle des ordres au téléphone :

— Multipliez les barrages et, s'il le faut, tirez à vue !

Un inspecteur fait irruption à ce moment dans la pièce.

— Monsieur le commissaire, on vient d'arrêter un assassin sur la voie publique, un certain Peter Schwab.

— Fichez-moi la paix ! Je ne m'occupe que de l'affaire Geiler.

— Mais cela a un rapport avec l'affaire Geiler, monsieur le commissaire.

— Qu'est-ce que vous racontez ?

— Il vient de poignarder une femme qui portait un manteau de panthère. Il tient des propos incohérents. C'est un genre d'écologiste fou.

— Vous voulez dire qu'il l'a tuée uniquement parce qu'elle portait un manteau de panthère ?

— Oui. Il dit des choses du genre : « Celles qui font tuer les panthères sont des chiennes ! Je les tuerai toutes ! »

— Il a... parlé du meurtre de la nuit dernière ?

— On lui a tout de suite posé la question, mais il est complètement incohérent. Pourtant, monsieur le commissaire, il a une voiture noire !

Le commissaire Leibel est blême.

— Geiler est innocent. Il faut absolument le retrouver avant qu'il fasse une bêtise ! Mais où va-t-il ?

Le commissaire Leibel réfléchit un instant et se frappe le front.

— Inge Breisach !... Si quelqu'un sait où il va, c'est elle.

Il se précipite sur son téléphone.

— Allô ! Mademoiselle Breisach ? Ici, le commissaire Leibel. Vous savez que Wilfrid Geiler est en fuite, après l'assassinat de sa femme ?

La voix qui lui répond est brisée par la fatigue et l'émotion.

— Oui, je sais. La radio ne parle que de cela.

— Écoutez-moi, mademoiselle Breisach : Wilfrid Geiler est innocent !

— A la radio, ils disent que vous voulez l'arrêter pour meurtre.

— Il faut me croire, mademoiselle Breisach ! Il s'est produit un fait nouveau. Le véritable assassin est un fou qui tuait les femmes portant un manteau de panthère. Madame Geiler a été tuée uniquement pour cette raison. C'est une horrible coïncidence qui m'a fait accuser son mari. Vous me croyez, mademoiselle Breisach ? Ce n'est pas un piège. Je vous supplie de me croire.

Il y a un silence et la voix prudente d'Inge Breisach.

— Qu'est-ce que vous attendez de moi ?

— Que vous me disiez où il se rend. Il faut absolument que nous le retrouvions avant qu'il fasse une bêtise.

— La ficelle est un peu grosse, vous ne trouvez pas?

— Écoutez, mademoiselle Breisach...

— Taisez-vous!

Il y a un long moment de silence. Inge Breisach a quitté le téléphone sans dire pourquoi. Sa voix retentit de nouveau.

— Wilfrid a un chalet en Suisse. C'est sûrement là qu'il va.

— Merci, mademoiselle. Je peux vous demander pourquoi vous me faites confiance maintenant?

— La radio vient d'annoncer le meurtre de la femme en manteau de panthère...

A bord d'un hélicoptère, le commissaire Leibel survole la route qui mène vers la région de Suisse où se trouve le chalet. En dessous, une grosse voiture noire roule à vive allure. Le commissaire a une exclamation de rage.

— Pourquoi ne s'arrête-t-il pas? La radio diffuse des messages pour lui toutes les demi-heures.

Inge Breisach, qui est derrière lui, est accablée.

— Il ne doit pas avoir branché son transistor. Faites quelque chose, je vous en supplie! Il va trop vite. Il va se tuer!

Le commissaire approuve de la tête.

— Vous avez raison. Nous allons descendre. Espérons que cela ne l'effraiera pas...

Lentement, l'hélicoptère de police se rapproche de la route. Mais ce que craignait le commissaire se produit. Croyant être sur le point d'être pris, Wilfrid Geiler veut obliquer sur sa droite dans un chemin forestier. Il prend son virage trop vite; la voiture fait une embardée, se retourne, prend feu...

Lorsque les occupants de l'hélicoptère arrivent sur place, il n'y a rien à faire. La violence des flammes empêche d'approcher. C'est plusieurs heures plus tard que les sauveteurs pourront extraire les restes calcinés de Wilfrid Geiler.

L'assassin fou des femmes en manteau de panthère avait fait sans le vouloir une troisième victime. Mais le principal responsable de ce drame était quand même le hasard, un incroyable hasard.

Un gardien manchot et unijambiste

Le commissaire Giuseppe Martino, de Padoue, est penché parmi les géraniums. C'est un drôle de crime qui l'a conduit, en cette radieuse matinée du 10 juin 1950, à se déplacer dans une allée du magnifique jardin public de la ville. Des enfants qui jouaient à la balle sur la pelouse ont découvert un homme étendu au milieu des fleurs. Ils sont repartis en criant :

— On a tué le père Adorno !

Car, comme tout le monde, ils connaissaient Marcello Adorno, un des gardiens du jardin. Soixante ans, grand mutilé de la Guerre 14-18, le père Adorno était une silhouette familière avec sa jambe de bois et la manche de son bras gauche repliée par une épingle. La crème des hommes, aussi. Il avait toujours des bonbons plein les poches et il adorait les enfants.

Giuseppe Martino examine le corps étendu face contre terre. D'après les premières constatations, il a été abattu d'une balle dans le dos qui lui a brisé la colonne vertébrale... Oui, vraiment, un drôle de crime ! Qui a bien pu tuer ce grand invalide, inoffensif et adoré des enfants ? Qui et pourquoi ? Le directeur du jardin public, à qui le commissaire pose la question, est incapable de répondre.

— Je ne vois pas. J'avais été plusieurs fois chez lui. Il vivait seul et modestement, depuis la mort de sa femme. S'il y a quelqu'un à qui on ne pouvait pas en vouloir, c'est bien à lui. À mon avis, il a dû surprendre quelque chose.

Le commissaire Martino jette un coup d'œil sur la pelouse. A cinq mètres du massif de géraniums, un bouquet d'arbres d'où vraisemblablement a été tiré le coup de feu. Le malheureux gardien a dû voir quelque chose qu'il n'aurait pas dû voir. Il n'y a pas d'autre explication...

Dès son retour au bureau, Giuseppe Martino reçoit un coup de fil. Il émane de Gaetano Stozzi, une figure bien connue de Padoue puisqu'il est propriétaire de plusieurs magasins d'alimentation. Qu'est-ce qu'il peut bien vouloir à la police?

— Monsieur le commissaire, je sais que ma question va vous paraître absurde, mais le parc municipal relève bien de votre secteur?

— Oui.

— Eh bien voilà... Est-ce que, par hasard, on n'y aurait pas assassiné un gardien manchot et unijambiste?

Le commissaire Martino en a le souffle coupé.

— Comment le savez-vous?

A l'autre bout du fil, il y a un silence catastrophé; puis Gaetano Stozzi reprend :

— C'était donc vrai! Alors, c'est très grave, monsieur le commissaire. J'arrive tout de suite...

Un quart d'heure plus tard, l'industriel est dans le bureau du commissaire. Avec sa soixantaine un peu passée, ses cheveux grisonnants et son embonpoint cossu, il a on ne sait quoi qui trahit le personnage important. Pourtant, en cet instant précis, il a l'air totalement désemparé. Il sort son mouchoir et s'en tamponne nerveusement le front.

— Tout ce qui arrive est ma faute!

— Vous voulez dire que le gardien du square a été tué à cause de vous?

— Oui, exactement. C'est une histoire de fou...

Gaetano Stozzi sort d'un dossier qu'il tenait sous le bras une pile de feuilles de papier.

— Tenez, lisez. J'ai reçu la première de ces lettres il y a deux mois. Elles sont toutes du même acabit. Elles se sont succédé tous les deux jours.

Le commissaire prend l'une des feuilles en main. C'est la lettre anonyme classique, avec des caractères découpés dans le journal et collés sur des pages de cahier d'écolier : « Si tu veux garder la vie, dépose 1 million de lires en petites coupures dans la corbeille près du kiosque à musique du parc municipal. Sinon, je n'hésiterai pas à te supprimer. Signé : LE VENGEUR. »

Giuseppe Martino n'a pas de réaction particulière devant ce genre de missive, dont il a vu des milliers d'exemplaires au cours de sa carrière. Gaetano Stozzi reprend la parole :

— Vous trouvez cela sans doute extrêmement banal, monsieur le commissaire ? Ce fut exactement ma réaction. Je n'ai attaché aucune importance à ce courrier de déséquilibré. Je n'ai même pas prévenu la police. J'ai eu tort. Mais, hier soir, j'ai eu bien plus tort encore.

Le riche commerçant baisse la tête d'un air accablé.

— Hier soir, je n'ai pas trouvé de lettre dans mon courrier. Mais vers dix heures, j'ai reçu un coup de téléphone. La voix était déformée. L'homme a dit : « Je vois bien que vous ne me prenez pas au sérieux. Eh bien, je vais vous prouver que je ne suis pas un plaisantin. Demain, je vais tuer n'importe qui, au hasard. Et si vous ne versez pas la rançon, la prochaine victime, ce sera vous. » Et il a raccroché. Là, j'ai été impardonnable : je n'y ai toujours pas cru. Mais il faut me comprendre, c'était tellement énorme, tellement fou !

Le commissaire le rassure d'un geste.

— Tout le monde aurait réagi comme vous, monsieur Stozzi. Et, ce matin, il a téléphoné de nouveau ?

— Oui. Il a appelé à mon bureau. Il m'a annoncé le meurtre du gardien et, pour prouver que c'était bien lui, il a précisé que la balle était de calibre 6.35.

Le commissaire Martino marque un silence avant de conclure :

— Si je comprends bien, le pauvre homme a été tué uniquement pour vous faire peur... Quelles sont vos intentions, à présent ?

Gaetano Stozzi retrouve brusquement toute son autorité d'homme d'affaires.

— Je ne paierai pas. Maintenant qu'hélas, le mal est fait, il n'y a plus que moi qui risque quelque chose. Je n'ai jamais cédé à la menace. Accordez-moi une protection et on verra bien s'il ose s'attaquer à vos policiers !

Le commissaire Giuseppe Martino met fin à l'entretien et donne immédiatement les ordres nécessaires pour qu'un deuxième crime ne se produise pas. Deux hommes sont chargés de suivre en permanence Gaetano Stozzi. Une voiture blindée est mise à sa disposition et un planton est posté devant la porte de son luxueux appartement.

Indépendamment, l'enquête se poursuit. Le résultat de l'autopsie n'est pas à proprement parler une surprise : le malheureux Marcello Adorno a bien été tué d'une balle de revolver de calibre 6.35.

Tout naturellement, le policier a pensé à quelqu'un qui pourrait en vouloir personnellement à Gaetano Stozzi. La signature « LE VENGEUR » semble confirmer cette théorie. Seulement, c'est là que les choses se compliquent : Gaetano Stozzi n'a pas un ennemi personnel, mais des dizaines. Bien que d'une honnêteté indiscutable, Stozzi, qui a fait fortune de manière fulgurante, a écrasé pas mal de gens sur son passage. Plusieurs petits commerçants ont fait faillite à cause de lui. L'un d'eux s'est même suicidé. De plus, Gaetano Stozzi a la réputation justifiée d'être très dur avec son personnel. Et, dans ce domaine encore, il s'est fait beaucoup d'adversaires. Comme si cela n'était pas suffisant, malgré sa soixantaine passée, Stozzi continue à jouer les don Juan. Séparé de sa femme depuis vingt ans, il a eu le temps de faire des ravages dans la bonne société padouane. Alors, un commerçant ruiné ? Un employé licencié ? Un mari trompé ? Il n'y a que l'embarras du choix.

En tout cas, une chose, au moins, est positive : les mesures de sécurité sont un plein succès. Le mystérieux meurtrier n'ose plus s'en prendre à Gaetano Stozzi. D'ailleurs, depuis, ses lettres ont cessé. Il semble s'être rendu compte qu'il n'était pas le plus fort et que, malgré son crime abominable, il avait perdu la partie. Une impression, hélas, tragiquement fausse.

17 juin 1950. Neuf heures du matin. Le commissaire Martino reçoit un coup de fil à son bureau : c'est Gaetano Stozzi.

— Il a recommencé, monsieur le commissaire... Il vient de m'appeler. C'est affreux !

— Il vous a menacé ?

— Non. Au contraire, il était furieux que je sois trop bien gardé. Mais il m'a dit : « Puisque c'est comme cela, je tuerai chaque jour une personne de Padoue prise au hasard jusqu'à ce que vous payiez. »

Le commissaire Martino pâlit. Cette fois, pas de doute : l'homme est dangereux, un fou dangereux.

— Et que comptez-vous faire ?

— Payer, évidemment. Maintenant, je n'ai plus le choix.

— Je vous remercie. Je vais faire diffuser immédiatement la nouvelle à la radio. Cela évitera peut-être un nouveau drame...

Malheureusement, le criminel fou de Padoue ne doit pas avoir la radio, car le drame se produit à onze heures du matin sur les marches de l'église Saint-Jean-Baptiste, dans la vieille ville. Carmella Viotti, soixante-cinq ans, une petite femme au visage austère, vêtue de noir, sort de l'église. Elle est dame catéchiste et vient d'accomplir, comme chaque jour, ses dévotions.

Un coup de feu claque. Il y a un cri, et une silhouette disparaît rapidement dans les rues tortueuses de la vieille ville. Carmela Viotti reste, toute tremblante, sur les marches de l'église. Par miracle, elle est indemne. La balle a frappé l'une des colonnes de la façade, quelques mètres plus loin.

Cette balle, le commissaire Martino, dès qu'il l'a en sa possession, la fait porter au laboratoire de balistique. Le résultat est celui qu'il attendait : le projectile, de calibre 6.35, a été tiré avec l'arme qui a tué le gardien du jardin public.

La remise de la rançon a lieu le soir même. Selon les instructions données par un nouveau coup de téléphone, Gaetano Stozzi doit se rendre, avec le million de lires, au croisement de deux routes, dans la campagne environnante et attendre.

Il est dix-huit heures quand le commerçant arrête sa puissante voiture à l'endroit indiqué. Le commissaire Martino a placé tout autour un dispositif invisible mais considérable. Des barrages sont prêts à être dressés sur toutes les routes. Plusieurs escouades de motards attendent d'intervenir, car il est probable que l'homme va surgir en moto.

Vingt-deux heures, minuit; personne... Au petit matin, Giuseppe Martino fait lever son dispositif et monsieur Stozzi rentre chez lui.

Le commissaire est désorienté. Jusque-là, tout était logique. D'une logique folle, mais logique tout de même. Mais cette dérobade de l'assassin ne cadre pas avec le reste. Pourquoi s'est-il donné tout ce mal? Pourquoi a-t-il tué odieusement un malheureux infirme si ce n'est pas pour obtenir le résultat qu'il souhaitait?

Pendant sa nuit blanche, Giuseppe Martino a eu tout le temps de réfléchir. Et une idée lui est venue. Une idée qui peut sembler énorme, mais qui, dans le fond, se défend parfaitement... Et si tout cela n'était qu'un gigantesque bluff? Et si tout était faux depuis le début?

De quelle manière a-t-il mené, en effet, son enquête après les révélations de Gaetano Stozzi? Il a cherché dans l'entourage du commerçant qui pouvait se venger de lui. Pas un moment il ne s'est intéressé à la personnalité de la victime, puisque, par définition, elle était morte par hasard.

Et si c'était exactement le contraire? Et si, pour un mobile qui reste à découvrir, on avait voulu tuer Marcello Adorno, le gardien du jardin public, lui et personne d'autre?... Le meurtrier prépare d'abord son coup en envoyant la série de lettres de menaces à Stozzi. C'est un personnage riche et il a, en outre, de nombreux ennemis personnels qu'on s'empressera de soupçonner.

Le moment voulu, le meurtrier, qui n'est nullement fou mais doué d'un machiavélisme incroyable, passe à la seconde phase de son plan : le coup de téléphone au commerçant pour lui annoncer qu'il va commettre un crime « au hasard ».

Son but véritable est atteint. Mais il doit encore donner le change. C'est pourquoi il fait semblant d'être furieux de la protection entourant le milliardaire et il annonce qu'il va tuer de nouveau.

Seulement, s'il est un criminel, l'homme n'est pas disposé à tuer n'importe qui. Il fait bien attention de ne pas blesser Carmela Viotti en tirant à plusieurs mètres d'elle.

Reste le problème de la rançon, le plus épineux de tous. Le meurtrier sait bien que c'est à cette occasion qu'il court le plus gros risque et il n'a d'ailleurs aucune envie d'aller chercher une rançon dont il ne veut pas. Voilà pourquoi il n'est pas venu au rendez-vous et pourquoi le commissaire Martino a passé en vain une nuit blanche.

Giuseppe Martino fait donc ce qu'il aurait dû faire dès le début : il se renseigne sur la personnalité de ce Marcello Adorno, le dernier homme à qui, en apparence, on aurait pu en vouloir.

La concierge du modeste immeuble où habitait le gardien du jardin public confirme que le disparu était bien la crème des hommes et que tout le monde l'adorait, à une exception près, pourtant.

— Il n'y a que son fils, Gianni, qui lui ait donné du souci. Un vaurien, à ce qu'il disait. Il lui avait fermé sa porte. Cela faisait des années qu'ils ne s'étaient pas vus.

— Et il habite Padoue, ce Gianni Adorno ?

— Oui, pas très loin d'ici. Après la mort de son père, il est venu me demander la clé. Comme c'était son seul enfant, je n'ai pas pu refuser. Il est resté toute une journée dans l'appartement, il m'a rendu la clé et, depuis, je ne l'ai plus vu.

Gianni Adorno habite, en effet, non loin de chez son père, dans le même quartier populaire de Padoue. En lui rendant visite, le commissaire découvre un homme d'une quarantaine d'années, de petite taille, avec on ne sait quoi de déplaisant dans le regard et la façon de se mouvoir.

Gianni Adorno est évidemment surpris de cette visite inattendue. Il répond avec réticence aux premières questions du policier ; il en ressort qu'il est célibataire et actuellement au chômage. Le commissaire Martino décide d'abattre ses cartes.

— Pourquoi avez-vous tué votre père ? Même si vous ne répondez pas tout de suite, cela ne fait rien : je sais que c'est vous. J'attendrai le temps qu'il faudra.

Gianni Adorno a avoué après vingt-quatre heures d'interrogatoire dans le bureau du commissaire et après qu'une perquisition chez lui eut fait découvrir une cinquantaine de pièces d'or dans une pile de linge... Des pièces d'or qui étaient le mobile du meurtre.

— Oui, c'est moi qui ai tué le vieux. Je l'ai fait à cause du magot. Il l'avait caché sous le dallage de sa cuisine. Il le gardait, comme ça, sans avoir l'idée de le dépenser, simplement pour avoir le plaisir de sentir l'or sous ses pieds. Moi, je crevais la faim pendant ce temps-là. Je lui avais demandé de m'en donner un tout petit peu. Mais rien à faire, il était bien trop avare. Il m'a dit : « Si un jour on me vole, je saurai que c'est toi et je te ferai mettre en prison. » Alors je n'avais pas d'autre solution que de le tuer.

— Et toute cette mise en scène des lettres anonymes, c'était vous ?

— Oui. Vous comprenez, je suis sa seule famille, alors on aurait tout de suite pensé à moi. Tandis que comme ça...

Tandis que comme ça, la police a été à deux doigts de laisser échapper l'assassin ! Pendant que les agents emmènent Gianni Adorno, le commissaire Martino revoit ce corps gisant parmi les géraniums, ce pauvre mutilé de la Grande Guerre, qu'il avait eu le tort de prendre pour un être insignifiant. Mais personne n'est insignifiant, tout le monde a une histoire.

Un couple scandaleux

— Jamais Newstone n'oubliera son pasteur John Chambers, prématurément et tragiquement arraché à son affection...

Le maire de Newstone, petit village des Cornouailles dans le sud de l'Angleterre, vient de terminer son émouvant discours. Derrière lui, dans le cimetière, tout le village, ou presque, est là. Au premier rang, Kate Chambers, la veuve du pasteur, entourée de ses deux fils. Le nouveau pasteur prononce quelques prières et se recueille devant la plaque commémorative, qui vient d'être apposée sur le mur d'enceinte... Une plaque commémorative et non une tombe car le corps de John Chambers n'a pas été retrouvé. Au mois d'août précédent, il était allé avec sa femme en vacances à la mer. Parti seul en barque et pris dans une tempête, il n'est jamais rentré. On n'a retrouvé que son embarcation fracassée sur les rochers.

Et aujourd'hui, ce 18 octobre 1956, John Chambers — qui a été officiellement déclaré mort par les autorités — vient de prendre place symboliquement au cimetière, dans la tristesse générale.

Pourtant, tout Newstone n'assiste pas à la cérémonie. Il y a des gens qui, par nécessité professionnelle, n'ont pu s'y rendre. C'est le cas en particulier des policiers. Et justement, au poste de police de Newstone, il est en train de se passer un événement très peu ordinaire. Un événement qui a un rapport direct avec la disparition du pasteur...

Le sergent de police Malcolm Burbage lève les sourcils, signe chez lui de la surprise la plus intense. Il s'adresse à son interlocutrice : une ravissante blonde aux yeux bleus d'une vingtaine d'années, qui

semble très agitée.
— Ce que vous me dites est plutôt étonnant, miss Higgins... Vous prétendez donc que le pasteur Chambers n'est pas mort?
La jeune fille a un geste agacé.
— Je ne prétends pas, j'affirme. Il est en ce moment à Montreux, en Suisse, à l'hôtel Royal avec ma mère, Elizabeth Higgins. Il faut prévenir la police suisse pour les faire arrêter.
Le sergent Burbage se caresse la moustache.
— C'est votre mère qui vous l'a appris?
Miss Higgins s'impatiente.
— Mais non, vous pensez bien. Elle vient simplement de m'écrire qu'elle était à l'hôtel Royal à Montreux. Donc, ils sont ensemble.
Malcolm Burbage semble légèrement irrité, ce qui lui arrive rarement.
— Excusez-moi, miss, mais je ne comprends pas pourquoi vous êtes certaine que votre mère se trouve avec une personne que la justice a officiellement déclarée décédée et à qui l'on est en train de rendre hommage à ce moment même au cimetière.
Miss Higgins se lève de son siège.
— Écoutez, c'est très simple... Lorsque mon père est mort, il y a six mois, le pasteur est venu chez nous pour consoler ma mère. Consoler? A d'autres! Ils étaient amis d'enfance. En fait, dès qu'il a appris que ma mère était libre, il s'est précipité. Il fallait les voir, tous les deux! C'était indécent.
La jeune fille fixe le policier d'un regard haineux.
— Ma mère est partie brusquement pour l'étranger le 15 août, juste deux jours après la disparition du pasteur. C'est un coup qu'ils ont monté tous les deux. Il faut que vous agissiez!
Le sergent Burbage regarde placidement la jeune fille.
— Quel âge a votre mère, miss Higgins?
— Cinquante-deux ans. Pourquoi?
— Tout simplement parce qu'elle est majeure et qu'elle a parfaitement le droit de se rendre à l'étranger, même deux jours après la disparition du pasteur Chambers.
Miss Higgins a une grimace déplaisante.
— Et lui? Il a simulé sa propre mort. C'est un délit. Il faut le poursuivre!
Le sergent se lève à son tour pour mettre fin à l'entretien.
— Je suis désolé de ne pouvoir vous être utile, miss Higgins, mais il y a eu une enquête et un jugement et je ne vois pas en quoi ce que vous me dites change la situation.

La jeune fille a un cri de dépit.

— Puisque c'est comme cela, j'emploierai d'autres moyens !

Malcolm Burbage la retient avant qu'elle ne quitte le poste de police.

— Entre nous, miss Higgins, qu'est-ce qui vous incite à vous occuper à ce point de votre mère ?

— C'est mon affaire !

Et elle disparaît.

Le soir même, Carole Higgins, fille d'Elizabeth Higgins, héritière de l'industriel George Higgins, se trouve dans la rédaction d'un journal à gros tirage, spécialisé dans les reportages à sensation. Le rédacteur en chef la reçoit tout de suite, pressentant, en raison de la fortune des Higgins, une affaire intéressante. Il est évidemment beaucoup plus disposé à l'entendre que ne l'était le sergent de police.

— Racontez-moi tout, miss Higgins. Et surtout n'omettez aucun détail. Ce sont parfois les plus personnels qui sont les plus intéressants.

Pour la deuxième fois, Carole Higgins raconte sa version des faits. Le rédacteur en chef est au comble de l'excitation professionnelle.

— Un pasteur : fantastique ! Et il n'hésite pas à braver le scandale uniquement par amour ! Dites-moi, est-ce qu'il a des enfants ?

— Oui, je pense.

Le journaliste se frotte les mains.

— Parfait ! Excellent, les enfants ! Et votre mère est très amoureuse de lui ?

Les yeux de Carole lancent des éclairs.

— Elle n'a jamais aimé mon père. S'ils n'ont pas divorcé, c'est uniquement à cause de moi. Elle aimait son pasteur au moment où elle a épousé papa. Elle a fait cela uniquement à cause de son argent. Alors, vous pensez, quand il est mort, cela n'a pas traîné !

Le rédacteur en chef a une expression de jubilation.

— De mieux en mieux ! Mariage malheureux, amour d'enfance... On va faire un article de première page. J'envoie une équipe en Suisse. Vous nous apportez toutes les photos de famille dont vous disposez.

Carole Higgins promet qu'elle fera le nécessaire et rentre chez elle. Tant mieux, dans un sens, que la police ne l'ait pas écoutée. Sans quoi, elle n'aurait pas eu l'idée d'aller trouver les journalistes. Maintenant, cela va faire du bruit, un scandale énorme ! Car, pas un instant, elle ne songe qu'elle a pu se tromper. Le couple est en train de filer le parfait amour en Suisse. Qu'ils en profitent bien, car cela ne va pas durer !

L'hôtel Royal est le plus beau palace de Montreux. Parmi ses clients, le directeur de l'établissement soigne tout particulièrement monsieur et madame Davis, ce charmant couple de milliardaires. Ce n'est pas tant à cause de la somptuosité des pourboires qu'ils laissent autour d'eux que parce qu'ils sont réellement sympathiques. Ils ont la cinquantaine et pourtant on les croirait en voyage de noces. Ils sont à la fois rayonnants et attendrissants. A tout point de vue, le directeur de l'hôtel Royal aimerait avoir beaucoup de clients comme les Davis...

Il est en train de se faire ces réflexions, lorsque deux hommes bardés d'appareils photographiques arrivent dans le hall.

— Madame Higgins, s'il vous plaît ?

Le directeur connaît le nom de tous ses clients.

— Nous n'avons pas de madame Higgins, monsieur.

Curieusement, l'homme semblait s'attendre à cette réponse ; il sort une photographie de sa poche.

— Je voulais parler de cette personne.

L'hôtelier a un mouvement de recul.

— Madame Davis ? Mais...

Son interlocuteur l'interrompt en lui montrant un second cliché.

— C'est cela : madame Davis... Et elle est accompagnée de ce monsieur.

La vue de « monsieur Davis », ce milliardaire décontracté, en pasteur, coupe le souffle au directeur. Il demande :

— Vous êtes de la police ?

L'homme lui répond :

— Non, non. Ne vous inquiétez pas : juste des journalistes ! Ils n'ont rien fait de mal. C'est simplement une belle histoire d'amour...

Le mot « journaliste » tire le directeur de sa stupeur. Il appelle le portier.

— Reconduisez ces messieurs. Et qu'ils ne remettent jamais les pieds ici !

Les deux journalistes n'insistent pas. Ils vont attendre tranquillement devant l'entrée de l'hôtel. Quant au directeur, il va prévenir ses clients. C'est son devoir de les protéger des indiscrétions. Et, si ce sont des malfaiteurs, son intérêt est qu'ils quittent au plus tôt son établissement.

C'est l'heure du déjeuner. Les pseudo-monsieur et madame Davis sont à table. Ils ont un sourire en voyant s'approcher le directeur. Mais leur sourire s'estompe devant sa mine lugubre. L'hôtelier a l'air très gêné.

— Il y a des journalistes dehors. Ils vous ont demandé en prononçant un autre nom, Higgins, si je me souviens bien. J'ai répliqué que je n'avais personnc à ce nom-là, mais ils m'ont montré des photos...

Le directeur ne peut s'empêcher de regarder d'un air étrange celui qu'il croyait être monsieur Davis.

— Monsieur... Davis, je respecte bien entendu la vie privée de mes clients. Mais cet établissement... Vous comprenez... Vous savez ce que c'est qu'une réputation. Les gens sont si malintentionnés!

Son interlocuteur pousse un soupir.

— Préparez-nous la note.

L'hôtelier sort avec empressement de sa poche une feuille pliée en quatre.

— Voici, monsieur! Si vous voulez sortir par les cuisines, je ferai placer votre voiture devant la porte...

Le couple remercie le directeur de son aimable attention et, quelques minutes plus tard, Elizabeth Higgins et le pasteur John Chambers s'engouffrent dans leur Jaguar noire, mitraillés par les flashes des journalistes qui, bien entendu, avaient tout de suite compris quand ils ont vu un employé de l'hôtel déplacer la voiture.

Le rédacteur en chef aura un bel article. Aucune importance s'ils n'ont pas pu faire d'interview, un bon journaliste n'est jamais à court d'idée!...

John Chambers et Elizabeth Higgins décident de faire face. En quittant la Suisse, ils prennent la route de l'Angleterre. Lorsqu'ils débarquent, le journal à sensation est déjà paru. Des journalistes sont là, sur le quai. Mais John et Elizabeth gardent leur calme. Ils vont rentrer chacun chez soi. Bien sûr, ils vont affronter le scandale, la fureur de l'opinion publique, mais ils y sont prêts. John va essayer d'obtenir le divorce. Il sait que ce sera difficile; c'était pour cela qu'il avait choisi de disparaître. Mais peut-être que maintenant Kate n'aura pas envie de rester avec un mari aussi discrédité...

Lorsqu'il arrive à Newstone, l'ancien pasteur doit subir le silence de mort de ses concitoyens. Chacun détourne le regard en l'apercevant. La veille, le maire a brisé de ses propres mains la plaque commémorative dans le cimetière. Il y a pourtant une personne qui s'adresse à John Chambers, c'est le sergent de police Malcolm Burbage.

— Je vous prie de me suivre, monsieur. J'ai des questions à vous poser.

Chambers s'y attendait. Il est prêt à répondre.

— Qu'est-il arrivé le jour de l'accident ?

— Ma barque s'est fracassée sur les rochers. J'ai été emporté par le courant vers le large. Un bateau m'a recueilli et m'a déposé en France.

— Et vous n'avez pas prévenu votre famille ?

— Non.

— Mais vous avez demandé à madame Higgins de venir vous rejoindre.

— Oui. Pouvez-vous me dire en quoi c'est répréhensible ?

Le sergent Burbage se lève et dit d'une voix glaciale :

— Vis-à-vis de la loi, en rien du tout. Vous pouvez disposer, monsieur le pasteur.

John Chambers s'en va sans un mot. Lorsqu'il rentre chez lui, sa femme, Kate, est là, qui l'attend. Avant qu'il ait pu dire quoi que ce soit, elle lui déclare :

— Je ne divorcerai pas !

John essaie d'énoncer les arguments qu'il a préparés.

— Écoute, cela vaudrait mieux pour nous deux... Je ne pourrai pas continuer à être pasteur. Je ne sais comment je vais pouvoir vivre. Auprès de moi, tu ne connaîtrais que la misère et la honte.

Kate Chambers le fixe froidement.

— Je sais. Et tu pourrais ajouter le dégoût. Mais, même dans ces conditions, je préfère rester à tes côtés. Je suis prête à tout endurer pour ne pas te rendre ta liberté. Tu n'épouseras pas cette femme, je te le jure !

L'ancien pasteur de Newstone éclate.

— Tu es prête à tout ? Alors, cela va commencer tout de suite ! Je vais chez elle, tu m'entends, chez elle !

Madame Chambers ne répond pas et John s'en va en claquant la porte. Quelque temps plus tard, il est à Truro, la petite ville, non loin de Newstone, où habite Elizabeth. Celle-ci vient lui ouvrir, mais à peine John Chambers a-t-il franchi le seuil que Carole arrive comme une furie.

— Ah, le voilà ! Mais ne vous faites pas d'illusions, tous les deux, je ne vous laisserai pas seuls. Ce serait trop facile. Je reste ici. Et, où que vous alliez, je vous suivrai. J'enverrai les journalistes à vos trousses. Jamais vous n'aurez un moment de tranquillité, jamais!

L'ancien pasteur essaie de raisonner la jeune fille.

— Mais enfin, Carole, essayez de comprendre. Votre mère et moi, nous nous aimons. Je peux vous donner l'assurance que votre héritage sera intégralement préservé. Ce n'est pas l'argent qui m'intéresse.

Carole Higgins a un rire méchant.

— Moi non plus. Tout ce que je veux, c'est vous faire le plus de mal possible à tous les deux et je vous en ferai, vous pouvez me croire!

John Chambers n'est pas d'une nature emportée mais, les rares fois où il se met en colère, il ne se contrôle plus. Il gifle à toute volée la jeune fille. Elizabeth a un cri : Carole est tombée à la renverse contre le montant de la cheminée. Elle reste inanimée, les yeux ouverts...

Quand le médecin arrive, il ne peut que constater le décès dû à la rupture des vertèbres cervicales et prévenir la police. Elizabeth Higgins et John Chambers sont emmenés tous les deux.

A la suite de l'enquête, seul l'ancien pasteur est inculpé. Le rapport du médecin légiste ayant conclu à une mort accidentelle, il est poursuivi non pour meurtre, mais pour coups et blessures ayant entraîné la mort sans intention de la donner.

C'est en prison, dans l'attente du jugement, que John Chambers reçoit un mot de sa femme.

« Je sais que je vais te rendre ta liberté, mais être la femme d'un criminel est au-dessus de mes forces. Je demande le divorce. Soyez maudits tous les deux! »

A son procès, l'ancien pasteur Chambers a été condamné à cinq ans de réclusion. Et un an après, en prison, il a épousé Elizabeth Higgins. Il n'y avait personne pour assister à ce mariage jugé scandaleux par tout le monde, mais ni l'un ni l'autre ne s'en souciait!

John Chambers est sorti de prison en octobre 1962 et plus personne n'a entendu parler de lui, pas plus que d'Elizabeth, devenue madame Chambers. Le couple a sans doute trouvé refuge dans un lieu inconnu, quelque part en Europe. Aujourd'hui, ils ont peut-être fêté leurs trente ans de mariage.

Pepito

Ce 4 février 1956, Lorenza Gonzales remonte en courant l'avenue de la Libertad à Buenos Aires. Lorenza Gonzales est une petite fille de douze ans, aux grands yeux noirs et aux tresses brunes, charmante dans l'uniforme bleu marine de son pensionnat. Elle tient son cartable dans sa main droite et, dans sa main gauche, serrée contre elle, une boule de poils tigrée. A la hauteur du 16, elle passe une grille et traverse sans s'arrêter le jardinet d'une coquette villa.

— Papa ! Maman ! Venez voir !

Monsieur et madame Gonzales apparaissent sur le seuil. Madame Gonzales a une expression de contrariété en apercevant le chaton.

— Tu sais bien que ce n'est pas possible !

Sans paraître avoir entendu. Lorenza Gonzales a déposé son fardeau sur le canapé du salon. Monsieur Gonzales intervient à son tour :

— Tu as entendu ce que t'a dit ta mère ? Tu vas rendre ce chat à celui qui te l'a donné.

La petite fille éclate en sanglots.

— Mais personne ne me l'a donné. Je l'ai trouvé dans le parc. Si on ne le garde pas, il va mourir !

Madame Gonzales secoue la tête.

— Il n'en est pas question. Monsieur Salinas a horreur des chats. Je ne tiens pas à ce qu'il nous mette à la porte.

Alors ce sont des cris, des trépignements. La petite Lorenza fait un caprice comme il arrive quelquefois aux enfants, surtout lorsqu'il est question d'animaux. C'est monsieur Gonzales qui cède le premier.

— Bien... Garde-le. Après tout, on est chez nous.

Lorenza, radieuse, se jette au cou de son père.

— Merci, papa. Je l'appellerai Pepito.

Et, quelques instants plus tard, Pepito lape avidement son bol de lait...

Jose Salinas, retraité de l'administration, est un célibataire de soixante-huit ans, un petit homme sec, au regard perçant derrière ses lunettes à monture d'acier. Il y a trois ans qu'il a loué une aile de son pavillon aux Gonzales et il n'a aucune raison de le regretter. Ce sont des gens tranquilles, tout à fait comme il faut. Ramon, le père, est sous-directeur de banque, et la petite Lorenza est une enfant très bien élevée. Jose Salinas s'est toujours montré très courtois avec eux. Il ne demande qu'une chose, c'est qu'on respecte ses habitudes et, en particulier, son horreur des animaux.

En se promenant dans son jardin, il entend un bruit, un bruit presque imperceptible mais qui le fait grincer des dents : un miaulement. Il se précipite vers la porte des Gonzales et se met à carillonner. C'est monsieur Gonzales qui lui ouvre. Il ne reconnaît pas son propriétaire. Lui, qui a toujours semblé jusqu'ici un homme parfaitement raisonnable, est défiguré par une sorte de rage, de haine.

— J'avais dit pas de chat chez moi ! Où est-elle, cette sale bête, que je la mette dehors ?

Monsieur Gonzales tente de l'apaiser.

— C'est la petite qui l'a recueilli. On s'arrangera pour qu'il ne vous ennuie pas. Il ne sortira pas dans le jardin.

Mais monsieur Salinas ne s'apaise pas, bien au contraire. Il repousse Ramon Gonzales, qui se tient devant lui.

— Pas de chat chez moi ! Je vais lui tordre le cou.

Cette fois, monsieur Gonzales se fâche. Il le retient par le bras.

— C'est chez moi que vous êtes, pas chez vous !

Jose Salinas est livide de colère.

— Ah, c'est comme cela ! Eh bien, cela ne sera plus chez vous longtemps ! Je vous flanque à la porte !

— Vous n'avez pas le droit !

— C'est ce qu'on verra.

Le propriétaire s'en va en claquant la porte. Et le surlendemain, effectivement, les Gonzales reçoivent leur congé par pli recommandé. Monsieur Gonzales pense que les choses peuvent encore s'arranger. Il veut aller trouver Jose Salinas, mais celui-ci refuse de le recevoir. Alors, il décide de se défendre en contre-attaquant et il fait appel à un avocat.

A partir de ce moment, l'existence pour les Gonzales devient invivable : monsieur Salinas multiplie les tracasseries. Il leur coupe l'eau, le gaz, l'électricité. Les Gonzales portent plainte. La police intervient et inflige une amende au propriétaire, ce qui ne fait qu'accroître sa rage.

Peu après, Ramon Gonzales retrouve sa voiture avec les quatre pneus crevés. Nouvelle plainte mais, cette fois, Salinas s'en sort, faute de preuve.

Début mars, c'est un drame pour la petite Lorenza : malgré sa surveillance et celle de ses parents, Pepito sort dans le jardin par une fenêtre mal fermée. Quand les Gonzales s'en aperçoivent, il est trop tard. Ils le retrouvent étranglé au pied d'un arbre. Encore une fois, la plainte n'aboutit pas, faute de preuve.

10 mars 1956. Tant pour consoler l'enfant que pour montrer leur volonté de ne pas céder, les Gonzales adoptent alors non pas un, mais deux chats. La fureur de Jose Salinas, en voyant arriver les deux bêtes dans les bras de monsieur Gonzales, est indescriptible. On entend un cri terrible en provenance de sa partie du pavillon et, quelques minutes plus tard, des coups redoublés sont frappés à la porte des Gonzales. Lorenza, terrorisée, se blottit derrière un fauteuil. Elle perçoit le dialogue entre ses parents.

— Ramon, n'ouvre pas. C'est un fou !

— S'il croit me faire peur, il se trompe. Il trouvera à qui parler !

Les yeux écarquillés, Lorenza voit la porte s'ouvrir. Monsieur Salinas reste sur le seuil. Il ne dit rien et, sans qu'elle sache pourquoi, Lorenza est plus effrayée que s'il s'était mis à vociférer. Jose Salinas regarde ses locataires avec une expression indéfinissable. Ramon Gonzales commence une phrase :

— Écoutez-moi bien, Salinas...

Il n'a pas le temps d'en dire plus. Avec un geste d'une rapidité incroyable, Jose Salinas a sorti un revolver de sa poche. Il prend le temps de viser et tire par trois fois sur Ramon Gonzales, qui s'écroule. Madame Gonzales pousse un cri. Le propriétaire tourne le canon vers elle et vide le restant du chargeur. Puis il jette son arme et disparaît par la porte ouverte.

Pendant un temps qu'elle ne peut pas déterminer, la petite Lorenza reste derrière son fauteuil, sans oser bouger ni émettre un cri. Enfin, il y a du bruit, des gens qui se bousculent. Une main la prend doucement, c'est celle d'un policier.

— Viens, ma petite, il ne faut pas avoir peur...

Ramon Gonzales a été tué sur le coup ; sa femme reste plusieurs jours entre la vie et la mort mais elle finit par s'en sortir. Après avoir été soignée pour son choc nerveux, Lorenza va voir sa mère tous les jours à l'hôpital. C'est elle qui lui apprend la mort de son père qu'on lui avait cachée jusqu'à présent. Pour cette petite fille de douze ans, le cauchemar succède à une enfance sans histoires.

Jose Salinas a été arrêté tout de suite après son crime. Et Lorenza, qui est le témoin principal, doit déposer devant les policiers. Malgré toute la gentillesse de ceux-ci, c'est pour elle un calvaire de revivre cette scène horrible.

Calvaire qui se répète lors du procès de Jose Salinas, qui s'ouvre en janvier 1957... Dans la grande salle d'assises, devant les juges, les avocats et le public, l'enfant doit redire les détails de la tuerie. Mais elle le fait sans faiblir. Elle sait que sa déposition est capitale, qu'elle prouve qu'il n'y a pas eu légitime défense, que Salinas a commis un meurtre odieux, sans aucune circonstance atténuante.

Et le verdict tombe : douze ans de prison. En l'entendant, Lorenza Gonzales a un cri. Sa mère, assise à son côté, lui prend la main.

— On ne l'a pas condamné à plus parce qu'il est déjà vieux. Il mourra en prison.

Lorenza a un éclair dans ses yeux noirs.

— Je l'espère pour lui, maman !

10 mars 1963 : sept ans se sont écoulés. Lorenza et sa mère ont déménagé. Elles ont mis toute la longueur de Buenos Aires entre leur nouvel appartement et le pavillon du drame. Par un accord tacite, elles ne parlent jamais de la nuit tragique. Mais chacune sait bien que l'autre ne cesse d'y penser.

Pendant ces sept ans, Lorenza a beaucoup changé. Elle est devenue une jeune fille resplendissante de santé. Elle ne compte plus ses admirateurs, mais elle est aussi sage que belle. Elle a fait d'excellentes études également. Après avoir passé brillamment ses examens, elle est devenue employée de banque ; elle commence la carrière qui était celle de son père et ce n'est certainement pas un hasard.

Ce jour-là, Lorenza Gonzales est toute pâle, derrière la vitre d'un autobus... Elle a longtemps résisté. Pourquoi maintenant ? Sans doute parce qu'elle se sent assez déterminée et, de toute façon, c'est plus fort qu'elle.

L'autobus s'arrête à la station qu'elle connaît bien. Lorenza descend, tourne à droite : le pavillon est à deux cents mètres. La jeune fille sait que ce pèlerinage va lui faire affreusement mal, mais elle est consciente qu'elle ne trouvera pas la paix tant qu'elle ne l'aura pas fait. Après, c'est juré, elle n'y retournera plus, Elle a besoin d'exorciser une fois pour toutes son passé.

Le pavillon n'a pas changé... Les lèvres serrées, les mâchoires crispées, Lorenza Gonzales entre dans le jardin. Les haies sont taillées, le gazon entretenu, de même que les fleurs. D'autres gens vivent ici. Comment font-ils pour ne pas être troublés par ce qui s'y est passé un soir de mars 1956, il y a sept ans exactement?... Après tout, ils ont raison : la vie continue. Pour elle aussi, la vie doit continuer, elle a tout l'avenir devant elle.

Lorenza s'éloigne rapidement. Elle n'a plus rien à faire ici. Elle se sent débarrassée d'un grand poids. Elle est déjà sur l'avenue de la Libertad, lorsqu'un bruit retentit derrière elle, un bruit qu'elle connaît bien et qui la replonge brusquement dans son enfance : le grincement de la grille du jardin. Quelqu'un vient d'entrer. Lorenza Gonzales se retourne... Non, ce n'est pas vrai, ce n'est pas possible!

Et pourtant si, c'est vrai. Il n'y a aucun doute : cette petite silhouette maigre, ces cheveux gris, ces lunettes cerclées d'acier, c'est lui! Il est sorti de prison! On l'a libéré et il est retourné tranquillement dans sa maison, où reste le fantôme de son père mais où il n'y a plus de chat!

Quand Lorenza reprend ses esprits, Jose Salinas est déjà rentré. L'autobus en sens inverse arrive et elle court pour l'attraper...

Chez elle, au dîner, Lorenza Gonzales ne parle pratiquement pas. Sa mère s'en inquiète :

— Il y a quelque chose qui ne va pas, ma chérie?

— Mais non, maman! Au fait, je sors ce soir.

Madame Gonzales est surprise.

— Mais tu ne sors jamais.

— Et après? Il faut un commencement.

Madame Gonzales ne réplique pas. Effectivement, Lorenza est une jeune fille modèle. Jamais, jusqu'à présent, elle n'a voulu des distractions de son âge. Dans un sens, cela lui changera les idées.

Mais, après le départ de sa fille, madame Gonzales est inexplicablement inquiète. Elle sent quelque chose comme un danger, une menace. Non, Lorenza n'est pas allée danser avec des camarades.

Pendant le repas il y a eu dans ses yeux un éclair mauvais, impitoyable. Bien qu'elle ne le lui ait jamais dit, madame Gonzales sait que, quand Lorenza a ce regard-là, elle pense à la nuit tragique.

Un vague pressentiment conduit madame Gonzales dans sa chambre, lui fait ouvrir le tiroir de sa table de nuit, où elle conservait comme souvenir le revolver de guerre de son mari. Il a disparu ; c'est Lorenza qui l'a pris. Mais pourquoi ? Pour tuer qui ?

A cette question, il n'y a qu'une réponse, même si elle semble absurde. Madame Gonzales compose le numéro de téléphone du pavillon où elle habitait avec son mari. Quelques sonneries et puis on décroche.

— Allô !...

Madame Gonzales en a le souffle coupé.

— Allô, qui est à l'appareil ?

La voix, la voix de cauchemar, celle de José Salinas ! Il a été libéré, il est rentré chez lui et c'est lui que Lorenza est partie tuer avec le revolver de son père. Cela fait déjà près d'une heure qu'elle est sortie : elle va arriver chez lui dans quelques minutes.

— Allô !... Enfin, parlez !

Madame Gonzales raccroche. Non, bien sûr, elle ne va pas prévenir José Salinas du sort qui l'attend. S'il le savait, il serait capable de guetter Lorenza et de l'abattre froidement avec, cette fois-ci, la justification de la légitime défense. Mais il faut quand même empêcher le drame. Lorenza va devenir une meurtrière, sa vie sera brisée. Madame Gonzales compose un autre numéro.

— Police, j'écoute...

— Ma fille, arrêtez-la ! Avenue de la Libertad, nº 116. Elle a un revolver... Elle n'a que dix-neuf ans !

Lorenza Gonzales sonne à la porte du 116. Une minute s'écoule sans qu'on vienne lui ouvrir. Est-ce qu'il se méfie ? Non, il ne se méfie pas. La porte s'ouvre...

— Qu'est-ce que vous voulez ? Qui êtes-vous ?

— Vous ne me reconnaissez pas ?

— Non. Bonsoir !

José Salinas veut refermer la porte mais la vue du revolver lui fait suspendre son geste. Il reste bouche bée.

— Je suis Lorenza Gonzales. Vous ne m'avez pas vue quand vous avez tué mon père : j'étais cachée derrière le fauteuil.

L'ancien propriétaire des Gonzales a les yeux agrandis derrière ses lunettes.

— Laissez-moi tranquille ! J'ai été jugé légalement. Je suis sorti de prison pour bonne conduite.

Comme Jose Salinas l'avait fait sept ans plus tôt, Lorenza prend le temps de viser avant de tirer et elle vide tout son chargeur. Jose Salinas s'écroule sans un mot, tué sur le coup. Elle jette l'arme à terre et s'enfuit. C'est à ce moment que les sirènes de police retentissent...

Lorenza court droit devant elle dans la nuit. Les policiers ont abandonné leurs voitures. L'un d'eux a un haut-parleur.

— Mademoiselle Gonzales, revenez ! Nous ne vous ferons pas de mal.

Lorenza vient de pénétrer dans le chantier d'un immeuble en construction. Elle monte dans l'escalier à ciel ouvert.

— Mademoiselle Gonzales, attendez ! Vous risquez un accident.

Un projecteur de voiture illumine brusquement l'immeuble en chantier. Tout en haut, une forme blanche semble hésiter, puis, brusquement, elle bascule dans le vide. A-t-elle perdu l'équilibre, a-t-elle été éblouie ou a-t-elle choisi ce qui semblait désormais la seule solution ?

Personne ne le saura. Lorenza Gonzales s'écrase vingt mètres plus bas...

Lorenza Gonzales a été enterrée à côté de son père. Avec Salinas, cela faisait trois victimes. Tout cela à cause d'une boule de poils tigrée nommée Pepito, qui y avait, elle aussi, laissé la vie.

Le vase Ming

Charles Lewis contemple d'un œil morose le marbre blanc et rose du hall d'entrée de l'immeuble dont il est le portier.

Les Terrasses du Paradis sont une des résidences les plus luxueuses de Tampa sur les côtes de Floride. Mais le luxe n'empêche pas l'ennui et Charles Lewis, qui n'a rien d'autre à faire que de saluer les allées et venues des richissimes locataires, trouve le temps long. Dehors, il fait une chaleur à crever, ce 12 août 1981. A l'intérieur de la loge, avec la climatisation qui marche à fond, il ferait plutôt frais.

La porte d'entrée vient de s'ouvrir. Charles Lewis se précipite pour saluer l'arrivant, si c'est l'un des résidents, ou le refouler si c'est un importun – genre représentant de commerce. Mais il n'opte ni pour l'une ni pour l'autre de ces attitudes et se rassied bien vite sur sa chaise en s'absorbant dans la rubrique base-ball de son quotidien sportif. C'est que l'homme qui vient d'entrer est Kenneth Adamson, le milliardaire fabricant de chewing-gums.

Quand on est portier, il faut savoir faire preuve de doigté et, dans le cas présent, le rôle de Charles Lewis consiste à ne pas saluer monsieur Adamson...

Il y a six mois que Kenneth Adamson : cinquante-cinq ans, sportif, tempes argentées, a loué le plus bel appartement de la résidence – celui du dernier étage – pour miss Molly Huston, vingt-cinq ans, brune aux yeux verts, une beauté à couper le souffle, mannequin de mode.

Depuis six mois, Kenneth Adamson vient tous les jours à dix-sept heures trente et redescend vers dix-neuf heures. Et, depuis six mois, Charles Lewis en profite pour lire les résultats de base-ball aux heures précitées. Cette attitude pleine de tact lui a d'ailleurs valu de généreuses gratifications.

Mais, ce 12 août 1981, il se passe quelque chose d'extraordinaire. A dix-sept heures trente-cinq, l'ascenseur s'arrête dans le hall et c'est Kenneth Adamson qui en sort. Le portier est tellement surpris qu'il n'a pas le temps de s'abriter derrière son journal. D'ailleurs le milliardaire ne fait pas attention à lui. Il traverse le hall d'un pas chancelant. Il est livide, décomposé, et disparaît dans sa voiture.

Charles Lewis sait que Molly Huston est chez elle. Il l'a vue monter tout à l'heure. Incontestablement, il se passe quelque chose de grave. Charles Lewis n'aime pas beaucoup prendre ce genre d'initiative, mais sa charge comporte quand même des devoirs. Milliardaire ou pas, il doit y aller!

L'ascenseur s'arrête sur le palier du quinzième étage. Charles Lewis sonne : pas de réponse. Alors, il ouvre avec son passe-partout et reste sur le seuil sans pouvoir dire autre chose que :

— Nom de Dieu, la belle fille!

Oui, une belle fille!... Molly Huston est allongée, nue, sur le marbre de l'entrée. Un poignard très fin, très élégant, est planté sous son sein gauche. Il est sorti à peine deux ou trois gouttes de sang de la blessure, Molly Huston semble avoir été surprise par son meurtrier : de ses grands yeux verts elle contemple le plafond, l'air songeur.

Le bureau directorial de Kenneth Adamson est du plus pur style design : sièges pivotants, glaces teintées, une multitude de gadgets sophistiqués.

L'homme qui se trouve en face du milliardaire aux tempes argentées ne cadre guère avec le décor ultramoderne. En jean douteux et chemise à carreaux bon marché sur laquelle est plantée une étoile, il s'éponge le front avec un mouchoir usagé.

— Merci de m'avoir reçu tout de suite, monsieur Adamson... Il fait une sacrée chaleur, pas vrai?

Le milliardaire s'agite sur son siège :

— Vous pouvez le dire, shérif! Qu'est-ce qui me vaut le plaisir de votre visite?

Le shérif de Tampa, Stanley Moore, regarde un instant son interlocuteur avant de répondre :

— Je viens pour le meurtre de Molly Huston.

Kenneth Adamson répète d'un ton stupide :

— Molly Huston ?...

Le shérif a un sourire contraint :

— Voyons, monsieur Adamson ! Le portier vous a vu monter chez elle, hier, à dix-sept heures trente et redescendre cinq minutes plus tard avec l'« air égaré » : c'est sa propre expression.

Le milliardaire s'est pris la tête dans les mains et reste silencieux. Le shérif Stanley Moore continue à le fixer du regard.

— Quand on découvre un meurtre, monsieur Adamson, il est de bon ton de prévenir la police. Je dirais même que ne pas le faire constitue un délit. A plus forte raison quand la personne assassinée est votre maîtresse...

Kenneth Adamson est totalement effondré :

— J'ai été fou ! Je me suis conduit comme un gamin. Je me rends bien compte que vous devez me suspecter... Je vais vous dire ce qui s'est passé : je suis venu, comme tous les jours, à cinq heures et demie ; Molly était étendue dans l'entrée : morte. J'ai été tellement bouleversé que je me suis enfui. J'ai passé une nuit blanche à me demander qui avait pu faire cela. Je sais bien que j'aurais dû vous appeler. Mais j'ai eu peur du scandale. J'espérais que le portier ne m'aurait pas vu.

Le milliardaire avale sa salive avec difficulté.

— Autant vous le dire tout de suite, l'arme du crime m'appartenait, Molly m'avait demandé de lui donner un de mes objets personnels et je lui ai fait cadeau de ce coupe-papier en argent... Euh, shérif, je crains que vous ne trouviez mes empreintes sur le manche. En découvrant ce spectacle horrible, je ne savais plus ce que je faisais. J'ai voulu retirer l'arme.

Le shérif Moore fait légèrement pivoter son siège :

— Nous avons effectivement retrouvé vos empreintes sur le manche. Je suis désolé d'être indiscret mais j'aimerais que vous me parliez de vos relations avec la victime.

— Il y avait un an que je connaissais Molly. Nous étions devenus un véritable couple. Je crois — je suis même certain — que Molly ne m'aimait pas pour mon argent, mais pour moi. Ma femme était au courant. Nous ne divorcions pas pour des questions d'intérêt assez complexes. Mais il était convenu que chacun de nous mènerait sa vie comme il l'entendait... Il n'y avait jamais eu un nuage entre Molly et moi.

Le shérif hoche la tête silencieusement, Kenneth Adamson croit deviner la signification de sa mimique :

— Évidemment, vous êtes en train de penser que je n'allais pas vous dire autre chose ! Mais je vous jure que c'est la vérité. Molly et moi nous ne nous sommes jamais disputés. Nous nous adorions.

Stanley Moore a un sourire poli :

— Je ne pense rien de précis, monsieur Adamson... Dites-moi, vous n'avez jamais fait de cadeaux à miss Huston ? Genre bijoux, œuvres d'art ?

Le milliardaire semble pour la première fois surpris :

— Bien sûr que si ! Rien n'était trop beau pour elle.

Le shérif note sa réponse.

— Ce qui est curieux, c'est qu'on n'a pas retrouvé un seul bijou dans l'appartement, ni un seul dollar. Pourriez-vous me dresser la liste des cadeaux que vous avez faits à miss Huston ?

— Certainement... Tenez, la dernière chose que je lui ai offerte, c'est un vase Ming que j'avais rapporté d'Extrême-Orient. Une pièce unique. L'avez-vous trouvé ?

Le shérif secoue la tête :

— Non. Nous avons fait l'inventaire. Je peux vous dire qu'il n'y avait pas de vase chinois.

Kenneth Adamson tape sur son bureau :

— Alors c'est un cambrioleur qui est l'assassin. Cela ne peut pas être moi. Si j'avais voulu faire croire à un crime crapuleux en emportant le vase, l'argent et les bijoux, le portier l'aurait vu. C'est un vase qui fait plus d'un mètre de haut.

Stanley Moore fait pivoter une nouvelle fois son siège :

— L'ennui, monsieur Adamson, c'est que le portier ne s'est pas absenté de l'après-midi et qu'il n'a vu personne descendre avec un vase Ming... Vous êtes sûr qu'il a vraiment existé, ce vase ?

Cette fois le milliardaire se fâche :

— Shérif, il y a des limites à ne pas dépasser ! Si vous avez l'intention de m'arrêter, dites-le-moi afin que j'appelle mon avocat.

Le shérif fait un geste d'apaisement :

— Je n'inculpe pas les gens sans preuve, monsieur Adamson. Surtout pas quelqu'un de votre réputation. Mais je fais mon enquête, tout simplement.

Et il s'en va après avoir salué poliment.

Le shérif Stanley Moore mène son enquête activement. Il se fait confirmer une nouvelle fois par le portier que personne, à part les résidents de l'immeuble, n'est entré ou sorti à l'heure du crime, c'est-à-dire, selon le médecin légiste, entre cinq et six heures de l'après-midi. Pour le reste, il a convoqué Ruth Farrell, la meilleure amie de Molly Huston et il attend beaucoup de son témoignage.

Ruth Farrell est une petite blonde de vingt-cinq ans, sans caractère, plutôt laide. Elle n'attend même pas la première question du shérif.

— Je savais que ça se terminerait comme ça ! La pauvre Molly n'en pouvait plus. Kenneth Adamson lui faisait une vie impossible. Il était jaloux, possessif, violent. Malgré ses milliards, Molly avait décidé de le quitter.

Stanley Moore note soigneusement cette version des faits qui ne concorde guère avec la déposition d'Adamson.

— Est-ce que Miss Huston se sentait en danger ?

Ruth Farrell répond sans hésitation :

— Oui. Elle m'a dit un jour : « Si je le quitte, il est capable de me tuer ! »

Le shérif a un dernier point à éclaircir :

— Miss Farrell, avez-vous vu chez Molly Huston un vase chinois de grandes dimensions ?

Ruth réfléchit un instant...

— Non. Pourquoi ?

Cette fois, les choses prennent une très mauvaise tournure pour Kenneth Adamson. Il n'est jamais très agréable pour un shérif d'arrêter un milliardaire, mais Stanley Moore est un policier intègre et sa décision est prise.

Il est en train de signer le mandat d'arrestation, lorsque le téléphone sonne dans son bureau. C'est la douane d'El Paso, Texas.

— Shérif, ici le lieutenant des douanes Carson. On vient de faire une prise qui doit vous intéresser. On a pincé un certain Richard Scott avec tous les objets qui figuraient sur la liste que vous nous avez transmise.

Stanley Moore n'en revient pas ! Sans conviction, mais par conscience professionnelle, il avait effectivement envoyé la liste établie par le milliardaire aux douanes et à la police de tous les États. Il demande d'un ton incrédule :

— Est-ce qu'il y a... un vase chinois ?

Le douanier est affirmatif :

— Oui. Il est tout à fait conforme à la description. Il n'y a pas de doute possible.

Le shérif bredouille quelques remerciements et déchire le mandat d'arrestation avec un air de profonde perplexité. Le milliardaire avait apparemment des raisons de mentir, et les autres pas. Pourtant, c'est lui qui a dit la vérité et les autres qui ont menti. Mais pourquoi?... Il verra cela plus tard. La première chose à faire est d'interroger ce Richard Scott, que la police d'El Paso lui envoie.

Richard Scott, qui se trouve le lendemain dans le bureau du shérif, est un barbu rouquin d'une trentaine d'années. Sa fiche, que Stanley Moore a sous les yeux — car Scott n'est pas inconnu des services de police —, précise que l'homme a déjà fait de la prison pour cambriolage et attaque d'un supermarché à main armée.

Le shérif Moore est un vieux routier. Dans un interrogatoire, il sait se montrer adroit et terriblement tenace. Après avoir nié pendant plusieurs heures, Richard Scott finit par avouer le meurtre de Molly Huston et fait le récit de son crime :

— Je suis entré dans l'appartement en crochetant la serrure. Je croyais qu'il n'y avait personne. J'ai commencé à chercher l'argent et les bijoux. Miss Huston est sortie à ce moment-là de la salle de bains. Elle était nue. Elle s'est mise à crier. Alors, j'ai pris le premier objet qui m'est tombé sous la main et j'ai frappé. Si elle n'avait pas crié, je ne l'aurais pas tuée.

Et l'assassin précise :

— Le portier ne m'a pas vu, ni quand je suis entré ni quand je suis sorti. J'avais attendu qu'il s'en aille pour entrer dans l'immeuble.

« J'avais attendu qu'il s'en aille » : Charles Lewis a donc menti en affirmant qu'il n'avait pas quitté son poste de tout l'après-midi... Stanley Moore l'interroge peu après.

L'homme l'implore désespérément du regard.

— C'est vrai, j'ai menti, shérif! Je me suis absenté vingt minutes environ entre cinq heures et cinq heures vingt. Vous comprenez, je vais jouer aux courses. C'est tellement monotone mon boulot! Je m'arrange toujours pour être là quand monsieur Adamson arrive.

Charles Lewis rentre la tête dans les épaules.

— Si j'ai menti, c'est que j'avais peur de perdre ma place... Mais je ne pensais pas que je pouvais faire condamner un innocent, je vous le jure! J'étais sûr que monsieur Adamson était coupable. Il avait l'air tellement louche quand il est redescendu.

Le shérif conclut d'une voix glaciale :

— Eh bien, moi, je vais vous offrir une nouvelle place : en prison, mais pas comme portier, comme locataire!...

Après avoir réglé le cas du premier faux témoin, Stanley Moore passe au second. Il est assez curieux de savoir quelles raisons ont poussé Ruth Farrell à mentir. Charles Lewis, c'était pour ne pas se faire renvoyer, c'était clair. Mais elle?

La meilleure amie de Molly Huston arrive devant le shérif, les yeux rouges... Le fait qu'elle a pleuré rend encore plus disgracieux son visage ingrat.

— S'il vous plaît, dites à monsieur Adamson que je lui demande pardon ! Je me rends compte à présent de ce que j'ai fait. J'ai d'autant plus honte que je l'aime bien, monsieur Adamson.

Stanley Moore a un air entendu.

— C'est peut-être justement parce que vous l'aimez bien que vous avez menti.

Ruth Farrell lui jette un regard de petite fille prise en faute.

— Oui, j'étais jalouse de Molly ! Elle a toujours été plus jolie, plus intelligente, plus brillante que moi. Tous les hommes étaient pour elle. Quand elle m'a présenté Kenneth Adamson, j'ai été très malheureuse. J'aurais tellement voulu avoir un homme comme lui, avec son physique d'acteur et ses milliards ; et puis il était tellement gentil, il avait tellement de classe. Mais il était pour Molly, bien entendu ! Ils s'adoraient tous les deux, jamais une dispute, toujours à rire ensemble comme des gamins ! Alors, quand il a été suspecté, c'est plus fort que moi, j'ai voulu lui faire du mal...

Une jalousie féminine, telle était la raison du second mensonge qui avait failli faire condamner un innocent... Le shérif Moore a toutefois un dernier mystère à éclaircir.

— Pourquoi avez-vous menti quand je vous ai demandé si vous aviez vu le vase chinois ? Vous ne pouviez pas savoir la portée de ce mensonge.

Ruth Farrell répond, cette fois, avec une parfaite sincérité.

— Effectivement, je n'ai rien compris à cette question. Mais j'ai décidé de mentir à tout hasard. De toute façon, je n'avais fait, jusque-là, que des mensonges, alors pourquoi pas un de plus ?...

Richard Scott a été condamné à vingt ans de prison, Charles Lewis et Ruth Farrell à six mois chacun pour faux témoignage. Kenneth Adamson a donné le vase Ming au musée de Tampa. Il y est encore aujourd'hui.

La bergerie

Février 1970. Dans la grande salle de la ferme Blèze, se tient un conseil de famille. La ferme Blèze est une des plus importantes exploitations de Bessac, dans le Limousin : cinquante hectares de blé et divers terrains moins riches consistant en des bois et des prairies. Anatole Blèze, soixante-cinq ans, prend la parole :

— Mes enfants, il faut parler quand c'est encore l'heure. Je vais vous dire ce que j'ai décidé pour quand je ne serai plus là.

Anatole Blèze fait cesser un cri de protestation.

— Votre défunte mère a été emportée l'an passé, alors qu'elle aurait dû vivre cent ans. Si je dois quitter ce monde plus tôt que prévu, je veux que les choses soient en ordre. Toi, Nicolas...

Nicolas Blèze, trente-deux ans, un grand gaillard très brun aux joues bleuies s'immobilise dans la direction de son père. A ses côtés, sa femme Marie-Pierre, une brunette de trente ans au charme très piquant pour une fille de la terre, fixe Anatole d'un regard intense.

— Toi, Nicolas, t'es un bon gars. T'as pas ton pareil pour le travail des champs et je suis sûr que tu prendras soin de la ferme aussi bien que moi.

Marie-Pierre Blèze approuve avec vivacité :

— Ça, c'est sûr, père ! Vous pouvez nous faire confiance.

— J'ai pas terminé. Il y a le Mathieu qui a droit à la même chose que son frère. Toi aussi tu es un brave gars, Mathieu, mais, forcément, tu peux pas en faire autant que l'aîné. Alors, j'ai quelque chose à te proposer. Si t'es pas d'accord, faut que tu le dises, Mathieu.

Mathieu Blèze, vingt-cinq ans, est aussi blond que son frère est brun, et il est d'un gabarit encore plus imposant que lui. Assis à la table familiale, il est en train de se beurrer une tartine... Anatole Blèze attend un instant, et, comme Mathieu ne dit rien, il poursuit :

— Partager le domaine, c'est pas une bonne chose. Puisqu'il y a un de mes fils qu'est capable de le faire marcher tout seul, c'est à lui qu'il revient.

Marie-Pierre Blèze quitte son siège pour aller embrasser Anatole.

— Bravo, père. C'est bien parlé!

Anatole Blèze la repousse sans ménagements.

— Suffit, ma bru ! Le principal, c'est que Mathieu ne soit pas volé. Il continuera à habiter ici et vous lui donnerez en argent la moitié de la valeur du domaine. Il faut que ce soit bien entendu comme ça.

Marie-Pierre se raidit.

— Mais, cela fait beaucoup trop. On ne pourra jamais!

Pour la première fois, Nicolas Blèze se fait entendre :

— C'est d'accord. On empruntera à la banque. Mathieu aura sa part.

Anatole Blèze hoche la tête avec satisfaction.

— Et toi, Mathieu, est-ce que t'es d'accord? On va aller chez le notaire. Tu vas signer que tu renonces à ta part d'héritage et, au lieu d'avoir de la terre, t'auras des sous.

Mathieu Blèze trempe avec application ses mouillettes de pain beurré dans son verre de vin rouge.

— Écoute-moi un peu, Mathieu. C'est important. Il faut que tu dises si t'es d'accord.

Mathieu relève la tête, l'air surpris, et dit d'un ton d'évidence :

— Pour sûr...

Et puis il part d'un grand rire en désignant son frère :

— Eh, Nicolas, t'as ta bretelle qu'est défaite! Tu vas perdre ton pantalon, pour sûr...

20 juillet 1975. Nicolas Blèze parle avec son frère Mathieu, dans la grande salle de la ferme. La semaine précédente, ils ont enterré leur père Anatole.

— Voilà ce qu'on a décidé, Marie-Pierre et moi. Si tu restais à la ferme, tu ne serais pas à ton aise. Il faudrait que tu aies un vrai chez toi. Si tu allais t'installer à la bergerie, hein? Pour quelqu'un de seul, c'est bien.

Mathieu Blèze regarde son frère d'un air perplexe.

— Quand même... Il pleut dedans!

— Justement, tu as toujours adoré bricoler. Tu auras de quoi t'occuper. Et puis on te laisse la terre autour. Tu pourras faire pousser des légumes. On te donnera même des poules et des lapins.

Mathieu sourit d'un air heureux.

— Ça, c'est bien. Je vais y aller tout de suite.

Son frère le retient.

— Attends, Mathieu. Il y a les sous. Tu te rappelles ce qu'a dit le père ?

Nicolas sort de sa poche plusieurs liasses de billets de cent francs.

— Tiens, c'est pour toi. Vingt-cinq mille francs. Ça en fait, hein ?

Mathieu Blèze contemple les deux cent cinquante coupures de 100 francs avec une sorte de fascination.

— Eh ben !...

Une bergerie abandonnée, à moitié en ruine, sur le plus mauvais terrain de la ferme Blèze et 25 000 francs en tout et pour tout : c'est de cette manière que Nicolas et Marie-Pierre ont effectué le partage. Comme l'a dit Marie-Pierre à son mari :

— Quand on est un demeuré comme ton frère, on n'a pas besoin de plus.

Ce genre de spoliation d'héritage au détriment d'un simple d'esprit arrive fréquemment à la campagne. Et pourtant, dans ce cas précis, les choses ne vont pas en rester là.

24 avril 1980. La bergerie dans laquelle Mathieu Blèze est installé depuis maintenant cinq ans est devenue un endroit charmant. Elle est située un peu à l'écart du village, au bord d'un chemin vallonné. De ses propres mains, Mathieu a refait le toit, la porte et les fenêtres, il a curé le puits. Il a planté un potager qu'il entretient avec soin et, depuis, l'habitation est presque agréable à vivre.

C'est la réflexion qu'est en train de faire un monsieur de la ville qui s'est déplacé spécialement pour rendre visite à Mathieu Blèze.

— Ravissant ! Vraiment ravissant ! Savez-vous qu'avec quelques aménagements, cela ferait un excellent relais équestre ? Et votre chemin est sur le parcours d'une randonnée.

Mathieu Blèze écoute le monsieur parce qu'il est poli, mais il ne comprend rien à son discours.

— Qu'est-ce que c'est que ça : « équestre ? »

— Eh bien, vous ne voyez pas passer des groupes de cavaliers de temps en temps ?

Mathieu, qui ne saisit pas le rapport entre sa question et la réponse, décide de se taire. L'autre continue :

— Alors, voilà... Je m'occupe précisément d'affaires touristiques et je serais disposé à vous acheter le lot à un très bon prix.

— Acheter ! Comment ça, acheter ?

— Eh bien, je vous donne de l'argent et je fais ici, comme je viens de vous le dire, un relais équestre.

— Ça voudrait dire que je m'en irais ?

L'homme de la ville semble désorienté par la question.

— Eh bien oui, forcément. Vous vous en iriez avec votre argent.

— Non !

Mathieu Blèze a hurlé sa réponse. Il est là, planté devant son interlocuteur qu'il domine d'une bonne tête. Celui-ci recule de quelques pas.

— Méfions-nous des mouvements d'humeur et des décisions trop brusques, cher monsieur. Je reviendrai... Oui, c'est cela. Je reviendrai et je suis sûr que vous aurez changé d'avis.

Mathieu marche vers lui.

— Allez-vous-en ! Je vous dis non ! Je veux rester ici, parce qu'ici c'est chez moi. Je m'y plais ! Et c'est comme ça.

Le visiteur n'insiste pas. Il a à peine disparu que Mathieu Blèze voit arriver son frère Nicolas. Il n'est pas seul. Il est accompagné de Jean Bernard, une sorte de régisseur qui dirige les ouvriers à la ferme Blèze. Jean Bernard est un homme d'une trentaine d'années à l'allure particulièrement soignée. En les apercevant, Mathieu déverse la colère qui était encore en lui.

— Me faire en aller de là ! Cré bon sang !

Nicolas Blèze tape sur l'épaule de son frère.

— Faut pas te mettre dans ces états. Ce monsieur, je l'ai vu moi aussi. C'est une personne honnête. Je peux te le dire.

Jean Bernard intervient.

— Faut voir les choses, Mathieu. Faut pas rejeter avant de savoir.

— Tout ce que je sais, c'est que je m'en irai pas !

Nicolas sourit.

— Ça serait dommage de laisser filer une affaire pareille ! Tu vois ce que je m'étais dit : à la place de la bergerie, je te donnerais la cabane des bûcherons. Et, comme ça, le monsieur pourrait faire son relais.

Mathieu regarde son frère un moment. Mais il ne dit pas le « pour sûr » que celui-ci attendait. Il parle d'une voix où l'on sent monter la colère.

— Tu vas pas me prendre ma maison pour me mettre dans la cabane du bois, dis ?

Jean Bernard tente de le calmer :

— Il ne veut rien te prendre, Mathieu, Nicolas n'est pas un voleur. Tu lui signes un papier et il te donnera des sous.

Mais l'agitation de Mathieu ne fait que croître. Il repousse l'employé de son frère d'une bourrade.

— T'as pas la parole, toi! Et toi, Nicolas, je te dis que je reste ici parce qu'ici c'est chez moi et que ça me plaît d'être chez moi.

En entendant les éclats de voix, quatre cavaliers se sont arrêtés sur le chemin tout proche. Nicolas Blèze est dérouté par la résistance de son frère.

— Écoute... Faut pas dire non avant de voir. Je vais déblayer la cabane et t'auras qu'à venir tout à l'heure.

Mathieu agrippe son frère par le col de sa chemise.

— Je dis non avant de voir. Ôte-toi de là ! T'es dans mon potager.

Nicolas Blèze et Jean Bernard n'insistent pas. Avec un colosse comme Mathieu, cela pourrait devenir dangereux. Nicolas lui crie en s'en allant :

— Viens quand même voir...

24 avril 1980. Cinq heures de l'après-midi. Mathieu Blèze a quitté sa bergerie pour se rendre à la cabane des bûcherons, située dans un bois appartenant à la ferme Blèze. Il a décidé d'aller parler quand même à son frère. Ce n'est pas pour lui dire qu'il a changé d'avis. Cela, non, il ne partira pas. Mais il voudrait ne pas rester fâché. C'est bien la première fois, depuis qu'il est tout petit, qu'il se dispute avec son frère.

Mathieu Blèze avance à grands pas dans le bois de châtaigniers qu'il connaît par cœur. Voici la cabane... Ça serait vraiment une drôle d'idée de venir habiter ici, en dessous des arbres, où on peut rien faire pousser, où il n'y a que de l'ombre et où il doit faire bigrement froid l'hiver.

— Nicolas! Arrive voir, c'est Mathieu!

Nicolas ne répond pas. Mathieu Blèze fait le tour de la cabane et s'arrête. Il reste un bon moment muet et finit par dire :

— Ben alors!...

Nicolas Blèze est allongé par terre sur le dos, mais il ne dort pas. Il est mort. Son crâne a été défoncé avec une incroyable sauvagerie. L'arme du crime, toute sanglante, a d'ailleurs été abandonnée à ses côtés. Mathieu se penche vers elle et reste encore longuement muet. Il conclut enfin :

— Oh, c'est ma pioche ! Ben alors ! Qu'est-ce qu'elle fait là ?...

Une demi-heure plus tard, il se trouve, en compagnie des gendarmes, dans la grande salle de la ferme Blèze. Dans un coin, Marie-Pierre sanglote doucement. A ses côtés, Jean Bernard, le régisseur, serre les dents, l'air farouche. Le brigadier Renaud presse Mathieu d'avouer.

— Allez, on le sait que c'est toi ! Dis-le-nous et on te laissera tranquille.

Mathieu Blèze secoue la tête, l'air buté.

— Je ne dirai pas que c'est moi parce que ce n'est pas moi.

— Mais c'était bien ta pioche qui était à côté de Nicolas, oui ou non ?

— Oui, c'était ma pioche. Ça pour sûr !

— Alors, avoue donc... Écoute, Mathieu, tu n'iras pas en prison. Tu ne seras même pas jugé. On sait bien comment tu es. Ce n'est pas vraiment ta faute. Tu iras dans une maison où on s'occupera de toi.

Comme chaque fois, au bout d'un certain temps, Mathieu Blèze cesse de suivre la conversation. Le jeu des questions et des réponses est trop abstrait pour lui. Il ne peut s'empêcher de faire état de ses impressions visuelles. Il désigne l'un des gendarmes :

— Le grand, là, il a son lacet qui est défait. Il va se casser la figure !

Le brigadier Renaud ne s'irrite pas de l'impertinence. Il connaît le niveau mental de Mathieu.

— Tu n'as pas envie d'être gentil ? Regarde la pauvre Marie-Pierre, comme elle pleure ! Allez, dis-la-nous, la vérité...

Mathieu promène son regard sur l'assistance. Et, au lieu de répondre, il fait part d'une autre de ses découvertes.

— Tiens, il y a le Jean Bernard qui a changé de chemise et de pantalon depuis ce matin. En voilà une idée !

Il y a une expression bizarre sur le visage du brigadier Renaud. Quand on est gendarme, même dans l'enquête en apparence la plus simple, il y a des phrases qui produisent un drôle d'effet.

— Qu'est-ce que tu racontes, Mathieu ?

— Je raconte ce que je dis. Ce matin, il avait une salopette et une chemise à carreaux, et maintenant, le v'là avec un pantalon de velours et une chemise blanche. Hein, Jean, dis-leur que je ne me trompe pas !

Jean Bernard fait brusquement un bond sur lui-même.

— Qu'est-ce que c'est que cette histoire ?

Le brigadier Renaud parle d'une voix ferme.

— Vous allez nous le dire.

— Mais enfin, c'est faux ! Vous n'allez pas croire ce simple d'esprit...

— Mathieu est peut-être simple d'esprit, mais il a une mémoire infaillible des choses qu'il a vues. Monsieur Bernard, vous avez une manière très simple de nous prouver qu'il a tort : montrez-nous votre salopette et votre chemise à carreaux.

Le régisseur de la ferme est de plus en plus mal à l'aise.

— Je ne sais plus où je les ai mises.

— Alors, nous allons chercher. Venez, vous autres !...

La fouille n'est pas longue. Un quart d'heure plus tard, un des gendarmes remonte du puits de la ferme une salopette et une chemise à carreaux maculées de sang. En les voyant entre les mains du brigadier, Jean Bernard s'effondre.

— Ce n'est pas moi. Je ne voulais pas. C'est elle !

Marie-Pierre, qu'il vient de désigner, lance d'une voix sifflante :

— Lâche !

Le régisseur se précipite sur elle :

— C'est toi qui as forcé Nicolas à dépouiller son frère, c'est toi qui m'as demandé de tuer ton mari ! C'est toi qui as tout fait !

Le brigadier les sépare, leur passe les menottes à tous les deux et Jean Bernard raconte tout, sous le regard méprisant de la fermière.

— Il y a longtemps que Marie-Pierre était ma maîtresse et qu'elle voulait se débarrasser de son mari. Quand je lui ai parlé de la dispute de ce matin, qui a eu des témoins, elle a voulu saisir l'occasion. Elle m'a demandé d'aller chercher la pioche de Mathieu et de tuer Nicolas près de la cabane. Comme cela, Mathieu n'avait pratiquement aucune chance. Seulement, on a oublié son fichu sens de l'observation...

Marie-Pierre Blèze et Jean Bernard ont été condamnés tous les deux à vingt ans de prison. Mathieu Blèze s'est donc retrouvé seul possesseur du domaine. Pourtant, incapable de l'exploiter, il l'a loué et il est retourné vivre à la bergerie.

En le dépouillant, Marie-Pierre et Nicolas ne l'avaient pas vraiment lésé. Sans le vouloir, ils lui avaient donné ce qui lui convenait. Et, désormais, Mathieu Blèze, propriétaire des cinquante hectares de blé, de bois et de prairies, cultive quelques mètres carrés de tomates et de salades.

Le génie du crime

Cela va faire quinze ans, en ce début 1964, que le lieutenant de police Allan Dudley est en poste à Norfolk, le grand port de Virginie, sur la côte Est des États-Unis. Norfolk n'est évidemment pas le Chicago des années 20, mais c'est tout de même un port, avec tout ce que cela peut impliquer. Le lieutenant Allan Dudley, avec son physique de sportif avantageux et sa quarantaine à peine entamée, a donc une solide expérience derrière lui et un métier, semble-t-il, à toute épreuve.

Comme tous les jours, il arrive à son bureau à huit heures. Quand il entre, il a la surprise de voir un homme d'une cinquantaine d'années installé dans un fauteuil. En l'apercevant, celui-ci bondit sur ses jambes comme un diable qui sort d'une boîte.

— C'est vous le lieutenant Dudley?

Le lieutenant est un homme méticuleux qui n'a jamais apprécié les situations confuses.

— Qui vous a permis d'entrer?

L'homme est plutôt corpulent. Il a les cheveux blonds, tout collés, avec une raie au milieu du crâne. Malgré la température hivernale il est inondé de sueur. Est-ce parce qu'il a couru? C'est certain et sa respiration précipitée l'indique suffisamment. Mais il est tout aussi certain que sa transpiration est due à la peur. Cet homme a peur : cela se lit sur chacun de ses traits, dans le vilain rictus qui déforme sa bouche.

— Faites quelque chose, lieutenant : Je suis en danger de mort! Il est peut-être dehors à m'attendre...

Le lieutenant Dudley détaille son visiteur calmement, l'air interrogateur. L'homme s'essuie le front avec son mouchoir.

— Je vous demande pardon, lieutenant. Je ne me suis pas présenté. Mon nom est Stevens, Franck Stevens.

Le lieutenant Dudley s'est assis à son bureau et prend des notes d'une écriture lente.

— Adresse ?

— 1022 Forest Road.

— Profession ?

— Entrepreneur de travaux publics. Je dirige la Murphy and Stevens Company. C'est justement en me rendant à mon bureau à sept heures trente, comme tous les jours, que la chose est arrivée... C'est abominable !

— Eh bien, racontez-moi, monsieur Stevens. On a tenté de vous assassiner ?

Franck Stevens s'éponge de nouveau avec son mouchoir.

— Oui. Mais c'est plus compliqué que cela... Pour me rendre de chez moi à mon bureau, je dois passer dans une zone industrielle assez sinistre : des terrains vagues, des bâtiments en ruine. Je ne sais pas si vous voyez...

Le lieutenant Dudley fait « oui » de la tête. Il connaît effectivement cette zone de Norfolk, qui a été le théâtre de plus d'une affaire sanglante... L'industriel poursuit son récit :

— Cela s'est passé juste devant moi. Dans le terrain vague, j'ai vu deux hommes qui marchaient l'un derrière l'autre et, quelques secondes plus tard, celui qui était devant est tombé la tête la première, comme si l'autre l'avait poussé violemment.

— Un assassinat ?

— Oui. Le meurtrier a alors entendu ma voiture et il s'est tourné vers moi. J'étais juste à sa hauteur. Je l'ai parfaitement vu, avec son revolver qui fumait encore. Sa réaction a été immédiate, il a tiré.

Le lieutenant a un début de sourire.

— Je vois qu'heureusement il vous a manqué !

— Ce n'était pas moi qu'il visait, c'étaient les pneus de la voiture. Il a fait mouche du premier coup. Je suis parti dans une embardée qui a failli me tuer. J'ai réussi à sortir et je me suis mis à courir. Je me suis retourné : il était derrière moi. Un bus est arrivé à ce moment-là et j'ai pu le faire s'arrêter. L'autre n'a pas insisté...

Cette fois, le policier sourit franchement.

— Eh bien, vous avez eu beaucoup de chance, monsieur Stevens ! Vous en serez quitte pour une bonne peur !

L'industriel secoue la tête avec désespoir.

— Pas du tout ! L'homme a dû fouiller ma voiture. Dedans, il y avait mes papiers, avec mon nom, mon adresse et tout. Il va me retrouver et m'abattre, c'est certain ! Lieutenant, je vous en prie, protégez-moi !

Après avoir pris le signalement de l'assassin, un individu de type espagnol ou italien, le lieutenant Dudley accepte de donner un des agents comme garde du corps à Franck Stevens. Ce qui n'empêche pas celui-ci de s'en aller, très peu rassuré.

20 janvier 1964. Franck Stevens se trouve dans le bureau de Greg Murphy, qui dirige avec lui la société de travaux publics. Murphy est aussi différent que possible de son associé. Il est aussi brun qu'il est blond ; aussi mince que Stevens est épais, et il est surtout beaucoup plus jeune. Une génération de moins exactement : Greg Murphy a vingt-huit ans. C'est le fils du premier associé de Stevens, décédé trois ans plus tôt. En prenant la place de son père dans l'entreprise, Greg a apporté un incontestable dynamisme. Ce qui n'a pas été d'ailleurs sans entraîner des heurts avec Franck Stevens, partisan de méthodes plus traditionnelles et d'une gestion plus prudente.

Mais, pour l'instant, il n'est pas question de gestion. Depuis le drame du 6 janvier, Franck Stevens n'est plus le même. C'est un homme traqué qui vit perpétuellement sur les nerfs.

— Je n'en peux plus, Greg ! Par moments, j'ai l'impression qu'il est à côté de moi. Je m'attends à mourir dans le quart d'heure qui suit.

Greg Murphy pousse un soupir. Il regarde son associé, le meilleur ami de feu son père, avec un rien d'agacement. La compassion n'a jamais été son fort. Il ne prend guère au sérieux les frayeurs de Stevens. Dans tout cela, il ne voit qu'une chose : il travaille d'une manière de plus en plus désordonnée et, si cela continue, les résultats de l'entreprise vont en souffrir.

— Écoute, Franck, ressaisis-toi ! Il y a au moins dix clients importants que tu dois voir et tu ne l'as pas fait.

— Je n'ai pas la tête à cela. Je suis trop préoccupé.

Le ton de Greg Murphy devient franchement désagréable.

— Tu ne vas pas me dire que tu as peur, maintenant ? Il y a un flic à la réception, qui fouille toutes les personnes dont la tête ne lui revient pas. Et cela nous cause suffisamment de tort vis-à-vis de la clientèle. Alors, je t'en prie, les crises de nerfs, où tu voudras, mais pas ici !

En poussant un nouveau soupir, Franck Stevens ouvre la porte de son bureau, qui est mitoyen avec celui de son associé, et se met à son travail...

Un quart d'heure à peine s'est écoulé depuis cette conversation lorsque le téléphone sonne dans le bureau du lieutenant Dudley.

— Lieutenant ? Ici Greg Murphy, l'associé de Franck Stevens...

Sa voix n'a pas du tout le ton cassant qu'elle avait lorsqu'il parlait avec son associé.

— Il s'agit de Franck. Il est... mort !

— Qu'est-ce que vous dites ?

— Il est mort, lieutenant. Je suis allé dans son bureau pour lui dire quelque chose et je l'ai trouvé sur le tapis, une balle dans la tête...

La voix du policier exprime la plus complète incrédulité.

— Ce n'est pas possible ! Et l'agent ? Il a quitté son poste ?

— Non. Je suis allé voir : il n'a pas bougé de la réception. Mais je viens de comprendre par où le tueur est passé : l'escalier d'incendie !... Il est ouvert la journée pour raison de sécurité. Il n'y avait qu'à monter : le bureau de Franck est le premier à gauche en entrant.

Allan Dudley n'est toujours pas revenu de sa stupeur.

— Et le coup de feu ? Personne ne l'a entendu ?

— Non. Pas même moi qui étais juste à côté. Je suppose que le pistolet devait avoir un silencieux... Lieutenant, j'ai eu terriblement tort vis-à-vis de Franck. Je ne voulais pas le prendre au sérieux, mais c'était lui qui avait raison : il avait bien un adversaire implacable. Implacable et diabolique !

Le lieutenant raccroche... Tout en se rendant sur les lieux, il comprend que l'affaire est beaucoup moins banale et bien plus compliquée qu'il ne l'avait cru.

C'est le moins que l'on puisse dire ! Pendant plus d'un an, rien, strictement rien ne se passe. Dudley ne trouve aucun indice, pas la moindre empreinte, pas le moindre témoin visuel. Malgré toute sa volonté, toute sa rage de retrouver l'assassin, il ne peut pas progresser d'un pouce. C'est l'échec le plus cuisant de sa carrière.

Et puis, le 3 avril 1965, il reçoit un coup de fil de Los Angeles, à l'autre bout des États-Unis et, d'un seul coup, tout change !

Il court voir Greg Murphy, à présent seul patron de la Stevens and Murphy Company. Après la mort tragique de son associé, Murphy a fait abattre la cloison entre leurs deux bureaux et il trône à présent dans une pièce digne du château de Versailles... Il va au-devant de son visiteur avec une mine empressée.

— Du nouveau dans le meurtre de ce malheureux Franck, lieutenant ?

— Oui, monsieur Murphy, j'ai découvert son assassin... Mike Amarotti vient d'être arrêté à Los Angeles pour un autre meurtre. Il a passé des aveux complets.

Greg Murphy s'est installé à son bureau. Il allume une cigarette. Le lieutenant a pu constater qu'il tremblait légèrement.

— Et qui est cet Amarotti ? Un tueur à gages ?

— Pour l'instant, il jure le contraire, mais c'est certainement cela.

— On sait qui l'a payé pour tuer Franck ?

Le lieutenant Dudley laisse passer quelques secondes et prend la parole avec douceur.

— Je sais qui l'a payé, monsieur Murphy. Et je sais aussi que ce n'est pas lui qui a tué Franck Stevens.

Le jeune industriel a un léger ricanement.

— Je ne comprends rien de ce que vous dites, lieutenant !

— Bien sûr que si, vous comprenez ! Je vous ai dit que Mike Amarotti avait passé des aveux complets...

Il y a un moment de silence que le policier se décide à rompre.

— Je vais vous raconter ce qui s'est passé, monsieur Murphy... Il y a déjà quelque temps que vous vouliez vous débarrasser de Franck Stevens. Le mobile n'est pas difficile à deviner : c'est le travail. Il n'y a que cela qui compte pour vous : le travail. Je suppose que vous n'aviez pas les mêmes vues sur la gestion de votre entreprise. Vous deviez souhaiter faire des investissements, prendre des risques financiers et lui devait s'y opposer. Je me trompe, monsieur Murphy ?...

Greg Murphy regarde son interlocuteur et ne répond pas.

— Vous décidez donc la mort de Stevens. Et c'est là que vous devenez absolument génial. A votre place, une crapule ordinaire se serait contentée d'engager un tueur. Résultat : on aurait cherché le mobile et on aurait découvert la vérité. Vous, vous avez bien été trouver un tueur, ce Mike Amarotti ; vous l'avez bien payé, mais seulement pour commettre un faux meurtre sur le passage de Stevens et faire semblant de le tuer. C'était tout et c'était suffisant. C'était une machine infernale qui devait entraîner la mort de

Stevens et vous laisser une totale impunité.

Le lieutenant s'arrête pour guetter une réaction mais Murphy le regarde toujours en silence.

— C'était magnifiquement calculé, monsieur Murphy! Lorsque Franck Stevens vient me dire, terrorisé, qu'il a été témoin d'un meurtre et que le tueur veut sa peau, je suis obligé de le croire. Et quand, quinze jours plus tard, il est assassiné, je suis obligé de penser que ce tueur est son assassin. A tel point que je n'ai pas suivi d'autre piste. A aucun moment, je ne me suis intéressé à vous. Je ne vous ai pas soupçonné un instant, alors que, pour le tuer, vous n'aviez qu'une porte à ouvrir et une détente à presser. Deux petits gestes... Deux petits gestes que vous avez faits, monsieur Murphy!

Pour la première fois, Greg Murphy a une réaction : un léger sourire.

— Il n'y a qu'une chose que je ne comprends pas, lieutenant : pourquoi Amarotti a-t-il raconté tout cela? Quel besoin avait-il de parler? S'il s'était tu, vous n'auriez jamais rien su.

A son tour, le policier se met à sourire.

— Il a dit textuellement à mes collègues de Los Angeles : « Maintenant, je vais vous raconter un truc qui n'a rien à voir avec notre affaire, parce que ce type, ça me ferait mal qu'il s'en tire comme ça. Moi je suis peut-être un salaud, mais lui, c'est une ordure! » C'est ainsi, monsieur Murphy. Même les truands ont leur échelle de valeurs morales...

Toujours silencieux, Greg Murphy se lève et contourne son interminable bureau. Le lieutenant sort alors une paire de menottes et lui dit sur le ton de la confidence :

— Tout à fait entre nous, monsieur Murphy, c'est bien vrai que vous êtes une ordure!

Un assassin respectable

Mai 1953. Une petite voiture d'un modèle déjà ancien s'arrête dans la cour d'un manoir du XVIIe siècle près de la ville d'Inverness, en Écosse.

La demeure est typique de celles du pays. De hautes tours en briques recouvertes de lierre, un parc sauvage, presque à l'abandon, des nuages de corbeaux volant aux alentours... Le manoir de lord Mac Lure, trentième baronnet du nom, a l'aspect rêvé pour abriter un fantôme. Bien entendu, la rumeur populaire lui en attribue un et même plusieurs, ce qui n'est que justice. Une résidence noble en Écosse qui n'aurait pas son fantôme n'en serait pas vraiment une.

Pourtant, ce n'est pas aux fantômes que pense le docteur Gregory Douglas quand il s'extrait de sa petite voiture. Il a en tête un danger autrement réel et redoutable : l'état de santé d'Archibald Mac Lure, le maître des lieux.

Le médecin a tout juste vingt-six ans. Il débute sa carrière. Et il ne considère pas précisément comme un cadeau d'avoir hérité de la clientèle du baronnet. Son prédécesseur, un médecin mondain, s'accommodait relativement bien de la situation. Mais lui, avec sa fougue de jeune praticien, ne peut pas l'accepter. Son devoir lui commande d'agir, quelles qu'en soient les conséquences pour la suite de sa carrière.

Le docteur Douglas remonte l'allée de gravier... Dans quel état va-t-il trouver son patient ? Il faut espérer que ce ne sera pas pire que la dernière fois. Lord Mac Lure, soixante-huit ans, souffre, au dire de sa femme, lady Grace, de fatigue nerveuse. Une fatigue qui l'a forcé à quitter son travail depuis trois ans. Les quatre ou cinq banques d'Inverness, dont il était administrateur, ont dû renoncer à ses services.

En fait, Gregory Douglas ne se fait aucune illusion sur la réalité. Archibald Mac Lure est fou. Sa démence s'accentue au fil des mois et elle prend, depuis quelque temps, un caractère dangereux.

Lady Grace Mac Lure accueille le jeune médecin avec distinction. A cinquante-cinq ans, elle est fort jolie femme et a beaucoup de classe. Elle soigne énormément ses toilettes. Visiblement, ce qui compte avant tout pour elle, c'est de sauvegarder les apparences, la respectabilité.

— Mon mari repose. Il est très las, ces derniers temps. Venez, docteur, je vais vous conduire auprès de lui.

Gregory Douglas suit son hôtesse. Il habite Inverness depuis assez longtemps pour savoir qu'Archibald Mac Lure « repose » depuis des années. Sa femme, pour continuer à tenir son rang, n'a pas renoncé aux soirées mondaines, et, chaque fois, les invités apprennent qu'Archibald a été obligé de garder la chambre. Il a la migraine et une légère indisposition alimentaire...

Le médecin entre dans la grande chambre à coucher, se dirige vers le lit à baldaquin et demande à la maîtresse des lieux de le laisser seul.

Un quart d'heure plus tard, il rejoint lady Mac Lure dans le salon. Il a l'air grave. Il hésite quelques instants avant de dire ce qu'il a à dire...

— Il faut voir la vérité en face, milady. Le doute sur l'état de votre mari n'est plus permis...

Lady Mac Lure l'interrompt précipitamment.

— Il est fatigué nerveusement, je le sais depuis longtemps.

Le jeune médecin prend une grande inspiration et se lance à l'eau. Il dit d'un ton plus vif qu'il ne l'aurait voulu :

— Non, votre mari n'est pas fatigué nerveusement. Il est fou, complètement fou ! Et j'ajoute que sa folie représente un danger pour lui-même et son entourage.

Lady Mac Lure se lève d'un bond, comme si elle venait d'être piquée par une abeille. Elle tripote nerveusement son châle de cachemire.

— Jeune homme, je n'ai jamais toléré l'insolence. Sortez !

Mais Gregory Douglas n'est pas décidé à se laisser faire.

— Ne m'appelez pas « jeune homme », je suis médecin. Et ce que je viens de vous dire n'est pas une insolence mais un diagnostic. Lord Archibald est en état de démence.

Grace Mac Lure s'emporte de plus en plus.

— Il n'y a jamais eu de fou chez les Mac Lure ! Partez et ne revenez plus. Je vous retire ma clientèle !

Le jeune médecin soutient son regard. Il parle d'une voix courtoise mais ferme.

— Je crains que vous ne m'ayez pas compris, milady. Il s'agit d'une question de sécurité. Votre mari ne peut plus rester chez lui. J'ai l'intention de demander aux autorités son internement administratif...

Il essaie d'être persuasif :

— Pensez à vous. Je vous assure que vous êtes en danger.

Mais Grace Mac Lure est déjà en train de le reconduire à la porte.

— Jamais, vous m'entendez, jamais je ne ferai interner Archibald !

Et elle ajoute, d'une voix qui tremble un peu :

— J'ai des relations, docteur, des relations qui peuvent briser votre carrière, et la situation ne vous est guère favorable. Souvenez-vous de l'affaire Adelaïde Smith !...

Au volant de sa petite voiture, le Dr Douglas quitte le chemin de terre qui conduit au manoir des Mac Lure. Dans un dernier virage, les tourelles pointues, surmontées de leurs essaims de corbeaux, disparaissent.

Dans sa tête, des pensées se mêlent... Archibald est fou, c'est une évidence. Cet homme n'est plus maître de ses actes et il est sujet, depuis quelque temps, à des pulsions agressives extrêmement violentes. Il faut espérer que les calmants qu'il lui a donnés seront suffisants, mais ce n'est pas certain.

Donc, il devrait se précipiter au poste de police et demander à l'officier responsable l'internement immédiat pour l'asile le plus proche. Pourtant quelque chose le retient. Ce ne sont pas les menaces qu'a proférées lady Mac Luc contre sa carrière : il ne manque pas de courage. Non, c'est cette allusion à l'affaire Adelaïde Smith. Une affaire douloureuse qui démontre qu'en ces matières d'internement, la plus grande prudence est de mise pour éviter des erreurs catastrophiques...

Au cours de l'été 1951, Adelaïde Smith, une jeune femme de vingt-cinq ans, avait été retrouvée, errant dans les rues d'Inverness en chemise de nuit. Il avait fait très chaud ce jour-là et l'hypothèse d'une insolation était la plus vraisemblable. C'était peut-être à ce diagnostic qu'auraient abouti les médecins de l'hôpital, s'il n'y avait eu la visite du mari.

Un homme très bien, son mari, un notable, qui a exposé la

situation avec des larmes dans la voix : sa femme était hélas ! folle depuis longtemps. Il n'en avait rien dit par crainte du scandale. Mais, à la maison, elle se livrait à toutes sortes d'extravagances. Maintenant que la chose était publique, il valait mieux qu'elle soit internée pour son bien.

Influencés, peut-être inconsciemment, par ces révélations, les médecins ont décidé l'internement. Adelaïde Smith est restée un an dans un asile de fous, jusqu'à ce que après une campagne menée par son frère on se soit aperçu qu'elle n'avait jamais été folle. Elle avait tout juste eu une insolation.

Quant au mari, il avait profité sans scrupules de la situation. Il voulait se débarrasser de sa femme parce qu'il avait une liaison et il s'était mis en ménage depuis avec sa maîtresse. En sortant de son asile, Adelaïde avait tout appris de la machination de son époux. Elle n'avait pu le supporter et s'était suicidée.

Le docteur Douglas se souvient encore des éditoriaux des journaux le lendemain du drame : LE SCANDALE DES INTERNEMENTS ARBITRAIRES. HALTE À LA DICTATURE DES MÉDECINS !

Alors, après cela, comment obtenir l'internement de lord Archibald Mac Lure, surtout s'il est soutenu par sa femme faisant appel à toutes ses relations ?

Le docteur sent bien qu'il n'est pas le plus fort. Le manoir des Mac Lure a toutes les chances de garder sa bête dangereuse. Mais un jour la bête sortira de sa tanière et, ce jour-là, ce sera le drame...

Ce jour arrive plus tôt que prévu. Trois jours plus tard, exactement, Gregory Douglas apprend par la radio qu'une jeune femme vient d'être retrouvée assassinée à proximité du château des Mac Lure. C'était une automobiliste qui s'était arrêtée pour changer un pneu crevé. Elle a été étranglée.

Le docteur bondit dans sa voiture et se précipite au manoir. Il y trouve l'officier de police Ronald Percy avec plusieurs de ses hommes et la maîtresse des lieux qui le fusille du regard en l'apercevant.

— Je croyais vous avoir interdit ma porte !...

Gregory ne lui répond pas. L'heure n'est plus à la politesse. Il se tourne vers le policier.

— Avez-vous interrogé lord Archibald ? En tant que médecin traitant, je dois vous dire que son état mental est des plus inquiétants.

Ronald Percy regarde le médecin avec réprobation. De toute évidence, il ne tient pas à se mettre mal avec l'influente famille Mac Lure.

— Mais bien sûr, je comptais l'interroger. Il peut avoir été témoin de quelque chose. Venez avec moi, si cela vous chante...

Gregory Douglas suit le policier dans la grande chambre au lit à baldaquin. Archibald Mac Lure les reçoit très calmement. Gregory fait la grimace. Il est dans une de ses périodes de rémission. Il est capable de donner le change à l'enquêteur.

Et, de fait, le baronnet répond avec la plus grande logique à toutes les questions.

— Un crime près de chez moi? Quelle horreur!... Non, malheureusement je n'ai rien vu. Notre cher docteur me conseille de garder la chambre le plus souvent possible. N'est-ce pas, docteur?

L'officier de police, Ronald Percy repart de l'entretien avec la certitude apaisante que lord Mac Lure n'est pour rien dans cette histoire. Mais Gregory Douglas, lui, est de plus en plus inquiet. Il a surpris chez son malade, derrière la logique apparente des réponses, des signes qui ne trompent pas : ces tics, ces mimiques, ces sourires hors de propos sont autant de symptômes inquiétants. Il n'y tient plus. Il agrippe le bras du policier.

— Il faut faire interner sir Archibald!

L'officier le repousse sans ménagements.

— Il n'en est pas question. Je l'ai trouvé tout à fait normal.

— Vous n'êtes pas médecin. Je vous dis, moi, qu'il est fou et que c'est un fou dangereux. Faites-le interner immédiatement, vous en avez le pouvoir!

— Vous n'avez pas d'ordre à me donner. Je n'ai pas envie d'une nouvelle affaire Adelaïde Smith.

Pour la première fois, le jeune médecin perd le contrôle de lui-même.

— C'est lui qui a tué l'automobiliste, j'en suis sûr! Et, si vous ne l'internez pas, il va recommencer. Vous serez responsable.

Ronald Percy se fâche pour de bon.

— Allez-vous-en si vous ne voulez pas que je vous arrête pour injure à policier.

Gregory Douglas retraverse les couloirs du manoir à grandes enjambées. En repassant devant lady Mac Lure, il lui lance :

— J'aurai tout fait pour vous. S'il vous arrive quelque chose, ce ne sera pas ma faute.

Seul un sourire méprisant lui répond. Les Mac Lure ne

répliquent pas aux impertinences d'un jeune médecin de province...

Une semaine s'est écoulée. Le 29 avril 1953, à huit heures du matin, le téléphone sonne chez le docteur Gregory Douglas. C'est la voix de l'officier de police, Ronald Percy. Il n'a pas l'air du tout à son aise.

— Docteur, c'est terrible, vous aviez raison, Archibald Mac Lure... a tué sa femme cette nuit.

— Et vous ne doutez pas de sa culpabilité cette fois?

— Soyez indulgent, docteur. On l'a retrouvé auprès du cadavre. Il lui avait fracassé le crâne à coups de marteau et il avait toujours son arme à la main.

Le policier hésite un instant.

— Il est au poste en ce moment. Je me prépare à l'interroger... Vous pensez qu'il n'est pas responsable de ses actes?

Le docteur Douglas répond impitoyablement.

— Il me semble vous l'avoir déjà dit!

Le moment d'après, dans son bureau, l'officier de police Percy a la confirmation des propos du médecin. Archibald n'est pas dans une de ses périodes de rémission. Même un profane peut s'apercevoir que son regard fixe est celui d'un fou.

— Reconnaissez-vous avoir tué l'automobiliste?

Le lord regarde son interlocuteur sans le voir.

— L'automobile est un assassinat en elle-même. Elle assassine la nature par les gaz et l'automobiliste par l'accident.

— Pourquoi avez-vous tué votre femme?

Le baronnet a une série de tics grotesques.

— Ma femme est au château. C'est au château qu'il faut poser la question...

Le policier n'insiste pas davantage.

Le procès du baronnet Archibald Mac Lure s'ouvre à Inverness au début de janvier 1954. Ceux qui auraient encore des doutes sur la folie de l'accusé n'ont qu'à le regarder pour être fixés. Il est prostré à son banc, la mine négligée, les cheveux en désordre, l'œil vague.

En fait, le procès qui s'ouvre n'est pas le sien. C'est celui de la folie et de sa dissimulation criminelle pour des raisons de respectabilité sociale ou d'intérêt.

Les uns après les autres, les domestiques du château viennent dire que leur maître est fou. Ils le savaient tous, mais personne n'a parlé... Pourquoi ? Parce que milady ne l'aurait pas supporté et, tout simplement, parce que ce sont des choses qui ne se disent pas dans les bonnes maisons.

Voici le maître d'hôtel :

— Il y a trois ans, j'ai surpris milord avec un bidon d'essence et des allumettes. Il m'a dit qu'il voulait faire brûler le château.

Le président s'étonne.

— Et vous n'avez rien dit à personne ?

— A qui, monsieur ? C'était son château que milord avait voulu brûler. C'était une affaire privée.

Une « affaire privée », c'est ce que disent tous ceux qui viennent à la barre. C'était l'affaire de lady Mac Lure, c'était son secret, qu'elle cachait jalousement tant pour sauver les apparences que pour des raisons d'intérêt. Car Archibald Mac Lure continuait à exercer fictivement certains postes dans les banques où il avait travaillé et il touchait régulièrement ces revenus. Si sa folie avait été reconnue officiellement, cette situation n'aurait évidemment pas pu se prolonger...

C'est au tour de Gregory Douglas de déposer. Le jeune médecin, qui, par la force des choses, était le seul au courant de la situation, raconte ses efforts impuissants pour empêcher le drame.

— J'ai hésité longtemps, je l'avoue, à cause de l'affaire Adelaïde Smith. J'avais peur de commettre la même erreur. Mais je m'aperçois que j'ai fait la même en sens inverse.

Le président tient à le tranquilliser.

— Ne vous accusez pas, docteur, vous avez fait votre devoir, et même plus. En fait, la seule personne responsable de ce drame ne sera pas entendue par le tribunal, puisque c'est l'une des victimes : lady Mac Lure...

Il n'y aura pas de procès Archibald Mac Lure. Au moment de commencer son réquisitoire, le procureur annonce que l'État renonce à l'action judiciaire, la démence de l'accusé étant évidente. Dans ces conditions, l'avocat de la défense ne plaide pas non plus et le tribunal ordonne l'internement du prévenu dans une clinique psychiatrique.

En quittant le tribunal, le docteur Gregory Douglas continue le débat intérieur qui l'agite depuis plusieurs semaines. Bien qu'il soit jeune médecin, il a déjà l'expérience d'un des cas les plus dramatiques qui puissent se présenter. Qu'est-ce qui est le plus grave : l'internement précipité et abusif ou le retard à prendre la décision qui s'impose ? Les deux, sans doute...

La loi n'est, hélas, pas assez précise pour qu'on puisse l'appliquer sans hésitation. En fait, ce n'est pas la loi qui est mal faite, c'est qu'il faudrait autant de lois que d'individus. Et, comme c'est impossible, il y aura toujours des gens sains d'esprit internés, des fous en liberté et des médecins seuls face à leur conscience.

Le violeur

— Je vous en prie, commissaire, vous devez me croire ! Je n'ai pas pu faire une chose pareille à deux jours de mon mariage ! Ma fiancée vous le confirmera.

— Elle va venir. Gardez votre calme, monsieur Hartmann.

Le commissaire Meppen, quarante ans, n'a pas la réputation de quelqu'un de commode. Cela fait plus de cinq ans qu'il exerce ses fonctions dans ce quartier central de Dortmund, en Allemagne. La grande ville industrielle de la Rhur est souvent le cadre de drames violents et il a toujours su y faire face avec poigne. Pourtant, en cet instant précis, ce 17 avril 1970, le commissaire Meppen semble avoir perdu quelque peu son assurance. Il promène alternativement son regard sur les deux personnes qui sont dans son bureau : d'un côté, Carlotta Schmidt, seize ans, pull-over rouge et minijupe ; de l'autre, Franz Hartmann, vingt-six ans, un grand gaillard blond à lunettes, l'air intellectuel et sportif à la fois. Franz Hartmann vient de terminer sa dernière année de médecine et, selon ses dires, il est sur le point de se marier.

La jeune fille se met à crier :

— C'est lui ! Je ne peux pas me tromper ! Il est sorti de sa voiture et il m'a sauté dessus. Il voulait me violer. Je lui ai échappé par miracle. C'est lui ! Même sa voix, je la reconnais.

Le commissaire Meppen garde le silence. C'est le type même d'affaire qu'il n'aime pas. Tout à l'heure, au petit matin, la jeune fille est venue au commissariat se plaindre d'avoir été agressée sur un parking à l'entrée de Dortmund. Le commissaire s'est rendu avec elle sur les lieux et elle lui a tout de suite désigné un homme en train de fumer au volant de sa voiture arrêtée. C'était Franz

Hartmann...

Ce dernier contre-attaque :

— Enfin, commissaire, si j'avais agressé cette fille la nuit dernière, comme elle le prétend, est-ce que je serais resté sur le parking à vous attendre ? C'est une mythomane ! Elle a désigné la première personne qu'elle a vue et c'est tombé sur moi. C'est elle que vous devez arrêter !

Le commissaire Meppen n'est pas loin de partager cet avis. Il n'y a qu'un seul témoignage, celui de cette adolescente aux allures nerveuses. Dans le doute, il est tout disposé à faire confiance à ce jeune homme bien sous tous rapports... Voici justement sa fiancée qui entre en coup de vent. Kristel est aussi brune que son fiancé est blond. Elle est vêtue avec distinction d'un tailleur de grand couturier. Elle déverse un flot de paroles ininterrompu.

— Qu'est-ce que c'est que cette plaisanterie, commissaire ? Vous savez que, Franz et moi, nous nous marions dans deux jours ? Vous savez qui est ma famille ? Vous savez qui est la sienne ? Vous savez que le bourgmestre en personne assistera à la cérémonie ?

Le commissaire Meppen n'est pas trop impressionné par cet étalage de relations. Il pourrait d'ailleurs répliquer à la jeune fille qu'on a vu des violeurs dans les meilleures familles. Mais, dans le cas présent, il n'a pas à hésiter : il n'a aucune preuve contre ce Franz Hartmann et il doit le relâcher.

— Votre fiancé peut partir, mademoiselle. Je vous souhaite beaucoup de bonheur.

Franz Hartmann s'en va sans saluer le policier ; quant à Carlotta Schmidt, elle se répand en vociférations et elle est expulsée sans ménagements...

Une fois dans sa voiture, après avoir gardé un moment le silence, Franz Hartmann se tourne vers Kristel :

— Chérie, il faut que je te dise la vérité : pour la fille, c'était vrai ! Je ne sais pas ce qui m'a pris. C'est comme si j'avais été subitement quelqu'un d'autre. Heureusement qu'elle a pu s'enfuir, sans quoi je ne sais pas ce qui se serait passé... Kristel, nous devons nous quitter !

La jeune femme ne répond pas. Pendant quelques minutes, c'est le silence. Puis elle finit par dire :

— Nous nous marions dans deux jours. Je ne t'abandonnerai pas...

Deux jours plus tard, le mariage de Franz et de Kristel Hartmann a lieu dans un des plus grands hôtels de Dortmund. C'est une réception très brillante que le bourgmestre honore de sa présence ainsi que de nombreuses personnalités locales. Mais aucune d'elles ne remarque la légère ombre qui passe de temps en temps sur les visages des mariés. Au contraire, quand ils posent pour la photo traditionnelle, ils sourient tous deux à l'avenir.

11 octobre 1982. Les Hartmann ont fêté depuis quelques mois déjà leurs douze ans de mariage. Les Hartmann, qui sont à Dortmund l'exemple même de la réussite sociale et conjugale. Le cabinet de généraliste de Franz ne désemplit pas; ils ont deux beaux enfants, une fille et un garçon et, pour tout le monde, il est évident que c'est le type même du couple équilibré et uni.

Cette apparence correspond d'ailleurs à la réalité. Jamais le terrible événement de l'avant-veille du mariage ne s'est reproduit. Depuis longtemps d'ailleurs, ni Kristel, ni Franz n'y pensent plus... Jusqu'à ce jour, ou plutôt cette nuit, du 11 octobre 1982.

Vers deux heures du matin, Franz est appelé pour une urgence. Il rentre une heure plus tard et Kristel, qui l'avait attendu, pousse un cri. Son mari est dans un état effrayant : le costume bleu qu'il avait mis à la hâte est en lambeaux, de même que sa chemise. Il est couvert de sang, notamment sur les mains et le visage. Il explique en haletant ce qui s'est passé.

— En sortant de chez le malade... en reprenant ma voiture, ils étaient là... Trois voyous. Ils m'ont sauté dessus. Ils ont essayé de me prendre mon argent, mais je me suis défendu...

Kristel court chercher de l'alcool et du coton. Elle revient toute pâle.

— Ces blessures, qu'est-ce que c'est? Des coups de couteau?

— Oui, ils avaient des couteaux et des rasoirs.

— Il faut aller à l'hôpital.

— Non, ce n'est pas la peine.

— Franz!

— Ce n'est pas la peine, je te dis! Je suis médecin.

— Tout à l'heure, tu vas aller porter plainte. Tu demanderas un port d'arme. Tu ne peux pas continuer comme cela. C'est trop dangereux!

— On verra. Je vais me coucher. J'ai besoin de repos.

Et Franz Hartmann laisse Kristel toute seule avec ses cotons et son alcool à 90° . Kristel se sent soudain très mal à l'aise. L'odeur fade de l'alcool lui donne envie de vomir... Non, elle se trompe. Elle doit chasser ces pensées!

Quelques heures plus tard, sans avoir pu trouver le sommeil, elle tourne le bouton de son téléviseur. A cette heure-là, il y a un journal consacré aux nouvelles locales. L'image, d'abord floue du speaker, s'immobilise... Il va parler des grèves dans la métallurgie, d'un accident dû à la pollution comme il en arrive assez souvent dans la Rhur. Car il ne peut pas parler d'autre chose!...

Le speaker affiche une mine de circonstance :

— Au chapitre des faits divers, une odieuse agression s'est produite cette nuit à Dortmund dans le quartier du canal.

« Le quartier du canal... » Franz ne lui a-t-il pas dit en raccrochant le récepteur : « Une urgence dans le quartier du canal »?

— Une jeune fille de seize ans, Lena Bauer, qui avait l'imprudence de se promener seule, a été agressée vers une heure du matin par un sadique. L'individu, qui circulait à bord d'une Mercedes, un homme blond, de grande taille, entre trente-cinq et quarante ans, a violé la malheureuse, malgré sa résistance farouche. La police enquête...

Kristel Hartmann est livide. La marque de la voiture, l'heure, tout concorde. Ces douze ans de bonheur n'avaient été qu'une rémission. Le démon qui habite Franz n'avait pas disparu. Il était là, tapi, bien vivant, attendant son heure, attendant que leur situation soit devenue florissante, qu'ils aient de beaux enfants, une position enviée, pour tout ruiner d'un seul coup... Kristel se précipite dans la chambre où son mari dort. Elle le secoue.

— Franz, il faut que tu partes tout de suite!

Franz, mal réveillé, la regarde, le visage tuméfié...

— Franz, ils ont tout dit à la télévision pour la petite du canal. Ils ont diffusé ton signalement. Il faut que tu ailles à la campagne et que tu y restes jusqu'à ce que tes griffures aient disparu. J'annulerai tes rendez-vous et je dirai que tu as fait une dépression.

Franz Hartmann a retrouvé ses esprits. Il tente de se justifier :

— Je n'ai rien pu faire! Je te jure que c'était la première fois depuis notre mariage... On aurait dit que c'était la voiture qui s'est arrêtée toute seule et que quelqu'un m'a poussé dehors.

17 juin 1983. Près d'un an a passé. Grâce à la présence d'esprit de Kristel, Franz a pu échapper aux soupçons et l'agresseur de la malheureuse Lena Bauer n'a jamais été retrouvé... Les Hartmann n'habitent plus Dortmund, mais Munich. Ils ont trouvé préférable de quitter la ville, où Franz courait le risque d'être reconnu. Ce

dernier, après s'être caché pendant un mois dans leur maison de campagne, est entré en clinique psychiatrique pour essayer de soigner son mal... Apparemment, le traitement semble avoir réussi. Sur le plan professionnel, il est toujours aussi remarquable et il est en train de se faire une clientèle aussi brillante à Munich qu'à Dortmund. Sur le plan privé, tout semble parfait également. Il est un mari attentionné, un père adorable ; les enfants, en particulier, ne se sont aperçus de rien depuis le début.

Mais il serait faux de dire que rien n'est changé dans le couple. Kristel ne trouve plus le sommeil ; par moments, elle est irritable sans raison et elle adresse à son mari des regards bizarres. Franz, lui non plus, n'est plus le même. Il a perdu cette assurance un peu insolente qui lui allait si bien. Surtout quand il doit se rendre à une urgence la nuit. Dans ces moments-là, il est blême. Et Kristel l'est tout autant que lui.

Ce 17 juin 1983, Franz Hartmann quitte son appartement à une heure du matin, pour une crise cardiaque. Lorsqu'il rentre, il n'y a pas le moindre désordre dans sa tenue. Kristel respire, mais pas totalement. Il y a près d'un an que Kristel ne respire plus totalement.

L'après-midi, Kristel Hartmann se promène dans les rues de Munich. Machinalement elle s'arrête devant un kiosque à journaux et l'envie lui prend de demander un quotidien à grand tirage qu'elle ne lit jamais, un quotidien spécialisé dans les faits divers.

Elle n'a pas à le feuilleter. L'information est en première page « Cette nuit, vers une heure trente, une jeune fille de seize ans, Ursula Kolb, a été violée et assassinée par un sadique dans le quartier des Propylées à Munich. Selon certains témoignages, l'agresseur circulait à bord d'une Mercedes. »

Kristel jette le journal dans le caniveau et marche comme une automate. Elle aimerait se tromper, mais tout en elle lui dit qu'il n'y a malheureusement pas d'espoir. Évidemment, Franz ne lui a pas parlé du quartier des Propylées, mais d'un tout autre endroit. Alors, c'est qu'il a menti ou qu'après avoir été visiter son malade, il a erré dans les rues, jusqu'à ce qu'il fasse cette rencontre. Mais cette fois, il a été jusqu'au meurtre.

Kristel rentre chez elle. Elle va directement dans le boudoir, là où se trouve le revolver qu'elle cache depuis le séjour de Franz en clinique. A quoi pense-t-elle en cet instant ? A le tuer ? A se tuer ?... Elle pense certainement, en tout cas, à leurs enfants. Ils ne doivent pas savoir la vérité sur leur père. Pas maintenant...

Quand Franz rentre le soir de son cabinet, elle l'attend, le revolver à la main. Elle tire sur lui, puis retourne l'arme contre elle.

25 juin 1983. Kristel Hartmann est couchée dans une chambre d'hôpital de Munich. Elle repose sur son lit, la tête bandée. A sa porte, un policier est en faction. Car Kristel Hartmann ne jouit plus de sa liberté. Elle a été arrêtée le 17 juin pour le meurtre de son mari. Elle-même a été retrouvée, baignant dans son sang, et elle a, d'ailleurs, eu beaucoup de chance : la balle qu'elle s'est tirée à bout portant a dévié sur l'os du crâne sans atteindre le cerveau. Opérée d'urgence, elle s'est remise rapidement. C'est pourquoi le commissaire Kronberg, de la police de Munich, a obtenu des médecins l'autorisation de l'interroger. Elle est désormais en état de parler.

— Pourquoi avez-vous fait cela, madame ?

Kristel a décidé que la mémoire de son mari resterait intacte quelles qu'en soient les conséquences pour elle.

— Je ne sais pas. Je ne me souviens pas. J'ai dû avoir un accès de folie.

— C'est possible. Les psychiatres le diront, mais je ne le crois pas. Voyez-vous, pendant que vous étiez hospitalisée, j'ai enquêté à Dortmund. Ce que m'a dit, en particulier, mon collègue Meppen, est fort intéressant : votre mari a été suspecté de viol deux jours avant votre mariage.

Involontairement, Kristel tressaille. Le commissaire Kronberg poursuit :

— Vous avez quitté Dortmund bien précipitamment. Là aussi, j'ai fait mon enquête. C'est peu après un autre viol. L'agresseur n'a jamais été retrouvé mais son signalement correspondait à celui de votre mari. Et puis, il y a eu cette jeune fille assassinée, ici, à Munich, la nuit du 17 juin...

Kristel se prend la tête dans les mains.

— J'ai tout tenté ! Franz aussi. Je le croyais guéri, mais quand j'ai su... C'était trop affreux ! Pour les enfants... Il ne fallait pas !

Le commissaire Kronberg pousse un soupir.

— Je suis vraiment désolé, madame Hartmann !

Au ton de sa voix, Kristel pressent qu'il se passe quelque chose.

— Que voulez-vous dire ?

— Le meurtrier, ce n'était pas votre mari. Je l'ai arrêté il y a trois jours. Il a avoué.

— Ce n'est pas possible !

— Tenez. Je vous ai apporté un journal. Je n'ai rien à ajouter. Le reste regarde votre avocat.

Kristel déplie le journal. C'est le même quotidien à fort tirage, spécialisé dans les faits divers où elle avait appris le meurtre. Elle dédaigne l'article principal qui la concerne, elle, et va en page intérieure. Sous le titre : « Un beau coup de filet », elle lit : « Le commissaire Kronberg et ses hommes ont réalisé un beau coup de filet en arrêtant le meurtrier de la malheureuse Ursula Kolb, violée et assassinée dans la nuit du 17 juin. L'individu, Georg Schultz, quarante ans, était un employé de banque honorablement connu et unanimement apprécié. Sa femme, Greta, a été effondrée en apprenant la nouvelle. Elle nous a déclaré : "Je ne comprends rien. Georg était le plus gentil des maris. C'était un père adorable avec ses enfants. Je ne peux pas croire une chose pareille. C'est trop monstrueux !" »

Kristel Hartmann n'a pas été jugée. Elle s'est suicidée peu avant son procès. Elle avait pourtant de bonnes chances d'être acquittée. Mais elle n'a pu supporter la lettre que lui a envoyée sa fille aînée : « Je ne te reverrai jamais. Tu n'es plus ma mère. Tu n'es que l'assassin de mon père et, avec ton avocat, tu cherches à salir sa mémoire. Mais tout cela est faux. Mon père était un homme formidable. »

Terreur à Chicago

Il fait particulièrement chaud à Chicago, ce 8 août 1955, bien que la nuit soit tombée depuis longtemps déjà... Un homme pousse la porte d'un bar de Melrose Avenue. Il n'est pas loin de minuit et l'établissement est presque désert : un consommateur est accoudé au comptoir et un couple attablé un peu plus loin.

L'homme qui vient d'entrer a vingt-cinq ans environ. Il est plutôt mal habillé. Il a les cheveux châtains coupés en brosse et porte une petite moustache. Le patron, qui était en train de laver ses verres, s'adresse à lui d'un ton peu aimable :

— Je veux bien vous servir, mais alors vite fait, parce que je vais fermer.

L'homme aux cheveux en brosse sort deux revolvers de son blouson. Il s'exprime d'une voix extraordinairement tranquille :

— Donne-moi la caisse et ne sois pas nerveux. Tu vois comme je suis calme. Je n'ai pas l'intention de te tuer, mais tu auras du plomb dans les tripes si tu fais un faux mouvement.

La suite se passe en quelques secondes. Le patron se dirige vers sa caisse. Au même instant, le consommateur installé au comptoir dégaine un pistolet. Mais le bandit l'a vu et fait feu. Le consommateur tombe à la renverse de son tabouret, frappé d'une balle en plein front. Le patron apporte un paquet de dollars en tremblant. L'homme empoche les billets et demande :

— Tu le connaissais ?

— Oui. C'était un flic...

Sans rien répliquer, le meurtrier bondit vers la porte et s'enfuit en courant dans Melrose Avenue. Au loin, il aperçoit un taxi. Il dissimule ses revolvers et le hèle d'un geste. Le chauffeur dévisage avec méfiance cet individu qui, il y a un instant, courait à grandes enjambées.

— Qu'est-ce qui vous arrive? Vous avez la police aux fesses?

— Non, pas la police, mais un mari. J'étais tranquillement avec sa femme. Il est rentré de voyage en pleine nuit, ce cochon...

Le chauffeur éclate d'un rire gras.

— Allez, montez vite, mon gars! Je vais vous tirer de là. Où est-ce qu'il faut que je vous conduise?

Le jeune homme aux cheveux en brosse s'engouffre dans le véhicule.

— Laissez-moi n'importe où au bord du lac. Je me débrouillerai après.

Quelques minutes plus tard, le taxi s'arrête non loin de Jackson Park, sur les quais du Michigan. Le chauffeur s'esclaffe longtemps encore, après avoir débarqué son client.

— Celle-là, alors, elle n'était pas banale!...

9 août 1955. Il est près de quinze heures. Le meurtrier de la veille sort d'un bosquet de Jacskon Park. Il ne peut pas rester éternellement caché ainsi. Il faut absolument qu'il aille acheter un journal. Ensuite il avisera.

Quelques minutes plus tard, il compulse le *Chicago Tribune* tout en marchant dans une artère grouillante de monde. Il a déplié le quotidien devant son visage, une précaution pour le moins indispensable, car sa photo figure en première page... Le patron du bar a tout de suite reconnu Richard Carpenter, vingt-six ans, déjà recherché pour dix-sept agressions à main armée, celui que la presse appelle le « fonctionnaire du hold-up ». Carpenter vole en effet uniquement ce dont il a besoin. Il dépense vingt-cinq dollars par jour et on peut prévoir exactement, d'après le montant de son dernier butin, à quelle date il agira de nouveau...

Richard Carpenter achève la lecture de l'article et jette un coup d'œil par-dessus son journal. N'importe lequel de ces passants peut le reconnaître. Il faut fuir Chicago, bien sûr, mais comment? Aucun moyen de transport n'est assez sûr. Et c'est tout aussi dangereux à pied.

Carpenter a brusquement un sourire en apercevant les ampoules clignotantes d'un fronton de cinéma. Voilà la solution : l'obscurité en pleine ville! Il va rester quelques heures, puis il changera de cinéma, et il partira une fois la nuit tombée.

Richard Carpenter, qui n'a été reconnu ni par la caissière ni par l'ouvreuse, s'installe dans un fauteuil de l'orchestre. La salle est presque vide. Sur l'écran, une jeune actrice est en train de susurrer une complainte à propos du *Paradis bleu.* Carpenter ferme les yeux...

Qu'est-ce qu'ils savent ces journalistes en mal de sensationnel? Voler juste ce dont on a besoin, c'est la chose la plus logique qui soit. Et encore : avec vingt-cinq dollars par jour, on peut mener la grande vie... Tout cela a duré trois ans : les filles, les boîtes, les beaux appartements dont il changeait régulièrement, et tout est terminé. Maintenant, il a sa photo en première page, il est l'« homme à abattre », comme l'a écrit le journal. Ce sont tous les citoyens de Chicago qui sont à ses trousses.

Sur l'écran, un jeune premier reprend en roucoulant la mélodie du *Paradis bleu...* C'est normal de voler juste le nécessaire. Richard Carpenter connaît trop bien la difficulté de se procurer de l'argent. Il a vu avec quel mal sa mère les a élevés, ses sœurs et lui. Alors, tout rafler d'un coup, se retirer au soleil sur un matelas de dollars, non, ce n'est pas régulier! Son métier de voleur, il le conçoit comme un vrai métier : dur, quotidien ou presque, avec ses risques et même sa routine.

Drôle d'idée d'avoir choisi cette profession. Ses deux sœurs ont bien tourné, elles. Pourquoi pas lui? Peut-être parce qu'à lui, sa mère passait tout. Il était le préféré, le chouchou. Mais le temps n'est plus aux excuses. Il s'agit de sauver sa peau. D'ailleurs, il n'a pas d'excuse. Quand on se promène avec deux revolvers chargés, cela doit forcément tourner mal un jour ou l'autre. Sa seule déveine est d'être tombé sur un flic. Ça, c'est le coup dur!

Richard Carpenter sent ses paupières s'alourdir. Il n'a pratiquement pas dormi dans le parc, et le film devient de plus en plus sirupeux. Un court sommeil ne lui fera pas de mal...

C'est la voix de l'ouvreuse qui le réveille. Et pourtant elle chuchote. Elle parle à quelqu'un.

— C'est lui! Cela fait deux séances qu'il est là et il ne s'est pas réveillé pendant l'entracte.

Richard Carpenter sent instantanément le danger. La voix est dans son dos. Il doit garder tout son sang-froid. Il se retourne d'un bloc. Il a le temps de voir un reflet métallique dans la main droite de l'homme à côté de l'ouvreuse. Il est plus rapide que lui. Il tire le premier. L'homme, touché à la poitrine, est propulsé en arrière. Mais il tire à son tour. Carpenter sent une brûlure lui traverser la cuisse et tire encore, au milieu des cris d'épouvante. Puis, en grimaçant, il gagne la sortie.

La lumière du jour lui fait cligner les yeux. Il jette un rapide coup d'œil à sa montre : dix-huit heures. En même temps, son regard tombe sur sa jambe gauche : une large tache rouge commence à s'étaler sur son pantalon. Il n'y a pas une seconde à perdre !

Une file de voitures est arrêtée au feu. Il monte dans celle de tête, en faisant le geste surpris du monsieur qui vient de reconnaître un vieil ami. Le chauffeur, qui regardait de l'autre côté, pousse un cri en le voyant sur sa banquette. Richard Carpenter lui enfonce son revolver dans les côtes.

— Pas un mot, pas un geste. Regarde devant toi. Démarre, le feu est vert ! Tu vas conduire ni trop lentement, ni trop vite.

L'homme, un costaud aux joues rouges et au cou épais est soudain couvert de sueur.

— Tu t'appelles comment ?

— Powell, monsieur.

— Moi, je m'appelle Richard Carpenter. C'est un nom qui te dit quelque chose ?

— Oui, monsieur.

— Eh bien, je t'annonce que je viens de descendre un second flic. Si tu tentes quoi que ce soit, je n'hésiterai pas à te descendre, toi aussi. Tu comprends qu'au point où j'en suis, je n'ai plus grand-chose à perdre.

Le conducteur ne répond rien. Il hoche la tête en avalant sa salive.

— Bien, Powell. Tu rentrais chez toi, j'imagine... Alors tu ne vas rien changer à ton programme. Je m'invite.

Pour la première fois, Powell ose regarder dans la direction de Carpenter.

— Mais chez moi, il y a ma femme et mes enfants !

Richard Carpenter a un ricanement.

— J'y compte bien !

— Mais monsieur...

— Ne pose plus de question. Va chez toi. Et par le chemin le plus court, ma jambe me fait mal...

Une demi-heure plus tard, les deux hommes sont devant un pavillon modeste de la West Potomac Avenue, dans le quartier périphérique de la ville. C'est madame Powell qui leur ouvre. Elle a un mouvement de recul.

— Leonard, qu'est-ce qui se passe ?

— Surtout, ne crie pas, Emma. Cet homme est Carpenter. Il dit que, si nous faisons ce qu'il demande, il ne nous fera aucun mal. Tu m'as compris, Emma ? Pense aux enfants.

Richard Carpenter entre dans le pavillon. Il referme la porte.

— Vous allez me conduire à la cuisine et me préparer de l'eau chaude : il faut que je nettoie ma blessure.

Il s'approche de la femme.

— Madame Powell, votre mari a raison : je viens de tuer deux flics, alors pensez à vos enfants...

Dans la cuisine, Carpenter lave sa plaie à l'eau tiède. Heureusement pour lui, la balle n'a traversé que le gras de la cuisse. Avec un bon pansement, cela s'arrangera tout seul. Tout en enroulant la bande, il engage la conversation avec Emma Powell, qui tremble de tous ses membres.

— Vous avez combien d'enfants, madame Powell ?

— Deux. Bobby, qui a sept ans et Diana, qui en a cinq.

— Qu'est-ce qu'ils font en ce moment ?

— Ils regardent la télévision dans le living.

— Parfait. Amenez-les-moi. Je veux les voir.

Emma Powell est bouleversée.

— Je vous en supplie, ne leur faites pas peur ! Ils pourraient crier et cela alerterait les voisins.

Richard Carpenter s'exprime toujours avec le même calme.

— La peur, ça rend muet, madame Powell. Allez, amenez-moi Bobby et Diana !...

L'instant d'après, les deux jeunes enfants sont dans la cuisine. Bobby ouvre de grands yeux en voyant le revolver, tandis que Diana va se réfugier dans les jupes de sa mère. Bobby demande timidement :

— Vous êtes un bandit, monsieur ?

Carpenter parle pour la première fois d'une voix douce :

— Oui, je suis un bandit. Mais je ne te ferai pas de mal et à ta sœur non plus si tu es sage. Tu m'as bien compris ?

Bobby hoche la tête en se pinçant les lèvres. Richard Carpenter a soudain l'air rêveur.

— Ils sont gentils, vos gosses. J'aurais bien aimé avoir des gosses... Tant pis... Bon, je veux manger ! On va aller dîner dans le living.

Le repas pris en commun est épouvantable. Personne ne parle. Les Powell ont le nez dans leur assiette. Le son de la télévision, qui est restée allumée, emplit toute la pièce. Les informations s'ouvrent sur le double meurtre de Carpenter.

« Toute personne apercevant un individu ressemblant à cette photographie doit immédiatement avertir la police. Attention, ne rien tenter contre lui. L'homme est dangereux. »

Richard Carpenter termine son repas sans faire aucun commentaire. Il ouvre la bouche lorsqu'il a fini.

— Bien, maintenant les enfants vont se coucher.

Emma Powell, avec un visible soulagement, va conduire Bobby et Diana dans leur chambre. Elle revient au bout de quelques minutes. Carpenter parle, comme à son habitude, avec le plus grand calme. Il s'adresse à monsieur Powell :

— Qu'est-ce que vous faites dans la vie ?

— Je suis dans les assurances.

— Bien, demain, vous allez à votre boulot comme d'habitude. Moi, je resterai ici et je partirai le soir. Je pense que vous êtes assez intelligent pour ne pas faire de bêtise. Si vous prévenez les flics, ils cerneront la maison avec moi, votre femme et vos gosses à l'intérieur. Si vous ne faites rien, vous serez tranquille demain soir.

Leonard Powell répond d'une voix étranglée.

— Comptez sur moi, je ne ferai rien. Euh... où est-ce que vous allez vous installer pour cette nuit ?

Richard Carpenter a un sourire grimaçant.

— Je dormirai dans la chambre des enfants.

Madame Powell pousse un cri, mais Carpenter continue, avec la même tranquillité :

— Croyez-moi, c'est beaucoup plus raisonnable, au cas où vous auriez envie de vous relever cette nuit, par exemple...

10 août 1955, dix-huit heures trente. Après une journée d'angoisse, Leonard Powell rentre chez lui. Au bureau il n'a rien dit à quiconque du cauchemar qu'il est en train de vivre. Carpenter a raison : mettre en danger la vie de sa femme et de ses enfants alors que, dans quelques instants, tout sera terminé, aurait été absurde.

C'est Carpenter lui-même qui vient lui ouvrir. Emma, Bobby et Diana sont assis dans le canapé du living, blottis les uns contre les autres. Ils semblent très éprouvés. Richard Carpenter joue avec ses deux revolvers.

— Changement de programme : je reste. Ma blessure n'est pas encore arrangée. Alors, on va faire comme hier. Ce ne sera pas difficile, maintenant, vous avez l'habitude.

Un quadruple gémissement d'angoisse fait écho à cette terrible déclaration. Emma Powell se lève soudainement du canapé.

— Ce n'est pas possible : mes parents doivent nous rendre visite tout à l'heure. Si nous n'ouvrons pas, ils vont s'inquiéter et prévenir la police. Alors, il faut que vous partiez.

Pour la première fois, Richard Carpenter paraît contrarié.

— Ça, effectivement, c'est embêtant !

Il regarde à la fenêtre.

— Vous allez les recevoir dans le jardin. Vous vous mettrez là, à cette table. Moi, je serai derrière la fenêtre et, au moindre truc suspect, je tire sur les gosses. Compris ?

Dix-neuf heures trente. Les parents de madame Powell sonnent. En les bousculant presque, Leonard les prend par le bras et les entraîne à l'extérieur, suivi de sa femme et de ses enfants.

— Venez, papy et mamy ! On va se mettre dehors. Ce serait dommage de ne pas profiter d'une si belle journée, hein ?

Derrière les rideaux, Richard Carpenter voit les beaux-parents, un peu surpris, s'installer sur les sièges du jardin et commencer à discuter avec les Powell. Bobby et Diana jouent à la balle près d'eux. Tout est parfait. Ils sont bien trop terrorisés pour tenter quelque chose...

Dix mètres plus loin, Leonard Powell s'adresse à son beau-père à mi-voix, en arborant un air réjoui.

— Carpenter est dans la maison... Souriez, Papy ! Mamy, souriez et faites semblant de discuter avec Emma. Il nous menace en ce moment avec ses revolvers... Papy, répondez-moi avec le plus de naturel possible.

— Vous voulez que nous prévenions la police en partant ?

— Non. Nous sommes ses otages, nous et les gosses. C'est maintenant qu'il faut faire quelque chose.

Leonard Powell se retourne vers ses enfants, comme s'il avait l'air de s'intéresser à leur jeu.

— Continuez à jouer au ballon... Bobby, tu vas te rapprocher progressivement de moi, Diana, tu vas te rapprocher de maman. Continuez à jouer. Ne pleure pas, Diana !

Comme beaucoup de jardins américains, celui des Powell est sans clôture... Leonard explique maintenant à sa femme le plan qu'il a imaginé.

— Toi, tu vas prendre la petite dans tes bras et courir vers la droite. Moi, je prendrai Bobby et je courrai vers la gauche. Vous, les parents, vous filerez droit devant vous. Vous avez tous compris?

Emma et ses parents, toujours en s'efforçant de sourire, répondent que oui.

— Alors, maintenant!...

En renversant leurs chaises, tous quatre s'enfuient dans des directions opposées, Emma Powell en emmenant Diana, Leonard en emmenant Bobby. Deux coups de feu claquent, mais sans atteindre personne. Par une chance inouïe, un policier passait juste à ce moment dans la rue. Monsieur Powell hurle :

— C'est Carpenter!

Le policier comprend instantanément, dégaine, s'accroupit derrière un arbre et fait feu en direction de la maison. Des détonations lui répondent aussitôt. Leonard court chez le voisin prévenir la police. Quelques minutes plus tard, une voiture, sirène hurlante, arrive sur les lieux, puis deux, puis trois. Au bout d'un quart d'heure, la maison est entièrement cernée. Un officier de police lance dans son haut-parleur :

— Rends-toi, Carpenter, tu n'as aucune chance!

Il y a quelques instants d'attente, puis une serviette blanche est agitée par la fenêtre et Richard Carpenter sort en levant les bras. Le cauchemar est fini.

Jugé peu après, Richard Carpenter a été condamné à mort et exécuté sur la chaise électrique. Avant de mourir, il a demandé aux Powell de lui pardonner.

Les déserteurs

25 février 1962. Il fait froid dans la caserne des parachutistes à Metz. Alignés dans la cour, les hommes du régiment sont réunis pour l'appel.

La voix du sergent de semaine égrène une litanie de noms propres, suivis chaque fois d'un « présent » lancé d'un ton monocorde. Le sergent en est à la lettre « D ».

— Darieux André...

Un silence prolongé suit cette annonce. Le sergent n'a pas l'air autrement surpris. Il enchaîne.

— Le caporal Darieux André, en absence illégale depuis le 17 février, est porté déserteur.

Après cet incident, l'appel des noms se poursuit. Dans la troupe, immobile sous le froid, personne ne semble marquer une réaction particulière à la désertion du caporal. Les hommes ont surtout l'air d'avoir hâte que l'attente dans cette cour glaciale se termine.

Le dernier homme appelé, la troupe rompt les rangs... Le caporal Darieux n'est le centre d'aucune conversation. Il faut dire que personne, ici, ne le connaissait vraiment. Cela faisait tout juste dix-huit jours qu'il était à la caserne de Metz. Il était arrivé le 7 février, venant de la base de Fréjus et le 17, soit dix jours après, il ne rentrait pas à l'appel du soir.

André Darieux avait été affecté à la cuisine. Ses camarades gardent de lui le vague souvenir d'un Méridional jovial ; en apparence un brave garçon...

La plainte des autorités militaires est transmise à la police. Gérard Comby, commissaire à Metz, fait ce qu'il doit faire en pareil cas : il diffuse la photo du déserteur aux gendarmeries de la Moselle et des départements limitrophes. Il transmet également le dossier à son collègue de Toulon, dont André Darieux est originaire. Il est possible, en effet, qu'il cherche à regagner sa famille.

Bref, pour le commissaire Comby, tout cela est de la pure routine. Dans la caserne, les désertions, sans être fréquentes, se produisent de temps en temps et c'est à lui de retrouver les fugitifs, ce qu'il a toujours réussi à faire jusqu'à présent.

Pourtant quinze jours passent, puis trois semaines sans aucune nouvelle du caporal Darieux. Sa famille, à Toulon, jure n'avoir reçu aucune nouvelle de lui et elle semble sincèrement inquiète. La police et les gendarmes n'ont pas plus de succès. Il n'y a pas la moindre piste, le moindre indice.

Dans son bureau de Metz, le commissaire Comby est préoccupé. Ce dossier, en apparence banal mais qui n'aboutit pas, l'irrite et l'inquiète. Et si cette affaire n'était pas comme les autres? Et si cette désertion cachait tout autre chose?

23 mars 1962, dix-sept heures. Le parachutiste Michel Lessuisse entre en coup de vent dans une chambrée.

— Venez vite, les gars!

Il y a un brouhaha, des cris réprobateurs, mais l'arrivant domine le tumulte.

— Je viens de trouver... un cadavre!

Comme par enchantement, le silence s'établit, Michel Lessuisse précède ses camarades vers le lieu de sa découverte. C'est à l'intérieur du camp, un peu à l'écart des bâtiments, non loin du champ de tir. Il y a là une vaste citerne en brique qui sert en cas d'incendie. Michel Lessuisse explique :

— Tout à l'heure, en passant près de la citerne, j'ai lancé une pierre, comme ça pour m'amuser...

Il marque un temps. Il a l'air encore bouleversé.

— Et alors, ça a fait un drôle de bruit. Ça n'a pas fait « plouf » mais un bruit mou. Je suis monté sur le rebord et j'ai vu!

Plusieurs de ses camarades sont montés eux aussi pendant qu'il parlait. Et, à leur tour, ils voient : un homme en uniforme flotte sur le ventre entre deux eaux...

Les autorités du camp arrivent à leur tour. La victime est sortie de la citerne et la police immédiatement prévenue.

Le commissaire Comby est sur les lieux peu après. Le colonel vient à sa rencontre.

— Il s'agit bien d'André Darieux. Il n'y a pas de doute possible. Plusieurs d'entre nous l'ont formellement reconnu.

Le commissaire se penche sur le corps. Après plus d'un mois dans l'eau, il n'est pas beau à voir, mais lui aussi reconnaît le présumé déserteur. A première vue, il ne porte pas de trace de violence.

Tandis que ses hommes emportent le cadavre à la morgue, le commissaire Comby regagne son bureau. Il ne pourra rien faire tant qu'il n'aura pas le rapport du médecin légiste. D'ici là, inutile d'échafauder des hypothèses.

Le rapport lui parvient trois jours plus tard. Il est formel. L'homme est mort noyé : il y a de l'eau dans ses poumons. Il ne porte pas de trace de violence apparente, sauf une ecchymose à la jambe droite faite sans doute en tombant contre le rebord du bassin. L'examen du sang indique une forte dose d'alcool.

Pour le commissaire, les choses sont claires. André Darieux a été porté manquant le 17 février au soir. Il a sans doute passé la nuit dans les bars de la ville. Au petit matin, il est rentré à la caserne complètement ivre. Il a dû se perdre dans le camp, escalader la citerne pour on ne sait quelle raison et se noyer... Il s'agit donc d'un accident, et il classe l'affaire.

26 avril 1952. Dans un bar de Metz, plusieurs parachutistes en permission discutent avec animation. Ils ont pas mal bu ; beaucoup trop, pour certains d'entre eux.

C'est en particulier le cas de Michel Lessuisse, celui qui a découvert le corps. Mais lui, à la différence de ses camarades, il n'a pas le vin gai. Il semble triste et même accablé.

Un des parachutistes s'en rend compte et lui dit, avec une grande claque dans le dos :

— Alors « P'tit suisse », ça va pas ? T'as un chagrin d'amour ?

La médiocre plaisanterie n'a pas le don de dérider l'intéressé. Il semble encore plus sombre. Il secoue la tête en regardant son verre.

— Non, c'est Darieux...

A l'énoncé de ce nom, plusieurs têtes se tournent vers lui.

— Quoi Darieux ? Tu le connaissais ?

Michel Lessuisse regarde autour de lui. Il a l'air brusquement désemparé.

— Pourquoi vous me regardez comme ça ? Je ne dirai rien. Je ne suis pas fou. Je ne veux pas qu'il m'arrive la même chose !

L'un de ses camarades réplique avec surprise :

— Comment ça « la même chose » ? Ce n'est donc pas un accident ?

Mais cette fois Michel Lessuisse se tait obstinément. Ses camarades lui posent encore quelques questions et puis renoncent.

Le lendemain, 27 avril, les parachutistes de la base de Metz, alignés dans la caserne pour l'appel, ne tiennent pas en place : un bruit circule dans les rangs :

— Lessuisse n'est pas là. Il n'est pas rentré de perm !

Quand le sergent de semaine appelle :

— Lessuisse Michel...

La tension est à son comble. Dans un silence de mort, il répète :

— Lessuisse Michel...

Aucune réponse... Les camarades du jeune parachutiste ont parlé de ses déclarations au café. Ils en ont même informé leurs officiers et le colonel se décide à prévenir le commissaire Comby sans attendre que la désertion soit officiellement proclamée.

Mis au courant des faits, le commissaire lui pose tout de suite la question :

— D'après vous, s'agit-il d'une désertion ?

Le colonel a un air dubitatif.

— Je ne peux rien dire. Lessuisse n'est pas très bien noté. Il est violent et il a fait plusieurs jours d'arrêt pour ivresse. Mais il y a ces propos qu'il a tenus. Et puis c'est lui qui a découvert le corps. Pensez-vous que ce soit une coïncidence ?

Le commissaire secoue la tête :

— Non... Je suppose que vous allez faire fouiller le camp par vos hommes. Moi je m'occupe de la ville et des environs.

Le commissaire n'a guère à attendre. Le jour même, il reçoit un appel d'un agent :

— Commissaire, nous venons de découvrir le corps d'un homme sur un terrain vague. Il est en uniforme de parachutiste...

Il s'agit bien de Michel Lessuisse. Le colonel, arrivé sur les lieux, en compagnie du commissaire Comby, le reconnaît immédiatement.

Quant aux circonstances de la mort, il n'y a pas besoin d'attendre le médecin légiste pour savoir que c'est un crime. Le malheureux porte une plaie béante au cœur.

Le commissaire s'était rassuré trop tôt. La désertion banale du caporal Darieux cachait une horrible histoire : un meurtre et vraisemblablement deux, car, du coup, la thèse de la noyade accidentelle dans la citerne devient plus que contestable.

Immédiatement, en effet, le Parquet décide de rouvrir une instruction sur l'affaire André Darieux. Une seconde expertise médico-légale est ordonnée. Les résultats parviennent au commissaire Comby deux jours plus tard. Au téléphone le médecin s'exprime d'une manière prudente. Il tient avant tout à justifier ses premières conclusions.

— Je ne retire pas ce que j'ai dit, commissaire. La première victime est bien morte noyée, ne porte aucune trace de violence et n'a pas absorbé de poison. Mais cela n'exclut pas le meurtre. On a pu le précipiter de force dans l'eau. Peut-être a-t-il été auparavant étourdi d'un coup de poing assez fort sur la tête. Certaines strangulations également ne laissent pas de trace. Quant à la seconde victime...

Le médecin semble soulagé d'aborder un terrain plus sûr.

— L'homme a été tué d'un seul coup au cœur. Un coup immédiatement mortel porté avec une grande force et une précision extrême. Le meurtrier est certainement entraîné dans le maniement des armes blanches.

Le commissaire pose tout de suite la question :

— L'arme pourrait-elle être un poignard de parachutiste?

Le praticien n'a aucune hésitation :

— Tout à fait. C'est quelque chose dans ce genre.

Le commissaire Comby remercie et raccroche. Ce que vient de lui dire le docteur confirme ce qu'il pensait. C'est à l'intérieur même de la caserne qu'il faut chercher le meurtrier. Car il n'y a qu'une explication possible : Lessuisse a été témoin du premier crime. Peut-être même y a-t-il participé. Au bout d'un mois, ne pouvant plus supporter de passer et de repasser devant la citerne où il sait qu'il y a un cadavre, il fait semblant de le découvrir par hasard. Et peu après, il craque. Il est près de parler, de tout révéler. Alors le meurtrier, pour ne pas être pris, le tue à son tour...

Le commissaire Comby décide d'abord d'interroger les parachutistes qui étaient avec Michel Lessuisse le soir au café. Mais il n'est pas absolument certain que le criminel se trouve parmi eux, Lessuisse a pu parler dans d'autres circonstances.

En attendant, il les a convoqués et ils sont là, dans les locaux du commissariat.

Les interrogatoires commencent. Les trois premiers parachutistes ne lui disent rien qu'il ne sache déjà.

Au quatrième, le commissaire a une curieuse impression. L'homme qui vient d'entrer dans son bureau est simple soldat, tout comme Michel Lessuisse. D'après les quelques renseignements qu'il a sur lui, ils partageaient la même chambre. Il s'appelle Pierre Larrigue. Il est grand et fort, c'est presque un colosse. Mais son attitude contraste avec son apparence physique : il est tassé sur lui-même. Tout en le regardant, le commissaire s'interroge. Est-ce le chagrin d'avoir perdu son meilleur ami?...

Il commence son interrogatoire de la même manière qu'avec les autres :

— A votre avis, que voulait dire Lessuisse l'autre jour au café?

Pierre Larrigue répond précipitamment.

— Je ne sais pas. Je ne sais rien, monsieur le commissaire!

Brusquement le commissaire comprend l'attitude de l'homme : il a peur. Il a peur, tout comme la seconde victime. Et pourquoi sinon parce que, lui aussi, sait quelque chose et qu'il redoute de subir le même sort?

Le commissaire décide d'attaquer sans attendre :

— Larrigue, si vous savez quelque chose, il faut me le dire!

Le parachutiste semble encore plus apeuré.

— Non, je ne sais rien, je vous le jure!

Et malgré toutes les tentatives du commissaire pour le rassurer ou, au contraire, pour l'intimider, le soldat s'obstine dans un silence buté. Le commissaire Comby n'insiste pas. Il l'interrogera de nouveau. Il est sûr qu'il finira par apprendre ce qu'il veut.

C'est le lendemain matin qu'il se rend compte de toute l'étendue de son erreur. Il reçoit un coup de téléphone du colonel de la base. La voix tremble.

— Commissaire, venez vite! Le soldat Larrigue a disparu.

Le commissaire raccroche tout pâle et saute dans sa voiture.

Cette fois, l'affaire prend des proportions considérables et il n'est plus question de désertion. Tous les hommes de la base fouillent le camp dans ses moindres recoins. Ce n'est pas un soldat en fuite qu'ils cherchent, c'est un corps, c'est une troisième victime.

De même, sous les ordres du commissaire Comby, une armée de policiers fouillent la région de Metz. Là encore, c'est une victime qu'on recherche. On explore les terrains vagues de la ville, les bois avoisinants, on drague les rivières, les canaux, les étangs.

Le commissaire interroge un par un des dizaines de parachutistes. Lequel d'entre eux savait que Pierre Larrigue connaissait la vérité, a senti qu'il était sur le point de parler et l'a tué à cause de cela?

Au cours de ses interrogatoires, aucun élément ne lui permet de répondre à cette question. Alors il demande des alibis pour la nuit du 2 au 3 mai, moment présumé du crime. Tous affirment avoir passé la nuit à la caserne. Mais comment le vérifier ?

11 mai 1962. Huit jours ont passé depuis la disparition du soldat Pierre Larrigue. Dans la cour de la caserne a lieu, comme chaque matin, l'appel réglementaire.

Le sergent de semaine égrène les noms. Il en arrive à la lettre « L ».

— Larrigue, Pierre...

Le silence qui suit est impressionnant, un silence de mort. Les visages sont graves, les gorges sont nouées. Le sergent prononce d'une voix mal assurée, parce que c'est le règlement :

— Le soldat Larrigue Pierre, en absence illégale depuis le 3 mai, est porté déserteur...

Mais aucun de ceux qui sont là, ni les hommes, ni leurs officiers ne croient un instant que Larrigue soit un déserteur. Larrigue est mort. C'est la troisième victime d'un meurtrier odieux, un meurtrier qui se trouve parmi eux !

Le commissaire Comby mène pourtant ses recherches comme s'il s'agissait d'un fugitif. C'est son devoir. Toutes les gendarmeries françaises ont reçu le signalement de Pierre Larrigue et, par Interpol, les polices allemande, belge et luxembourgeoise...

Et c'est le 21 mai que se produit l'incroyable. Le commissaire Comby a un appel du commissariat de Montrouge, dans la banlieue parisienne.

— Commissaire, nous venons d'interpeller un suspect dans un garni de la commune. L'individu était sans papiers et correspond au signalement de Pierre Larrigue.

Du coup, tout est bouleversé. Non, il n'y aura pas de troisième victime ! Pierre Larrigue était bien un déserteur. Et pourquoi sinon parce que le meurtrier, c'était lui ? S'il avait si peur au moment de son interrogatoire, ce n'était pas par crainte de subir le même sort que la victime, mais d'être découvert.

Le soldat Pierre Larrigue est conduit deux jours plus tard à Metz devant le commissaire Comby. Il avoue presque tout de suite.

— Oui, c'est moi qui les ai tués tous les deux.

— Pourquoi avez-vous tué le caporal Darieux ? Vous le connaissiez à peine !

Le parachutiste a un haussement d'épaules et un sourire fataliste.

Maintenant qu'il a avoué, il n'a plus cet air terrorisé qu'il avait lors du premier interrogatoire.

— C'était pour rendre service à Lessuisse. Au bal, Darieux avait tourné autour de la fille à qui il faisait la cour. Lessuisse m'a dit : « Il faut que tu lui donnes une leçon. Moi je suis moins fort que lui, j'y arriverai jamais. » Alors, tous les deux, on l'a suivi, après le bal. On avait pas mal bu, on se rendait pas très bien compte de ce qu'on faisait. On est rentrés dans le camp. La sentinelle ne nous a pas vus. Je crois qu'elle roupillait. Je lui ai sauté dessus et je lui ai un peu serré le cou. Il est tombé, il est devenu tout mou. Lessuisse et moi, on a cru qu'il était mort. Alors, on l'a balancé dans la citerne...

Pierre Larrigue s'arrête un instant. Il se passe les mains sur le front :

— J'ai dit à Lessuisse : « Surtout, ne parle de rien à personne. Tout le monde croira que c'est un accident. » Seulement, Lessuisse n'a pas tenu le coup. Quand je l'ai entendu au café, j'ai compris qu'il allait tout dire. A la sortie, je l'ai suivi et je l'ai tué avec mon poignard.

Pierre Larrigue conclut :

— Quand vous m'avez interrogé, j'ai bien vu que vous vous doutiez de quelque chose. Alors, je suis parti.

Le commissaire ne lui dit pas que c'était à tout autre chose qu'il pensait et que, au lieu d'un assassin, il voyait en lui une future victime. De toute manière, le résultat a été le même. En désertant, Larrigue s'était dénoncé lui-même...

Pierre Larrigue a été condamné à la réclusion à perpétuité. A la base, la vie ordinaire a repris. Seulement, pendant longtemps encore, il y a eu un petit moment d'angoisse si d'aventure le sergent de semaine déclarait, en faisant l'appel, qu'un soldat en absence illégale était porté déserteur.

La bête sauvage

C'est l'été indien dans la vallée de Satsop River dans l'État de Washington au nord-ouest des États-Unis, non loin de la frontière canadienne. Comme chaque année, le long de la côte Pacifique, le ciel prend pendant quelques jours, vers le début octobre, une luminosité particulière. L'air est pur et chaud. C'est le moment où la forêt est la plus belle...

Les Moore habitent en bordure de la rivière Satsop. Leur demeure n'est pas une cabane de trappeurs hâtivement bâtie, comme il y en a tant dans la région en cette année 1911, mais une ferme importante et presque confortable. Wilbur Moore et sa femme Marjorie, établis depuis le début du siècle, sont les plus gros éleveurs du pays. Ce sont surtout leurs deux fils, les jumeaux Francis et Robert qui font marcher l'exploitation : de solides gaillards de vingt ans, réputés pour leur adresse à la carabine. Ils n'ont pas leur pareil pour abattre, même à plus de cent pas, les ours, les loups, les pumas et les lynx, car les bêtes sauvages sont un danger bien réel, une menace permanente à cette époque.

Justement, ce 3 octobre 1911, Wilbur Moore vient de constater la disparition d'une de ses vaches. Il va chercher ses fils.

— Prenez votre fusil, les gamins ! Il manque une vache. Il doit y avoir un ours qui rôde dans le coin.

Francis et Robert se saisissent de leur winchester et de leur cartouchière, qu'ils ont toujours à portée de la main, cherchent le sens du vent en mouillant leur index et gagnent la forêt.

Wilbur Moore leur lance :

— Soyez prudents, les gamins !

Les jumeaux lui répondent d'un petit signe et disparaissent. Une demi-heure plus tard, une double détonation retentit en provenance de la forêt de sapins, sur le vallon d'en face. Wilbur Moore hoche la tête avec un sourire satisfait : pour pister une bête, il n'y a personne comme les gamins. En ce moment ils doivent être en train de dépecer l'ours. Cela fera une belle peau !

Au coucher du soleil, Francis et Robert ne sont toujours pas rentrés. Leur mère Marjorie regarde anxieusement en direction de la forêt.

— Je suis inquiète, Wilbur ! Il faudrait chercher du secours.

Le fermier rassure sa femme.

— Ce n'est pas le premier ours que les gamins rencontrent. Il aura été un peu dur à dépecer, voilà tout.

Marjorie Moore a un regard étrange :

— Je pensais à ce qui est arrivé, Wilbur...

Mais la nuit se passe sans que Francis et Robert reviennent. Cette fois, c'est grave ! Wilbur réunit son personnel : cinq cow-boys et un domestique et prend la tête d'une battue. Ils fouillent ensemble la forêt de sapins pendant plusieurs heures, sans résultat.

C'est aux environs de midi que Wilbur Moore découvre la carcasse de sa vache disparue... Non, ce n'était pas un ours ! La bête n'a pas été déchirée par des griffes. Elle a été abattue proprement avec un couteau.

Wilbur Moore retourne en toute hâte à la ferme, attelle sa carriole et fouette ses chevaux en direction d'Olympia, la ville la plus proche. Il faut demander l'aide de la police : le danger qui rôde autour de la ferme Moore est autrement plus redoutable qu'un ours !

Quelques heures plus tard, un détachement de la police d'Olympia arrive à la ferme Moore. Il est conduit par le shérif James Hardy, à ses côtés, son adjoint, Michael Briks. Un des policiers tient en laisse un Bloodhound, l'un de ces chiens chercheurs d'hommes qui servaient autrefois à pourchasser les esclaves noirs en fuite.

Les policiers ne sont pas seuls. Une dizaine de voisins des Moore sont venus avec leurs carabines pour participer aux recherches.

La petite troupe prend sans plus attendre la direction de la forêt. Le chien — à qui l'on a fait renifler le chapeau d'un des jumeaux — tire sur la laisse avec vigueur. Il retourne sans hésitation à l'endroit où se trouve la dépouille de la vache, s'arrête, flaire le sol aux alentours, s'immobilise et gratte frénétiquement la terre.

Les policiers et les fermiers se mettent à creuser. Un peu en retrait, le père Moore est devenu tout pâle, il ferme les yeux... C'est Robert Moore qu'on dégage en premier. Il n'a plus ses bottes. Il a été tué d'une balle en plein front. Francis, lui aussi, a été tué d'une seule balle, mais au cœur.

Le shérif James Hardy entraîne Wilbur Moore tandis que ses hommes s'occupent du transport des cadavres. James Hardy est un colosse aux épaules de bûcheron, profession qu'il exerçait avant d'entrer dans la police. Mais il semble bouleversé par le crime. Les meurtres sont chose rare dans cette partie de l'État de Washington. Les fermiers et les trappeurs ont trop à faire avec les dangers de la nature pour songer à se tuer entre eux... James Hardy pose sa main sur l'épaule du fermier :

— Je vous jure que j'aurai celui qui a fait cela, même si je dois le poursuivre jusqu'en Alaska ! Vos fils seront vengés, monsieur Moore !

Wilbur hoche la tête sans répondre. A ses côtés, Michael Briks, l'adjoint du shérif, semble réfléchir profondément. Briks est tout le contraire de son chef. Avant d'entrer dans la police, lui, il était clerc de notaire. Il ne connaît rien aux immenses étendues de la prairie et de la forêt. Il est plutôt malingre. C'est un homme de bureau. Mais il a déjà fait preuve à plusieurs reprises d'une étonnante perspicacité. Il s'adresse à son tour au fermier :

— Est-ce que vous n'auriez pas un ennemi ? Quelqu'un de votre personnel que vous auriez renvoyé ? Un fermier jaloux de votre réussite ?

Wilbur Moore tourne vers lui son visage ravagé :

— Allez au diable avec vos histoires !

Michael Briks essuie le regard scandalisé de son chef et se tait...

Le jour même, après avoir réuni les provisions et l'équipement nécessaires, le shérif Hardy part avec dix de ses hommes et quelques volontaires sur la piste de l'assassin. Michael Briks ne l'accompagne pas. Il n'a pas la robustesse suffisante pour les suivre. Et, de toute manière, il a une autre idée, qu'il confie à son chef avant son départ :

— J'espère que vous l'aurez. Mais, moi aussi, je vais me mettre sur sa piste.

James Hardy ne comprend pas toujours ce que son adjoint a en tête.

— Quelle piste ? La piste, c'est nous qui la suivons. Et personne ne connaît la région comme moi.

Michael Briks se garde bien de contredire le shérif.

— J'en suis persuadé. Seulement, je pense qu'on peut aussi trouver quelque chose sans bouger.

James Hardy hausse les épaules, se tourne vers ses hommes et lance un ordre. La troupe prend la direction de la forêt.

Le shérif James Hardy ne s'était pas vanté sur ses qualités de pisteur. Il n'a pas son pareil pour détecter au premier coup d'œil les branches brisées indiquant le passage d'un homme, pour repérer les traces de pas, même sur le sol sec. Et, justement, l'empreinte des bottes neuves de Robert Moore que lui a volées son assassin est très caractéristique...

Les jours passent. L'été indien est terminé. L'automne l'a remplacé et n'est guère clément dans l'État de Washington. James Hardy ne s'en plaint pas. Pour un homme seul, les premiers froids sont plus difficiles à supporter que pour une troupe bien équipée. Depuis plusieurs jours, d'ailleurs, les policiers gagnent du terrain. Le shérif est capable de déterminer de manière infaillible, en examinant les restes des bivouacs, depuis combien de temps les repas ont été pris. Les derniers reliefs de viande qu'il a découverts ne remontaient pas à plus de quelques heures. Qu'est-ce que voulait dire ce rond-de-cuir de Michael Briks avec sa « piste sans bouger » ? C'est ici que l'homme se trouve, dans cette région sauvage, non loin des premières pentes du mont Olympus. Et c'est lui, James Hardy, qui va l'avoir !

Le lendemain matin, le shérif et ses hommes arrivent en vue d'une cabane de trappeur. Les traces de l'assassin y conduisent et elles sont toutes fraîches. L'homme n'a cessé de marcher depuis des jours. Il doit être épuisé. Avec un peu de chance, ils pourront le surprendre en train de dormir.

James Hardy fait cerner la cabane. Rampant, le colt pointé en avant, il s'approche en silence. Pour ne pas donner l'éveil à l'assassin, il préfère être seul. Sur le seuil, il voit les traces de bottes. Il a un sourire de satisfaction : il n'y a qu'une seule piste en direction de la cabane ; l'homme n'est pas ressorti.

Le shérif est arrivé contre la façade. Il se glisse jusqu'à la porte, se relève, l'enfonce d'un coup de pied et fait irruption à l'intérieur en criant :

— Haut les mains !

James Hardy abaisse lentement son arme et écarquille les yeux.

Ce n'est pas un homme qu'il poursuit, c'est le diable ! La cabane est vide. Et il n'y a pas besoin d'explorer le mobilier pour s'en rendre compte. Il se compose en tout et pour tout d'un matelas, d'une chaise, d'une table et d'un réchaud.

James Hardy décide de reprendre immédiatement la chasse. Le fuyard a pu d'une manière incompréhensible faire disparaître ses empreintes. Mais il n'arrivera pas à le semer. Le shérif repart donc après avoir laissé dans la cabane deux policiers au cas où l'homme reviendrait.

C'est la nuit suivante, au bivouac, que deux coups de feu le réveillent en sursaut. Pas de doute, ils proviennent de la cabane. L'assassin a commis sa première erreur. Il est tombé dans le piège qu'il lui avait tendu !

Revenir à la cabane dans l'obscurité n'est pas chose aisée. Le jour est déjà levé lorsque le shérif et ses hommes y parviennent. James Hardy est un peu surpris de ne pas voir les deux policiers. Il entre dans la cabane et pousse un cri d'horreur : l'un est allongé sur le grabat, l'autre affalé sur la table. Ils ont été tués tous deux d'une seule balle en pleine tête. Quant à l'assassin, il était bien dans la cabane, ou plutôt en dessous. Plusieurs lattes du plancher restent telles qu'il les a retirées, découvrant un trou dans la terre, assez vaste pour qu'un homme puisse y tenir accroupi.

Dans la troupe, c'est l'accablement général. Malgré les injonctions du shérif, les policiers et les volontaires qui les accompagnent décident de rentrer. L'homme est trop dangereux. Ils ne sont pas assez nombreux. Il faut faire appel à l'armée !

James Hardy a beau tempêter, menacer, personne ne l'écoute plus. D'elle-même, la troupe fait demi-tour et se remet en marche. Et, une semaine plus tard, c'est le retour tragique à Olympia...

James Hardy revient dans son bureau, la mine défaite. Il se laisse tomber sur une chaise. Il n'a pas tenu son serment et, par sa faute, deux de ses hommes ont trouvé la mort. Son adjoint, Michael Briks, s'approche de lui pour le réconforter :

— Nous aurons l'assassin quand même. Et bientôt je pense...

Le shérif Hardy ouvre des yeux ronds :

— Par quel miracle ?

— Eh bien, pendant que vous lui courriez après, j'ai trouvé sa piste !

Et Michael Briks commence son récit.

Après le départ de James Hardy et de ses hommes, il a laissé passer une semaine : le délai qui s'imposait décemment avant d'interroger monsieur et madame Moore. Car, dès le début, il a été persuadé que la clé de l'énigme se trouvait dans la ferme Moore...

C'est à la mi-octobre qu'il se présente chez les Moore. Il trouve Wilbur Moore en train de regarder la cheminée dans la grande salle commune. En l'entendant entrer, ce dernier se retourne vivement :

— Laissez-nous en paix ! Allez au diable !

Wilbur Moore a terriblement vieilli en quelques semaines. C'est un homme brisé, Michael Briks a beau l'inciter à parler, avec douceur et persuasion, il secoue la tête farouchement et garde le silence. C'est à ce moment que Marjorie Moore pénètre dans la pièce. Elle se dirige vers le policier :

— Moi, je vais tout vous dire, parce qu'il faut que les petits soient vengés !...

Elle coupe court d'un geste aux protestations de son mari et continue :

— Oui, il y a une malédiction sur cette terre. Tout a commencé l'année dernière avec Mary..

En entendant ce prénom, monsieur Moore a un sursaut douloureux. Marjorie Moore poursuit :

— Mary était notre fille. Il y a un an, elle est revenue en sang, les vêtements déchirés, de la forêt de sapins. Elle avait été violée. Mais elle n'a jamais voulu nous dire par qui, pas plus qu'elle n'a voulu que nous prévenions la police. Un peu plus tard, elle s'est aperçue qu'elle attendait un enfant... Elle n'a pas supporté cette honte. Nous l'avons retrouvée baignant dans son sang. Le docteur est arrivé trop tard pour la sauver.

Marjorie Moore laisse passer cette vision tragique. Elle reprend :

— Et puis, il y a l'oncle Josuah... C'est le frère de mon mari. Il est trappeur. Chaque année, il vient chez nous à la fin septembre. L'année dernière, nous ne l'avons pas vu. Et cette année non plus. Il ne viendra plus. Il nous l'a dit une fois : « Si je ne viens pas, c'est que je serai mort. »

L'adjoint du shérif pose la question qu'il avait déjà posée sans résultat à Wilbur Moore :

— Madame Moore, vous connaissez-vous des ennemis ?

C'est Wilbur Moore qui répond à la place de sa femme :

— Non, aucun. Nous n'avons jamais fait de mal à personne et personne ne peut nous en vouloir.

— Peut-être, mais je ne crois pas aux coïncidences, monsieur Moore. Votre fille, votre frère, vos deux fils, cela fait trop ! Nous sommes là pour vous protéger. Lorsque le shérif et les autres policiers seront rentrés, s'ils n'ont pas réussi à capturer l'assassin, nous tendrons un piège autour de votre ferme...

Michael Briks a terminé son récit. James Hardy se lève de la chaise où il s'était affalé.

— Puisque j'ai échoué, je n'ai plus le choix. Allons-y, Michael!

Pendant trois mois, les policiers d'Olympia surveillent discrètement mais efficacement la ferme Moore. Rien ne se passe. Et puis, une nuit de janvier 1912, une forme se glisse dans la neige, en direction de la ferme. Le policier en faction fait les sommations d'usage, la silhouette prend la fuite en courant. Le policier tire... Il y a un cri, un bruit de chute dans la neige. Le fuyard n'est que blessé. C'est un trappeur... Il balbutie :

— Ne tirez pas!

Le policier lui enfonce le canon de sa carabine contre les côtes.

— Qui es-tu?

La réponse lui parvient dans un souffle :

— Josuah Moore...

C'est à l'hôpital d'Olympia que le shérif James Hardy a recueilli les aveux complets de Josuah Moore, auteur d'une terrible vengeance contre sa famille et coupable de la mort de deux policiers lancés à sa poursuite.

Visiblement l'homme n'avait plus toute sa raison. Il ne l'avait gardée que pour se diriger à travers la forêt et... tuer.

— Chaque année, quand je revenais chez Wilbur et Marjorie, il y avait une dizaine de vaches en plus. Moi je parcourais la prairie, la forêt, j'affrontais les ours, les bêtes sauvages et je n'avais rien. Eux, ils restaient dans leur maison de pierre et la richesse s'accumulait à ne rien faire. Alors j'ai compris que le Seigneur me demandait de rétablir l'équilibre. C'était moi qu'il avait choisi pour les punir!

Josuah Moore a des yeux hallucinés.

— C'est quand j'ai vu la petite Mary dans la forêt de sapins que l'ordre m'est venu! Ce n'était pas de la luxure, vous comprenez, c'était un ordre de Dieu... Je suis retourné à la ferme un an plus tard. En capturant une vache, je savais que les jumeaux allaient se mettre à ma poursuite. Je les attendais. Je les ai tirés comme des biches à la rivière...

Le blessé a un ricanement en s'adressant au shérif.
— Ensuite, vous m'avez couru après. Vous avez failli m'avoir mais, c'est moi qui ai eu vos hommes à la cabane!

Josuah Moore a été pendu... Sous d'autres latitudes et à une autre époque, il aurait sans doute été envoyé dans un asile. Mais les psychiatres étaient encore une espèce inconnue à Olympia.

Aux élections suivantes, c'est Michael Briks qui a été élu shérif en remplacement de son ancien chef. Les habitants du district avaient préféré ses méthodes à celles de James Hardy. L'employé de bureau remplaçait le bûcheron, le Far West faisait place à l'administration : signe des temps!

Du sang dans le canal

San Isidoro, petite ville de l'Italie du Nord, dans la plaine du Pô, n'est guère plus importante qu'un gros bourg, mais possède la particularité d'avoir un musée. Cela est dû à son riche passé artistique et historique. Outre son musée, en effet, San Isidoro a aussi un cloître du XIIe siècle, un campanile du XIIIe et des remparts romains, malheureusement presque totalement détruits...

C'est au musée de San Isidoro que débute cette histoire. En venant prendre son poste à huit heures du matin, le 6 mars 1965, Paolo Brunelli, directeur de l'établissement, découvre Virgilio Sforza, le gardien de nuit, baignant dans son sang, la gorge ouverte, mort depuis déjà plusieurs heures. Au mur, une des toiles a été découpée; seul subsiste le cadre vide.

Paolo Brunelli reste un moment, les bras ballants, au milieu de la salle du meurtre. Il est jeune pour les fonctions qu'il occupe : il n'a pas encore atteint la trentaine, ses cheveux blond vénitien, son visage et ses mains fines, ses petites lunettes cerclées de fer lui donnent l'air de l'artiste qu'il est sans doute réellement. On devine qu'il n'est à l'aise que parmi les tableaux et qu'il n'était pas le moins du monde préparé à cette irruption du drame dans son univers. Il finit tout de même par se ressaisir et appelle la police.

Celle-ci fait son entrée une demi-heure plus tard, en la personne du commissaire Fernando Matteo, accompagné de deux carabiniers. Fernando Matteo est, depuis plus de vingt ans, commissaire dans la ville de Forli, dont dépend San Isidoro. Son expérience s'affiche sur toute sa personne : son visage déjà ridé lui donne des allures de vieux sage, ses gestes sont lents, réfléchis, Paolo Brunelli s'adresse à lui d'une voix blême.

— Comment est-ce possible? Une telle horreur dans un lieu comme celui-ci!

Sans répondre, le commissaire Matteo se penche sur le cadavre. Il s'agit, effectivement, d'une blessure affreuse : le cou a été tranché au rasoir d'une oreille à l'autre; cela fait penser à ces règlements de comptes qu'on observe en Sicile ou dans les campagnes restées particulièrement sauvages... Il se redresse et va vers le mur. Il observe attentivement le cadre vide et prononce à voix basse :

— La toile a été découpée avec le rasoir du crime et... après.

Paolo Brunelli a un sursaut.

— C'est abominable!

Le commissaire Matteo hoche la tête.

— Il n'y a pas de doute : on distingue parfaitement un filet rouge le long de la coupure. C'était un tableau de valeur?

Le fait de parler peinture redonne un peu de force au directeur :

— Je comprends : une vue de Venise par Canaletto! C'était la plus belle pièce du musée. Et dire que...

— Oui, et dire que maintenant, il y a du sang dans le canal!...

Peu après, le commissaire Matteo et Paolo Brunelli se retrouvent dans le bureau de ce dernier, situé au deuxième étage du musée. Le commissaire adresse un sourire d'encouragement à son vis-à-vis.

— Je comprends votre émotion, monsieur Brunelli, mais j'ai des questions à vous poser. Je dois savoir comment on a pu entrer dans le musée... D'abord, est-ce que vous y couchez vous-même?

— Non. J'ai un logement de fonction à San Isidoro. Une maison Renaissance dans le style florentin...

Le commissaire interrompt son interlocuteur qui allait s'égarer dans le domaine artistique.

— Je vois. Et combien de gardiens?

— Trois. Deux de jour et le malheureux Virgilio Sforza, qui était de nuit.

— Quand prenait-il son poste?

— Le musée ferme à six heures. Il venait à ce moment-là et il repartait à huit heures du matin le lendemain.

— Il avait sa clé?

— Oui.

— Et où dormait-il?

— Dans une chambre près du bureau. Je vais vous montrer...

Paolo Brunelli conduit le commissaire Matteo dans une petite pièce qui tient plutôt du réduit. Pour tout mobilier, un lit de camp et une chaise sur laquelle est posé un gros réveil métallique, du modèle le plus ordinaire. Pas de pyjama ni de linge : Virgilio Sforza devait s'allonger sans se déshabiller. Sur le plancher, une bouteille de chianti vide, une autre à moitié pleine et un journal sportif froissé.

— Sforza avait l'habitude de boire ?

— Oui. C'était son gros défaut. Je lui avais fait plusieurs remontrances à ce sujet. Chaque fois, il promettait de ne plus recommencer, mais c'étaient des serments d'ivrogne.

— Parlez-moi de lui. Quel genre de type était-ce ?

— Un malheureux. Il traînait la patte ; il avait reçu une balle dans la jambe pendant la dernière guerre. C'était d'ailleurs pour cela qu'il avait été engagé : les places de gardiens sont réservées aux blessés de guerre.

— Il était marié ?

— Oui. Mais la vie de famille avec des horaires pareils...

— Et sa garde consistait en quoi exactement ?

— Il faisait quatre rondes : à neuf heures, minuit, trois heures et six heures du matin.

— Toujours aux mêmes heures ?

— Oui. Une fois, sur ma demande, il a essayé de changer d'horaire, mais ça l'a complètement détraqué. Je n'ai pas insisté : il a repris comme avant.

Le commissaire Matteo se penche près du lit de camp et se saisit du réveil métallique bon marché : la sonnerie est réglée sur minuit, l'heure de la dernière ronde, l'heure du crime...

— Il n'était pas armé ?

— Non. Aucun gardien n'est armé.

Le commissaire quitte le réduit. Cette pièce le met mal à l'aise. Elle raconte la triste fin d'un pauvre diable tombé dans la déchéance et mort en défendant des richesses artistiques auxquelles il ne comprenait vraisemblablement rien. Une fois dans le bureau du directeur, il reprend son interrogatoire.

— Monsieur Brunelli, quand vous êtes entré, est-ce que la porte du musée était ouverte ?

— Jamais de la vie !

— Vous avez constaté quelque chose d'anormal dans la serrure ?

— Pas du tout.

— Est-ce qu'il y a un autre moyen d'entrer ?

— Non. Il n'y a pas d'autre porte et toutes les fenêtres ont des barreaux.

— A part vous et le gardien de nuit, qui avait la clé?

Paolo Brunelli passe la main dans ses cheveux blonds trempés de sueur. Jamais, sans doute, son visage d'artiste n'avait exprimé une telle contrariété.

— Personne. Il n'y avait que nous deux. Mais je vous assure...

Le commissaire Matteo l'apaise d'un geste.

— Calmez-vous, monsieur Brunelli, je n'accuse pas, je constate. Puisqu'il n'y a pas eu effraction, il ne reste qu'un petit nombre d'hypothèses. La première : c'est vous qui êtes entré cette nuit avec votre clé.

— Monsieur le commissaire!

— Deuxième hypothèse : c'est Virgilio Sforza qui a été ouvrir aux voleurs; mais alors, on se demande bien pourquoi ils l'auraient assassiné. Troisième hypothèse, enfin : quelqu'un a volé sa clé à l'un de vous deux, en a fait un double et l'a rendue à son propriétaire sans qu'il s'en aperçoive. Dans tous les cas, il s'agit d'un individu parfaitement renseigné ou disposant de complicités.

Paolo Brunelli est au désespoir.

— Je vous jure que je suis innocent!

Un léger sourire apparaît sur le visage du vieux sage, du commissaire Matteo.

— Je vous crois pour la bonne raison que ce n'est pas une affaire ordinaire. Il y a un détail qui ne colle pas avec la thèse du vol banal. Au contraire, tout s'explique si l'on prend les choses exactement à l'envers...

Brusquement soulagé d'être mis hors de cause, mais ne comprenant pas pourquoi, le jeune directeur répète incrédule :

— A l'envers?

— Oui. Vous qui êtes expert en peinture, monsieur Brunelli, vous savez ce que c'est qu'un trompe-l'œil? Cela consiste à faire croire à la réalité des choses qui n'existent pas. Eh bien, c'est ce qui se produit ici. Nous sommes en présence d'une affaire en trompe l'œil... Selon vous, que s'est-il passé?

— C'est simple : le voleur a été surpris par Virgilio Sforza; il l'a tué et il s'est emparé du tableau.

— Eh bien cela, c'est l'apparence. La réalité est exactement inverse : il ne s'agit pas d'un voleur devenu assassin, mais d'un assassin devenu voleur!

— Je ne vous suis pas.

— Mais si! Le malfaiteur est parfaitement renseigné sur tout ce qui concerne le musée; il a pu se procurer une clé ou en faire un double, mais il ignore pourtant les heures de ronde de Sforza, qui sont toujours les mêmes, et il se fait surprendre bêtement par lui : cela n'a pas de sens. Ou plutôt, c'est parfaitement compréhensible si l'on suppose qu'il s'est introduit dans le musée pour tuer le gardien et qu'il n'a pris le tableau que pour faire croire à un vol.

— C'est absurde ! Pourquoi aurait-on voulu tuer Virgilio ? C'est un pauvre bougre, un malheureux.

— Absurde ? Non, monsieur Brunelli. Vous venez même sans doute d'énoncer le mobile du crime : on a tué Virgilio Sforza parce que c'est un pauvre bougre. Croyez-vous que ce soit agréable d'être marié avec un blessé de guerre qui découche toutes les nuits pour son travail, un malheureux, qui, pour oublier son malheur, s'enfonce chaque jour un peu plus dans l'alcool ?

— Vous pensez que madame Sforza... ?

— Pas elle-même, mais sans doute son amant. Le plan n'était pas si mal imaginé. Comme le divorce n'existe pas chez nous, madame Sforza choisit la seule façon de se remarier en Italie : devenir veuve... Dans des conditions normales, le projet n'a aucune chance de réussir : on va tout de suite suspecter et arrêter les criminels. Mais, si Virgilio Sforza est tué pendant son travail, tout change : c'est le gardien de musée qu'on a assassiné, pas l'homme. En découvrant le drame, les gens vont réagir comme vous : ils ne vont voir que le chef-d'œuvre disparu, le prestigieux Canaletto, ils vont oublier la modeste biographie de la victime. Voilà ce que c'est que le trompe-l'œil, monsieur Brunelli !

Le commissaire Fernando Matteo ne s'était pas trompé dans sa démonstration : il en a confirmation en obtenant, le jour même, les aveux d'Amanda Sforza, femme de Virgilio... Interrogée dans sa misérable demeure d'un quartier industriel de San Isidoro, madame Sforza, une femme encore jeune et belle, ne tarde pas à s'effondrer. Oui, elle avait un amant de longue date. Oui, elle avait tout machiné avec lui. Ils avaient subtilisé la clé à Virgilio en profitant de son sommeil d'ivrogne, ils en avaient fait un double et il n'y avait plus qu'à exécuter le crime. Et Amanda Sforza ajoute, comme si c'était de nature à atténuer sa responsabilité :

— Pour ce qui est de faire ça au musée, c'est lui qui a eu l'idée.

— Qui ça, « lui » ? Comment s'appelle-t-il, cet amant ?

— C'est Giorgio Artusi, le coiffeur.

Le coiffeur... Le commissaire Matteo réprime un frisson en

pensant au rasoir. Il n'a plus qu'une question à poser :

— Et le tableau, qu'est-ce que vous en avez fait?

— Je voulais le jeter, mais Giorgio m'a dit qu'on pourrait peut-être le vendre un jour. Il l'a caché dans un bois. Il vous montrera où.

La vue de Venise par Canaletto a été retrouvée et exposée comme pièce à conviction lorsque Amanda Sforza et Giorgio Artusi sont passés aux assises, un an plus tard. Ils ont été condamnés tous deux à la prison à vie. Et cette lourde peine a peut-être été due précisément au tableau.

Les jurés ont semblé, en effet, particulièrement émus par cette trace brunâtre que le rasoir avait laissée sur les flots de Venise si magnifiquement peints par Canaletto. Il y avait quelque chose de pathétique à contempler cette petite trace d'une vie obscure sur ce chef-d'œuvre immortel... Non, les jurés n'ont pas pardonné aux accusés ce sang dans le canal.

Le mystère de Colorado Springs

18 juillet 1932. Il fait un temps de canicule sur Colorado Springs, au pied des montagnes Rocheuses, et le soir, la température incite les habitants à sortir pour profiter de la fraîcheur.

C'est un peu à l'écart de la ville, dans une forêt de sapins, qui accueille volontiers les promenades romantiques des amoureux qu'une patrouille de police est alertée par des cris. Une Cadillac décapotable est stationnée sur le bas-côté ; une jeune fille blonde en robe blanche se tient devant les phares, l'air égaré. Aux questions des policiers, qui s'arrêtent à sa hauteur, elle ne peut que balbutier, en désignant la voiture :

– Là !...

A l'endroit qu'elle indique, c'est-à-dire à la place du passager avant, il y a un jeune homme mort, tué d'une dizaine de coups de couteau au moins. Un des policiers examine son visage à la lumière de sa lampe électrique. Il se tourne vers son collègue :

– Eh, dis donc, c'est pas Thomas Field ?

– Si, on dirait bien... Et la fille, c'est sûrement Doris Palmer.

Thomas Field, Doris Palmer : ce ne sont évidemment pas des noms qui sont passés à la postérité mais, en 1932, à Colorado Springs, ils disent quelque chose à tout le monde... Thomas Field, vingt et un ans, étudiant à l'Université, est le fils de Jeremiah Field, qui possède les trois quarts des hôtels de la ville et la plus grosse fortune de la région. Quant à Doris Palmer, sa famille, à défaut d'être riche, a un titre de gloire envié : c'est l'arrière-grand-père de Doris qui a été le premier maire de Colorado Springs ; les Palmer sont un peu considérés comme les fondateurs de la ville. Ravissante beauté de vingt ans, Doris est entourée d'une cour de jeunes gens dont Thomas Field faisait partie. On conçoit que l'affaire s'annonce aussi retentissante que délicate à traiter sur le plan policier.

C'est ce qu'exprime un des deux agents à son collègue, en revenant vers Doris Palmer en proie à une crise de nerfs.

— Mon vieux, je n'aimerais pas être à la place du lieutenant!

Le lendemain, tout Colorado Springs ne parle que du meurtre et le lieutenant Horace Mortimer, en se rendant au domicile des Palmer, a conscience que la suite de sa carrière pourrait bien dépendre de cette enquête. Il doit à la fois faire preuve d'énergie, car l'opinion attend de la police l'arrestation rapide du coupable, mais aussi de tact, car, à des titres différents, les Field comme les Palmer font la pluie et le beau temps à Colorado Springs.

La demeure des Palmer est un grand pavillon à deux étages de style rococo, dans un visible état de décrépitude. Il indique à lui seul la splendeur passée de la famille et sa déchéance matérielle actuelle.

Nick Palmer vient accueillir le lieutenant sur le perron.

Agé de quarante ans, le père de Doris présente bien. Il a de la classe. Il se dit homme d'affaires et c'est vrai qu'il a fait autrefois des affaires. Mais, depuis quelques années, toutes ses initiatives ont tourné au désastre, peut-être à cause de la mort de sa femme, qui l'a beaucoup affecté... Doris habite toujours avec son père, et c'est là qu'elle a été amenée par la patrouille la nuit précédente. Après les politesses d'usage, le lieutenant Mortimer entre dans le vif du sujet.

— Votre fille vous a dit quelque chose à propos du drame?

Nick Palmer secoue la tête. Il a l'air fatigué. Il a les yeux cernés par une nuit de veille et il ne s'est pas rasé.

— Non, elle ne prononçait que des mots sans suite. J'ai tout de suite appelé mon médecin qui lui a fait une piqûre. Mais je pense que cela doit aller. Voulez-vous l'interroger maintenant?

Horace Mortimer approuve brièvement.

— Le plus tôt sera le mieux.

L'instant d'après, monsieur Palmer le fait entrer dans la chambre de sa fille. Doris est assise sur son lit. La pâleur de son teint, jointe à ses cheveux très blonds, lui donne quelque chose d'un peu irréel. Le lieutenant Mortimer parle avec précaution.

— Êtes-vous en état de me répondre, mademoiselle?

Doris Palmer a une grimace douloureuse.

— Il faut que je vous dise ce qui s'est passé!

Horace Mortimer garde le silence et la jeune fille commence son récit.

— Je roulais doucement. Nous n'étions pas pressés.

— C'était vous qui conduisiez ?

— Oui. Thomas me prête souvent... Enfin me prêtait sa voiture. J'adore conduire... J'ai vu un homme qui marchait au milieu de la route, comme s'il était ivre. Et il est tombé de tout son long juste devant mes roues. Je me suis arrêtée. C'est à ce moment que trois autres hommes masqués sont sortis des bois et se sont jetés sur Thomas. Ils avaient chacun un couteau et ils l'ont frappé... C'est affreux !

Le lieutenant est sensible à ce que cette évocation peut avoir de pénible pour la jeune fille, mais il a besoin de précisions supplémentaires.

— Ensuite, ils l'ont dévalisé ?

Il est visible que Doris Palmer se force pour revivre ces terribles instants.

— Oui. Ils lui ont pris son portefeuille et sa montre dans son gilet.

Effectivement les poches de la victime étaient vides. Le vol semble bien le mobile du meurtre.

— D'après vous, il avait beaucoup d'argent sur lui ?

— Oh, certainement ! Thomas avait la manie d'emporter de grosses sommes, quelquefois mille dollars. Il sortait les liasses en public. Je le lui ai plusieurs fois reproché. Ce n'était pas élégant et... pas prudent.

Cette fois, le lieutenant Mortimer en sait assez. Il prend congé de Miss Palmer et rentre à son bureau passablement satisfait. Un crime de rôdeur, c'est ce qu'il pouvait souhaiter de mieux. Il n'a plus qu'à faire des recherches parmi les mauvais garçons de la région et il peut laisser tranquilles les deux importantes familles. Doris Palmer a d'ailleurs sûrement raison : sa vanité de jeune homme riche, qui lui faisait exhiber de gros billets, a coûté la vie à Thomas Field. C'était tenter le diable, surtout en cette période où le chômage et la misère sévissent cruellement.

Les jours suivants, Horace Mortimer fait arrêter pour contrôle tous les repris de justice de Colorado Springs et des environs. Jusqu'à présent, il n'a pas encore obtenu de résultats, mais il est confiant, les coupables vont forcément tomber dans ses filets...

22 juillet 1932. Le docteur Arnold entre dans le bureau du

lieutenant. Le docteur Arnold, médecin légiste, avait été chargé de l'autopsie. Horace Mortimer accueille sa venue avec satisfaction.

— Alors, docteur, est-ce que vous m'apportez du nouveau pour coincer ces gars-là ?

Le praticien n'a pas l'air de partager cet optimisme.

— Je ne sais pas. L'arme du crime possède une lame très longue, c'est un couteau de chasse, une baïonnette ou quelque chose d'approchant.

Horace Mortimer relève l'erreur du médecin.

— Il n'y a pas « une » arme du crime. Il y en a plusieurs.

Le docteur Arnold secoue la tête.

— Non. Il n'y en a qu'une.

— Vous voulez dire que les trois agresseurs se sont servi du même type d'arme ?

— Absolument pas. Le couteau de chasse ou la baïonnette a un défaut : la lame est tordue et ébréchée en un endroit. Cela a provoqué des marques caractéristiques qui se retrouvent dans toutes les blessures.

Le lieutenant Mortimer écarquille les yeux.

— Mais alors...

Le médecin a un geste d'impuissance.

— Alors, le reste vous regarde. Moi, je suis sûr à cent pour cent, c'est tout ce que je peux vous dire...

Resté seul, Horace Mortimer se sent pris d'une sorte de vertige, comme si la terre s'ouvrait progressivement sous ses pieds. Il essaie désespérément d'imaginer les trois assassins se passant poliment le couteau après avoir donné un coup à la victime. Hélas, il n'y a jamais eu trois assassins, il n'y en a qu'un comme il n'y a qu'une arme : Doris Palmer a menti. Pourquoi l'a-t-elle fait si mal ? Elle n'avait qu'à parler d'un seul agresseur et il serait toujours en train de le rechercher en vain parmi les mauvais garçons de la ville. Mais, cette fois, le lieutenant n'a pas le choix. Il doit interroger de nouveau Doris.

Cette dernière le voit sans aucun plaisir revenir chez elle. Elle tente d'abord de le prendre de haut et de refuser de répondre, mais quand elle apprend les résultats de l'autopsie, elle s'effondre. Elle avoue, en larmes :

— C'est vrai : j'ai menti !

Le policier parle d'une voix dure.

— Il n'y a jamais eu qu'un assassin, et vous avez menti parce que vous le connaissiez !

— Oui.
— Vous êtes même vraisemblablement sa complice...
Doris Palmer, qui sanglotait, la tête dans ses mains, redresse la tête, l'air pathétique.
— Non ! Je sais qui a tué Thomas, mais je ne suis pas sa complice, il faut me croire ! C'est un rival de Thomas qui l'a tué par jalousie...
— Son nom !
La jeune fille se reprend la tête dans les mains.
— Je ne peux pas... Il est d'une trop bonne famille. Il faut éviter le scandale.
— Une dernière fois, dites-moi son nom !
— Faites de moi ce que vous voudrez, je ne le dirai pas.
Horace Mortimer pousse un gros soupir.
— Alors, je suis dans l'obligation de vous arrêter.

Dans les jours qui suivent, le lieutenant Mortimer se met en devoir de rechercher à quelle « bonne famille » appartient le rival meurtrier de Thomas Field. Renseigné par Nick Palmer sur les flirts successifs de sa fille, il fait donc le tour de la gentry de Colorado Springs... Dix fois, il est menacé de révocation, de dégradation, par les parents de ceux qu'il veut interroger. Mais il tient bon et finit par obtenir satisfaction.

Seulement, après avoir mis en émoi toute la ville, Horace Mortimer doit convenir qu'il n'est parvenu à aucun résultat : tous ces jeunes gens ont un alibi pour la nuit du meurtre. Il faut les mettre hors de cause. Doris Palmer a donc encore menti. Son comportement devient de plus en plus incompréhensible, à moins...

Le lieutenant Mortimer décide d'avoir une seconde conversation avec le médecin légiste, le docteur Arnold.
— Docteur, les coups ont-ils pu être portés par une femme ?
Le docteur Arnold a une moue sceptique.
— On ne peut jamais rien affirmer. Il existe des femmes d'une vigueur exceptionnelle ; il y a aussi des démentes dont la folie décuple les forces. Mais si vous pensez à miss Palmer, je vous dirai catégoriquement non. A mon avis, ces blessures ont été faites par un homme.

Horace Mortimer remercie le médecin : voilà un point d'éclairci si l'on peut dire, car, au contraire, le mystère demeure plus épais que jamais. Si Doris Palmer n'est pas coupable, pourquoi continue-t-elle à se taire ?

Le lieutenant Mortimer la fait venir dans son bureau pour un nouvel interrogatoire. Et, cette fois, il est décidé à frapper un grand coup... Doris arrive, toujours aussi pâle, mais toujours aussi jolie avec sa merveilleuse chevelure blonde et ses traits délicats. Le lieutenant tape du poing sur la table.

— Miss Palmer, vous avez menti ! Aucun de vos soupirants ne peut être le meurtrier. Et si vous avez menti, c'est que la coupable, c'est vous !

Mais si Horace Mortimer espérait faire parler la jeune fille en l'accusant, il s'est trompé. Celle-ci répond sans s'émouvoir et sans élever la voix :

— Non, ce n'est pas moi.

Le lieutenant insiste.

— Mademoiselle, si vous voulez qu'on vous croie, il faut dire le nom du véritable assassin. Sans quoi, vous serez obligatoirement inculpée et peut-être condamnée. Vous risquez la chaise électrique. C'est cela que vous voulez ?

Doris Palmer regarde le policier, l'air buté, et ne répond pas.

— Mais enfin, qui est cet homme qui compte tellement pour vous pour que vous risquiez la mort pour lui ? Ce n'est pas un de vos amoureux ! Alors qui ?

Le lieutenant Horace Mortimer s'arrête. Une idée vient de lui traverser l'esprit. Il prononce à mi-voix :

— Votre père...

Doris a un frisson involontaire et, se rendant compte qu'elle vient de se trahir, elle éclate en sanglots :

— Oui. C'est papa.

Nick Palmer passe peu après des aveux complets devant le lieutenant Mortimer.

— De toute façon, j'étais sur le point de me dénoncer. Vu la tournure que prenait l'enquête, je ne pouvais pas laisser Doris continuer à prendre de tels risques pour moi.

Le policier regarde celui qui fut une des personnalités les plus respectées de la ville et qui n'est plus qu'un homme brisé.

— Mais pourquoi avez-vous fait cela ?

Nick Palmer hausse les épaules.

— Pour l'argent, évidemment ! Je suis dans une situation financière désespérée. J'espérais que Doris épouserait Thomas Field, cela aurait tout arrangé et Doris était d'accord pour sauver l'honneur de la famille. C'est Thomas qui n'a pas voulu. Comme je lui demandais comment il envisageait l'avenir avec Doris, il m'a répondu : « Jamais je n'épouserai votre fille. » Alors, j'ai décidé de le tuer. Comme cela j'aurais au moins les mille dollars qu'il a toujours dans ses poches.

Le lieutenant Mortimer hoche la tête.

— Et vous avez tout combiné avec Doris !

— Non. Elle n'y est pour rien. J'ai agi seul.

— Elle est forcément complice, monsieur Palmer. Si elle a arrêté précisément la voiture à cet endroit ce n'est pas par hasard. Meurtre avec préméditation et guet-apens : je n'aimerais pas être à votre place !

Effectivement, la cour d'assises de Colorado Springs a condamné Nick Palmer à la peine capitale, tandis que Doris se voyait infliger dix ans de prison. Nick Palmer a tout de même échappé à la chaise électrique. Il a été gracié, sans doute en raison des mérites passés de sa famille.

La mort du muet

Il neige à Sudbury, dans le Suffolk, en Angleterre, ce 1er février 1952. Un homme d'une cinquantaine d'années est en train de donner à manger aux bêtes dans l'étable de la ferme Graham, une grosse exploitation des environs.

Il a une petite figure ronde, avec un rien de malice dans le regard. Il se retourne en entendant un bruit de pas derrière lui. Une jeune femme vient d'entrer. Elle a vingt-cinq ans environ, les cheveux roux, des taches de rousseur sur les joues. Elle n'est pas vraiment jolie mais possède un charme certain fait de santé et de fraîcheur. En la voyant, l'homme a une expression ravie. Il pose sa fourche et, entre eux, un curieux dialogue commence. Il agite ses mains. Elle répond par un rire insouciant.

— Pourquoi se presser ? Nous avons tout le temps.

Les mains s'agitent de nouveau. Cette fois la jeune femme a un haussement d'épaules.

— A quoi bon revenir là-dessus ? Je t'avais dit à Noël, eh bien ce sera pour Pâques !

Et elle sort prestement. L'homme a encore machinalement le même geste des mains. Dans le langage des muets qui est sa seule manière de se faire comprendre, cela voulait dire : « mariage ».

Car Philip Lewis, valet de ferme chez les Graham, et la jeune servante Sheila Hudson devaient se marier. Mais cela fait longtemps que Sheila reporte sa promesse de saison en saison.

Le muet reprend alors sa fourche, pousse un gros soupir et se remet au travail.

2 février 1952. Le lieutenant Frank Edwards de la police de Sudbury reçoit un coup de téléphone de William Graham, patron de la ferme.

— Il faut que vous veniez tout de suite ! Un malheur est arrivé.

Quand, un peu plus tard, le lieutenant Frank Edwards entre dans la petite chambre de Philip Lewis, c'est un spectacle tragique qu'il a sous les yeux. Le malheureux valet est sur son lit, les veines des deux poignets tranchées et la gorge ouverte. Monsieur et madame Graham se tiennent silencieusement derrière lui, aux côtés de Doris Peter, dix-huit ans, la bonne nouvellement engagée. Dans un coin de la pièce, Sheila Hudson sanglote doucement.

Frank Edwards se penche sur le corps. La carotide a été sectionnée et la mort par hémorragie a dû être rapide. Sur le plancher, un couteau tout poisseux de sang. Il s'agit vraisemblablement d'un suicide, sinon on ne voit pas comment la victime se serait laissé couper successivement les deux poignets et la gorge sans se défendre.

Le policier demande :

— Qui l'a découvert ?

Sheila Hudson répond d'une voix tremblante :

— C'est moi.

— Quelle heure était-il ?

— Huit heures du matin.

— Pourquoi êtes-vous entrée dans sa chambre ?

William Graham intervient :

— C'est moi qui lui ai demandé d'y aller en ne voyant pas descendre Lewis.

Le lieutenant Edwards continue à questionner la jeune femme :

— Vous le connaissiez bien ? Il vous avait dit quelque chose ? Il vous avait parlé de suicide ?

Incapable de prononcer un mot, Sheila Hudson fait « non » de la tête. Frank Edwards demande à l'un de ses hommes de ramasser le couteau pour y chercher d'éventuelles empreintes, et conclut à l'intention de monsieur et madame Graham :

— Nous allons faire une enquête, mais je ne vois pas ce que ça pourrait être d'autre qu'un suicide.

William Graham tient à raccompagner le policier jusqu'à sa voiture. Dès qu'ils se sont suffisamment éloignés de la ferme, il lui dit :

— Je ne voulais pas parler devant Sheila Hudson, mais les choses ne sont pas aussi claires que cela. D'abord il faut que vous sachiez qu'elle était la maîtresse de Philip Lewis ; ensuite il s'est produit un fait bizarre : quand je l'ai vue descendre à six heures du matin, elle avait sa blouse de la veille, mais à huit heures, quand je lui ai demandé d'aller voir ce qui se passait chez Lewis, elle n'avait plus la même. Elle en avait changé.

Cette fois, la situation est tout à fait différente. Le lieutenant Frank Edwards décide d'interroger immédiatement Sheila Hudson sur ses rapports avec la victime et cette histoire de blouse. Il conduit la jeune femme dans une pièce à part et questionne sèchement :

— Pourquoi ne m'avoir pas dit que vous étiez la maîtresse de Lewis ?

Sheila Hudson proteste farouchement :

— C'est quelqu'un de la ferme qui vous a dit cela... Ils ne m'aiment pas, ce sont tous des menteurs ! Ce qui est vrai, c'est que le pauvre Philip était amoureux de moi. Il me demandait même de l'épouser. Alors, pour ne pas lui faire de peine, je ne disais pas non. Mais je remettais toujours à plus tard. Voyons, pourquoi est-ce que j'aurais été la maîtresse de ce pauvre vieux ?

La réponse est pertinente et le lieutenant n'insiste pas. Mais il pose une seconde question, toujours aussi sèchement :

— Pourquoi avez-vous changé de blouse tout à l'heure ?

La jeune femme ouvre de grands yeux.

— Je n'ai jamais changé de blouse. Qui vous a dit une chose pareille ?

— Monsieur Graham affirme que vous n'aviez pas la même quand vous êtes descendue à six heures et quand il vous a dit d'aller voir dans la chambre.

— C'est faux !

— Et pour quelle raison votre patron mentirait-il ?

La jeune femme hésite un instant et puis elle se décide à parler :

— J'aime mieux tout vous dire... On veut me faire du mal dans cette maison, monsieur Graham m'en veut parce que j'ai repoussé ses avances. Sa femme est jalouse de moi parce qu'elle s'imagine que c'est moi qui tourne autour de son mari et la petite Doris ne m'aime pas non plus. Elle me prend pour une intrigante.

Le lieutenant Edwards ne s'attendait pas à une telle version des faits.

— Alors, selon vous, toute la maison voudrait essayer de vous mettre ce suicide sur le dos ?

Sheila marque un temps avant de répliquer :

— Oui, si c'est bien un suicide...

En quittant la ferme Graham, Frank Edwards est troublé. Au début, l'affaire lui semblait banale, mais l'enquête va être beaucoup plus délicate qu'il ne le pensait.

Avant tout, il faut s'appuyer sur des faits concrets. Le meurtre était-il possible oui ou non? Cela, c'est le rapport d'autopsie qui l'établira. Le lieutenant Edwards l'a le lendemain sur son bureau. Les constatations du médecin légiste apportent un fait nouveau : Philip Lewis était drogué. Il avait absorbé une dose importante mais non mortelle de somnifères. Pour le reste, les blessures aux poignets ont été faites les premières mais l'hémorragie n'a pas été fatale. C'est la section de la carotide qui a entraîné la mort.

Frank Edwards a un mouvement d'humeur en terminant la lecture du rapport, car toutes les hypothèses restent possibles : Sheila Hudson a fort bien pu assassiner le valet, rendu inconscient par les somnifères. Mais il peut s'agir également d'un suicide. Philip Lewis a pu absorber les barbituriques puis s'ouvrir les veines des poignets et se trancher la gorge. Quant à la troisième hypothèse, suggérée par Sheila Hudson, celle d'un crime commis par un ou plusieurs membres de la famille Graham, on ne peut non plus l'écarter.

A part cela, il n'y a pas d'indice. Le couteau, retrouvé dans la chambre, ne porte que les empreintes de la victime. Les policiers, qui ont fouillé la ferme, n'ont pas trouvé trace d'une blouse tachée de sang.

Il ne reste plus au lieutenant Edwards qu'à convoquer madame Graham et la jeune bonne Doris Peter... Sheila lui avait dit qu'elles allaient la charger toutes les deux, et elle ne s'était pas trompée. Madame Graham accuse ouvertement sa servante.

— Sheila est une petite garce! Nous avons eu tort, mon mari et moi, de la garder si longtemps. Elle s'amusait de ce pauvre vieux Lewis, elle le rendait fou. A la fin, elle en a eu assez. Et elle s'est débarrassée de lui!

Le policier est choqué de cette affirmation sans preuve. Il demande d'un ton sévère :

— Pourquoi aurait-elle fait une chose pareille?

— Pour l'argent pardi! Oh, je sais, Philip Lewis ne gagnait pas beaucoup, mais cela faisait trente-cinq ans qu'il était à notre service et il avait tout mis de côté. Ne vous inquiétez pas : elle s'est sûrement débrouillée pour mettre la main dessus.

— Et, d'après vous, elle était sa maîtresse?

Madame Graham n'a aucune hésitation :

— J'en suis sûre!

Le lieutenant Edwards décide d'aller au fond des choses :

— Dites-moi, madame Graham, avez-vous une raison particulière d'en vouloir à Sheila Hudson?

— Non, aucune.

— Elle ne tournait pas autour de votre mari, par exemple?

La fermière a une expression indignée :

— En voilà une idée! Jamais de la vie! Si c'était le cas, je peux vous garantir qu'elle ne serait pas restée...

Doris Peter n'a que dix-huit ans. Mais elle n'est pas plus tendre en ce qui concerne sa collègue :

— S'ils couchaient ensemble? Et comment! J'ai vu plus d'une fois Sheila le rejoindre dans sa chambre.

Une fois la jeune Doris partie, Frank Edwards revoit mentalement le visage de Sheila Hudson, avec ses cheveux roux, ses petites taches de rousseur sur les joues, sa mine fraîche et saine. Comment serait-elle le monstre qu'on lui dépeint? Mais, d'un autre côté, pourquoi ces fermiers — qui sont des gens honnêtes — mentiraient-ils? Alors qui croire? Et d'abord s'agit-il d'un suicide ou d'un meurtre?... Pour répondre à toutes ces questions, Frank Edwards décide de reprendre son enquête de zéro, avec une nouvelle fouille de la ferme Graham.

« La vérité va bien finir par sortir du puits », se dit-il en retournant sur les lieux du drame. Et, prenant la formule au sens propre, il ordonne à ses hommes de commencer à sonder le puits de la ferme, qui n'avait pas été exploré la première fois.

Le résultat est immédiat. Quelques instants plus tard, un des policiers pousse un cri.

— Venez voir, lieutenant!

Frank Edwards se précipite. A l'aide d'un crochet relié à une longue corde, un agent vient de retirer une blouse grise où apparaissent encore des taches brunâtres... Oui, la vérité est bien sortie du puits. Le lieutenant sait maintenant de quel côté elle se trouve et de quel côté est le mensonge.

Il fait emmener immédiatement Sheila Hudson et l'interroge une fois rentré dans son bureau. Devant lui, il a posé le vêtement encore ruisselant d'eau.

— Vous savez parfaitement mentir! Je dois vous dire que je vous voyais assez bien dans votre personnage de servante victime d'une machination de ses patrons.

Le lieutenant soulève la blouse et la laisse retomber sur son bureau où elle fait un petit « floc ».

— Mais ce morceau de tissu change tout! William Graham n'a pas menti, donc c'est vous. Vous vous êtes bien changée le matin du drame. Vous avez bien assassiné Philip Lewis, votre amant. Alors, maintenant, il faut tout dire. C'est votre seule chance d'échapper à la corde.

Sheila Hudson a perdu la belle assurance qu'elle avait lorsque le lieutenant l'avait interrogée la première fois. Elle reste quelque temps la tête enfoncée dans les épaules et puis, elle se redresse. Elle a un air mauvais, pervers. « Une petite garce », avait dit madame Graham : C'était la vérité; Sheila Hudson montre son vrai visage. Elle commence sa confession.

— Oui, ce pauvre Philip m'avait donné son argent. Il voulait que j'achète des meubles pour notre chambre de noces. Vous parlez!... C'est la veille, à l'étable, quand il m'a demandé une nouvelle fois en mariage, que j'ai compris qu'il fallait que cela finisse. J'avais une dizaine de cachets de somnifères. Je les ai mis dans la tisane que je lui portais chaque soir. Le matin, je suis allée dans sa chambre, mais il n'était pas mort. Au contraire, il ronflait. Alors, j'ai pris son couteau, qui était sur la table de nuit et je lui ai ouvert les poignets. C'est à ce moment qu'il s'est réveillé.

Malgré elle, la servante s'est mise à trembler.

— Il m'a vue avec le couteau. Il a essayé de me dire quelque chose avec ses mains ensanglantées, mais je n'ai pas voulu savoir quoi. J'ai frappé une nouvelle fois à la gorge. Ma blouse était toute tachée. J'ai couru dans ma chambre pour en changer et j'ai été dans la cour jeter l'autre au fond du puits.

Le lieutenant n'ajoute rien. Le reste n'est plus son affaire, c'est celle des juges.

Devant le tribunal de Sudbury, Sheila Hudson s'est défendue de manière particulièrement maladroite. Au cours de l'instruction, elle était revenue sur ses aveux. A l'audience, elle a maintenu qu'elle n'avait rien fait, que Philip Lewis s'était suicidé, et c'est cette version que son avocat a dû défendre dans sa plaidoirie. Mais à peine son discours terminé, elle s'est effondrée en disant :

— Non, c'est moi la coupable, je l'ai assassiné!

Cet ultime revirement n'a rien changé. Son crime sur un infirme sans défense n'a pas semblé digne d'excuse aux jurés. Sheila Hudson a été condamnée à mort et pendue le 16 décembre 1952, moins d'un an après la mort de sa victime.

Le tueur aux deux visages

Bessie Roberts, vingt-deux ans, a de fort jolies jambes. Elle n'a pas que cela de joli d'ailleurs, elle est même carrément ravissante. Bessie Roberts habite New York. Elle est étudiante. Cela fait trois jours qu'elle est partie de chez elle car, pour ses vacances, elle a décidé de se rendre à La Nouvelle-Orléans en auto-stop.

Ce 6 juillet 1972, elle a accompli la presque totalité de sa traversée nord-sud des États-Unis, puisqu'elle est à la sortie de Baton Rouge, capitale de la Louisiane.

Bessie Roberts se poste au bord de la route et lève le pouce. Pour une jolie fille comme elle, l'attente n'est jamais longue. Le seul ennui est le danger que l'auto-stop pourrait représenter. Les parents de Bessie et plusieurs de ses amis l'ont mise en garde avant son départ, mais la jeune fille ne les a pas écoutés.

Une Pontiac blanche s'arrête. Le conducteur ouvre la portière du passager. Il est seul. Bessie Roberts aurait évidemment préféré un couple ou une famille, mais l'homme a l'air comme il faut, et même gentil. Elle prend son sac à dos et monte dans la voiture...

Une heure plus tard, des promeneurs découvrent à cinq kilomètres de Baton Rouge, non loin de la route qui mène à La Nouvelle-Orléans, le cadavre d'une jeune fille abattue d'une balle dans le cœur. Un sac à dos est à côté d'elle. Il contient ses papiers d'identité : elle s'appelait Bessie Roberts. Elle avait vingt-deux ans et elle était étudiante à New York...

Le lieutenant Philipp Chambers, de la police de Baton Rouge, se penche sur le corps avec une grimace. Ce n'est pas que le spectacle l'impressionne particulièrement — il en a vu d'autres! D'ailleurs la victime a été tuée, pourrait-on dire, proprement d'une seule balle dans le cœur. Non, ce qu'il pressent, c'est une enquête difficile.

Dans le sac à dos de la jeune fille, on a retrouvé son argent. Il ne s'agit donc pas d'un crime crapuleux. D'autre part, elle n'a pas été violée. Ses vêtements sont intacts et il n'y a pas eu lutte. Il semble qu'elle ait été abattue froidement, par surprise.

Alors, l'acte de quelqu'un qui la connaissait, un crime passionnel?... Peu vraisemblable. Bessie Roberts était de New York : qui pouvait-elle connaître en Louisiane? De plus, le lieutenant Chambers est déjà en possession de témoignages indiquant que la jeune fille venait d'être prise en auto-stop. Tout laisse donc supposer qu'il s'agit d'un meurtre gratuit, d'un tueur fou. Et Philipp Chambers n'aime pas du tout cela!

Pendant toute la semaine qui suit, il parvient seulement à établir que la victime a été tuée d'une balle de 9 mm — ce qui, évidemment, n'apporte pas grand-chose. Pourtant, le 13 juillet 1972, il y a un élément nouveau. Le sergent Jerry Skelton, son adjoint, vient le trouver avec une lettre :

— Lisez, lieutenant! On vient de la recevoir.

La lettre est anonyme et elle dit ceci : « C'est moi qui ai tué la fille sur la route de La Nouvelle-Orléans. Je tuerai toutes ces créatures impudiques et provocantes. Je vous annonce qu'il y en aura d'autres. Et je vous annonce aussi que c'est moi qui ai piégé les bagnoles qui ont sauté à la gueule des flics. »

Le lieutenant Chambers se gratte la nuque... Les voitures piégées, une autre curieuse affaire dont il s'occupe et qui n'a toujours pas trouvé sa solution. Par deux fois, les 28 février et avril précédents, deux voitures volées ont été retrouvées à Baton Rouge. Les deux fois, lorsque les policiers y sont entrés, le véhicule s'est embrasé immédiatement : une machine infernale, fixée à un bidon d'essence, était déclenchée par l'ouverture des portières. Un policier, le sergent Wilcox, a même été gravement brûlé.

— Qu'est-ce que vous en pensez, lieutenant?

Philipp Chambers sort de ses réflexions :

— C'est évidemment un dingue qui a écrit cela. Le tout est de savoir si c'est notre homme ou si c'est un des mythomanes habituels...

La réponse à cette question ne tarde pas. Elle arrive l'après-midi même... Le téléphone sonne dans le bureau du lieutenant :

— Ici la patrouille 19. On vient de retrouver la Pontiac blanche sur la route de Newroads. Pas de doute, c'est bien elle. Il y a des taches de sang sur le siège du passager.

— Vous avez tout fouillé ?

— Bien sûr, lieutenant. Et, justement, nous avons trouvé quelque chose de pas banal. Le gars a laissé son revolver dans la boîte à gants. Et ce n'est pas tout : il y a aussi les papiers des deux bagnoles piégées !

Le lieutenant Chambers pousse un juron et raccroche... C'est encore pire qu'il ne le pensait. Non seulement l'assassin a voulu prouver d'une manière spectaculaire qu'il était bien le piégeur de voitures mais, par une provocation inouïe, il laisse l'arme du crime ! Cette fois, il est certain qu'il a affaire à quelqu'un de particulièrement dangereux. D'autant que l'association de deux types de crime de nature très différente n'est absolument pas courante. Chez ce genre de maniaque, les délits sont stéréotypés, invariables. Celui-là, en plus, a de l'imagination. C'est loin d'être rassurant...

8 août 1972. La voiture du lieutenant Chambers fonce, sirène hurlante, à travers les rues de Baton Rouge. Crispé à l'accoudoir de la portière, le lieutenant hurle à l'agent qui est au volant :

— Plus vite, bon Dieu !

Le véhicule brûle les feux rouges, provoquant des coups de freins désespérés et des bruits de collision... Un virage sur les chapeaux de roues, un début d'embardée, et la voiture se retrouve pleins gaz sur la route de La Nouvelle-Orléans. La radio grésille :

— Ici n° 16. Il quitte le 124 pour entrer dans le 125. Il pénètre dans votre secteur, lieutenant. Je confirme : Oldsmobile rouge brique, immatriculée dans l'Arkansas.

— Bien compris !

Du mauvais côté de la ligne blanche, la voiture de police double une file d'automobiles qui se rangent instinctivement sur le bas-côté... Car le tueur fou vient de frapper pour la seconde fois. Il y a un quart d'heure, le lieutenant Chambers, qui patrouillait dans Baton Rouge, a été alerté par une autre voiture. L'homme avait pris une jeune fille en auto-stop et celle-ci avait été éjectée peu après de la voiture en marche. D'après les premières informations, il semblerait qu'elle ait été abattue de plusieurs balles...

Philipp Chambers regarde défiler à une vitesse prodigieuse les lignes blanches de la route. L'Oldsmobile rouge du tueur n'est pas encore en vue mais cela ne saurait tarder. Logiquement, elle doit être à deux ou trois kilomètres devant eux.

C'est malheureux à dire, mais ce second crime était la seule chance de mettre la main sur l'assassin. Car l'enquête n'avait absolument rien donné malgré une avalanche d'indices. La Pontiac, voiture volée, était truffée d'empreintes, de même que le revolver qui était bien l'arme du crime. Mais comme il fallait s'y attendre, les empreintes étaient inutilisables, son possesseur n'étant pas fiché.

Un point rouge au loin... Le lieutenant Chambers a un cri :

— Le voilà!

La voiture de police roulant à l'allure maximale se rapproche rapidement. Mais le tueur a dû l'apercevoir dans son rétroviseur car il se met à accélérer à son tour. La distance cesse de diminuer, les véhicules se suivent à un train d'enfer à trois cents mètres l'un de l'autre environ. Le lieutenant a un sourire : dans deux kilomètres le dispositif prévoit un barrage sur la route. Cette fois, il est cuit!

Non!... Brusquement, l'Oldsmobile effectue un virage sur les chapeaux de roues et vire à droite dans une route secondaire. Philipp Chambers pousse un juron :

— Le salaud! C'est à croire qu'il le savait. Et en plus, ce type-là est un as du volant!

La poursuite continue néanmoins. Le chauffeur de la voiture de police n'est pas un débutant non plus. Le lieutenant Chambers sort son arme. S'il parvient à s'approcher à distance de tir, il fera feu dans les pneus. Évidemment, à cette vitesse, cela ne pardonnera pas et il aurait préféré prendre l'homme vivant, mais il n'a pas le choix.

Et c'est à cet instant que le hasard s'en mêle. Au loin, apparaît un passage à niveau. Il est fermé. L'Oldsmobile ne ralentit pas, au contraire. Elle se faufile avec une dextérité extraordinaire entre les barrières disposées en chicane et poursuit sa route. Le policier, lui, doit freiner à mort, le train arrive juste devant eux... C'est un train de marchandises qui défile interminablement d'une allure poussive. Quand il a enfin disparu, l'Oldsmobile a disparu elle aussi. Le lieutenant fait reprendre la poursuite, mais il ne se fait plus aucune illusion...

Effectivement, il rentre bredouille à son bureau. C'est pour apprendre quelques précisions à propos de la victime. Elle s'appelle Cynthia Moore. Elle avait vingt-deux ans, ou plutôt elle a vingt-deux ans car, miraculeusement, elle n'est pas morte. Elle a reçu deux balles dans la poitrine et elle a été jetée de l'automobile en marche. Elle est encore inconsciente, mais les médecins sont formels : elle s'en tirera. Son témoignage sera bien sûr capital dès qu'on pourra l'interroger...

Pourtant ce n'est pas Cynthia Moore qui apporte au lieutenant l'élément suivant de son enquête, c'est le criminel lui-même. Le lendemain de l'agression, le 9 août, Jerry Skelton, l'adjoint de Chambers, vient lui remettre une lettre. L'écriture est la même que la première fois, c'est bien celle du tueur fou :

« Encore une de ces créatures en moins ! J'en tuerai d'autres, faites-moi confiance. Et il y aura aussi d'autres flics qui rôtiront dans les bagnoles, comme le sergent Howard Wilcox. »

Le lieutenant Philipp Chambers jette avec rage le papier sur la table :

— Il continue à se foutre de nous ; mais ça ne durera pas éternellement !

Le sergent Skelton a l'air gêné :

— Excusez-moi, lieutenant, mais il y a quelque chose qui me chiffonne dans cette lettre. C'est à propos de Wilcox...

Le lieutenant l'interrompt d'un ton impatient :

— Et alors ?

— Eh bien, tous les journaux ont parlé de ce qui est arrivé au pauvre Wilcox, mais je ne pense pas qu'ils aient cité son prénom. Or le tueur écrit : « Howard Wilcox ».

Philipp Chambers répète sa question d'un ton plus impatient encore.

— Et alors ?

Jerry Skelton n'en mène visiblement pas large, mais il poursuit néanmoins :

— Il y a aussi le fait qu'il ait quitté la route nationale juste avant le barrage que nous avions installé. Alors, je me demande s'il ne serait pas... l'un des nôtres.

Du coup, la colère du lieutenant tombe brusquement. Elle fait place à une hilarité grandissante :

— Sacré Skelton ! Il n'y a que vous pour sortir des trucs pareils.

Le sergent Skelton, lui, n'a pas l'air du tout de s'amuser :

— On pourrait au moins vérifier l'emploi du temps et les empreintes des policiers de Baton Rouge...

Philipp Chambers perd brutalement son sourire :

— Bon. Ça suffit comme ça ! Vous allez partir immédiatement en patrouille pour retrouver l'Oldsmobile.

Jerry Skelton n'insiste pas et se retire...

10 août 1972. Le lieutenant Philipp Chambers interroge, à l'hôpital

de Baton Rouge, la jeune Cynthia Moore. Elle a eu beaucoup de chance : une des balles est passée tout près du cœur, l'autre a perforé le poumon droit. Elle parle d'une voix faible, mais elle parle.

— C'est un jeune homme de vingt-cinq ans environ, blond, une figure un peu enfantine. Il avait l'air très gentil. Je ne me suis pas méfiée. Je suis montée et cela a été terrible...

La jeune fille s'arrête un instant pour reprendre son souffle. Elle poursuit :

— Il s'est transformé sous mes yeux. D'abord ses mains se sont mises à trembler. Ensuite, il a commencé à dire des mots sans suite, d'un ton précipité, incompréhensible. Alors il s'est tourné vers moi et j'ai vu son regard !

Le lieutenant Chambers questionne à mi-voix :

— C'est à ce moment-là qu'il a tiré sur vous et qu'il vous a poussée par la portière ?

— Non. C'est moi qui me suis jetée en marche. C'était ma seule chance. Mais il a quand même eu le temps de tirer.

Et l'interrogatoire se poursuit pendant quelque temps encore. Malgré son état de faiblesse, Cynthia Moore se révèle un auxiliaire très précieux. Elle possède visiblement un sens aigu de l'observation et elle donne du meurtrier une description détaillée qu'elle complète par un croquis de sa main.

Le lendemain, tous les policiers de Baton Rouge sont munis du portrait-robot du tueur fou... Ce jour-là le sergent Jerry Skelton est en patrouille avec l'un de ses collègues, Richard Green. Brusquement, ce dernier, qui était au volant, fait piler la voiture. Il agrippe le sergent par le bras :

— Regardez ce gars-là sur le trottoir, avec son chien. Vous ne trouvez pas qu'il ressemble au portrait-robot ?

Jerry Skelton sort la photo de sa poche :

— Oui. Il y a un petit quelque chose. On va l'interroger.

L'interpellation du monsieur au chien ne donne rien. Visiblement ce n'est pas lui. Mais, depuis quelques instants, le sergent Skelton éprouve un étrange malaise... Le portrait-robot ! Il ressemble beaucoup plus à Richard Green qu'au promeneur qu'il est en train d'interroger ! C'est même lui tout craché !

Une fois rentré au poste, Jerry Skelton se précipite dans le bureau du lieutenant.

— J'ai trouvé le tueur. C'est Richard Green.

Philipp Chambers a un haut-le-corps :

— Vous ne voulez pas dire l'agent Green?

Le sergent Skelton met le portrait-robot sous le nez de son chef.

— Si. C'est bien ce que je veux dire. Regardez!

Le lieutenant pâlit... La ressemblance est, en effet, criante. Cet homme, pourtant, il le côtoie tous les jours, mais il n'a pas fait le rapprochement parce qu'une telle chose lui semblait impossible, monstrueuse. Le sergent Skelton s'exprime avec volubilité :

— La voiture qu'on avait tout à l'heure est en bas. Il y a ses empreintes sur le volant. Il faut les comparer avec celles du tueur!

Philipp Chambers l'interrompt :

— Sergent, je sais ce que j'ai à faire...

Un quart d'heure plus tard, tous les doutes sont levés : les empreintes de Richard Green sont identiques à celles du tueur et il était en congé lors des deux agressions. Le lieutenant le convoque dans son bureau.

Richard Green est, peu après, devant lui, l'air interrogateur. Il faut vraiment de l'imagination pour voir en lui un criminel diabolique. Le lieutenant Chambers jette sans préambule :

— C'est fini, Green! Vous êtes démasqué. Le tueur, c'est vous.

Au début, Richard Green nie farouchement, mais lorsque ses collègues découvrent chez lui un véritable arsenal et les explosifs qui ont servi pour l'incendie des voitures, il avoue :

— Oui, j'ai voulu vous tuer! Depuis que je suis entré dans la police, tout le monde m'a méprisé, le lieutenant m'a fait faire la circulation, répondre au standard, taper à la machine. Alors, j'ai voulu me venger, tuer les flics et aussi les ridiculiser parce que j'étais sûr qu'ils ne me trouveraient pas. Je m'étais dit que jamais un flic ne penserait qu'un autre flic ait fait le coup.

— Et les filles? C'étaient pas des flics!

Green a un curieux regard :

— Elles, c'était autre chose. Elles étaient impudiques, surtout avec leurs jambes. Alors il fallait bien que quelqu'un se charge de les éliminer...

Soumis à toute une série d'examens psychiatriques, Richard Green a été reconnu fou et interné.

Depuis, les habitants de Baton Rouge respirent, même si, quelquefois, ils ont de drôles de regards en direction des policiers qu'ils croisent dans la rue...

Une erreur de personne

6 février 1956, dans une petite rue du quartier de la gare de Lyon à Paris, un homme de trente-cinq ans environ pousse la porte du débit de boissons-bureau de tabac-bougnat qui est, comme toujours, animé et bruyant.

Albert Renaud, son béret sur la tête, son sac à provisions à la main, lance un bonjour rapide à la clientèle. Seul le patron lui répond, sans trop lui prêter attention :

— Alors, ça va comme vous voulez, monsieur Albert ?

Monsieur Albert est un bon client. Cela fait plusieurs années qu'il est un habitué du bistrot. Mais le patron ne l'aime guère. Albert Renaud est un râleur, un mauvais caractère et il s'est quelquefois pris de querelle avec les autres clients. Son mariage, il y a six mois, avec une femme beaucoup plus jeune que lui, n'a rien arrangé, bien au contraire. Depuis, chaque soir ou presque, il allait faire part de ses inquiétudes conjugales :

— Françoise me trompe, c'est sûr ! J'aurais jamais dû l'épouser. Elle profite que je suis au travail. Mais tiens, je vais aller lui faire sa fête !

Et, après trois ou quatre verres, Albert Renaud partait, l'œil mauvais, le pas vengeur, vers son appartement dans l'immeuble d'à côté...

Mais, ce soir-là, monsieur Albert répond à la question conventionnelle du patron, d'un ton particulièrement chaleureux :

— Oui, très bien ! Je vais très bien !

Le patron est surpris du sourire qui illumine son visage. Il se croit obligé de poursuivre la conversation.

— Et votre dame, ça va aussi ?

Albert Renaud accentue son sourire. Il met un doigt devant ses lèvres et prononce d'un ton confidentiel, un ton de complicité :

— Elle dort...

Le patron, hoche la tête sans se compromettre et s'enquiert de ce que désire son client. Ce dernier lui demande quatre paquets de gauloises et un litre de rouge.

— Et avec cela, qu'est-ce que je vous sers?

Le même sourire illumine le visage d'Albert Renaud :

— Rien du tout. Je dois rejoindre ma femme.

Et il s'en va, avec son vin et ses cigarettes...

Une fois qu'il a refermé la porte, le patron du bistrot s'adresse à la cantonade.

— Dites donc, monsieur Albert, vous l'avez déjà vu partir sans boire le coup? Ce n'est pas possible, on nous l'a changé!

16 février 1956. Dix jours se sont écoulés. Madame Verrier, quarante-cinq ans, gravit avec peine les cinq étages de l'immeuble qu'habite sa fille, devenue il y a six mois, par son mariage, madame Albert Renaud.

Madame Verrier est inquiète. Dimanche dernier, Françoise et son mari ne sont pas venus chez elle, alors qu'elle les avait invités et, depuis, pas la moindre nouvelle. Serait-elle malade ou aurait-elle des problèmes avec Albert, car elle a cru comprendre qu'entre eux, tout n'allait pas pour le mieux...

Madame Verrier arrive, tout essoufflée, au cinquième étage. Elle appuie sur la sonnette. Il y a un moment de silence, un bruit de pas. La porte s'ouvre. Elle reconnaît son gendre.

— Tiens, c'est vous, belle-maman! Entrez, je vous en prie.

Dans l'esprit de madame Verrier, deux impressions contradictoires surgissent simultanément, qui la mettent dans un état de malaise. Albert lui a parlé gentiment avec un bon sourire amical. C'est très étonnant. Jusqu'ici, il s'est montré réservé vis-à-vis d'elle, pour ne pas dire hostile. Mais, en même temps, l'aspect physique de son gendre a quelque chose d'inquiétant. Il s'est laissé pousser la barbe, une barbe noire qui lui mange le visage d'une manière désordonnée. Sa tenue est négligée et ses yeux ont une curieuse fixité. Madame Verrier résume intérieurement son impression : « Il a l'air d'un fou, mais gentil : oui c'est cela, un fou gentil. »

Elle se reprend et pose la seule question qui l'intéresse :

— Où est Françoise?

Albert Renaud lui répond en baissant la voix : d'un ton pénétré comme s'ils se trouvaient tous deux à l'église :

— Elle est dans la chambre. Elle dort...

Madame Verrier se précipite. Qu'est-ce qui a déclenché en elle le signal d'alarme ? L'air étrange de son gendre ? Cette phrase apparemment sans signification : « Elle dort » ? Ou alors, cette odeur douceâtre et horrible, qui vous prend à la gorge, malgré celle du tabac froid ?

Un quart d'heure plus tard, deux agents de police emportent sur un brancard le corps de Françoise Renaud assassinée de plusieurs coups de revolver environ une dizaine de jours plus tôt. C'est du moins ce qu'a dit le médecin après un examen rapide.

La mère de la victime, très choquée, a été conduite à l'hôpital. Le commissaire du XIIe arrondissement pose, sur les lieux mêmes, ses premières questions à Albert Renaud. Il lui met sous le nez le revolver qu'il vient de trouver au pied du lit conjugal où le corps était allongé.

— Cette arme, c'est à vous ?

Albert Renaud hoche la tête, avec son sourire qui ne le quitte pas.

— Bien sûr, c'est mon revolver...

Le commissaire le regarde. Son interlocuteur lui a répondu d'un ton banal, presque bon enfant, comme s'il ne se rendait pas compte de la gravité de la question.

A quoi joue-t-il ? Et cette pièce, avec ces centaines de cigarettes écrasées à même le sol, ces bouteilles vides : qu'est-ce que ça veut dire ? Il serait resté dix jours près du cadavre de sa femme ? Est-il fou ? Est-ce une mise en scène ?

Albert Renaud fixe le commissaire, lui aussi, l'air interrogateur, comme s'il attendait la suite des événements. Il tourne légèrement la tête, et c'est alors que le commissaire remarque un trou rouge à sa tempe droite.

Après quinze jours d'enquête, le commissaire a reconstitué le crime de la gare de Lyon.

Albert Renaud est bien le meurtrier de sa femme. Il n'y a que ses empreintes qui figurent sur l'arme. Après son crime, il s'est tiré une balle dans la tête. Depuis son arrestation, il a été opéré ; l'intervention a réussi, mais il est toujours hors d'état de parler.

D'après l'état du cadavre, le meurtre a eu lieu le 6 février. Françoise Renaud a été tuée de quatre coups de revolver, tous mortels. Auparavant, elle avait eu une dispute avec son mari. Dans la salle à manger, il y a une lampe et de la vaisselle brisée. C'est là qu'elle a été tuée. Après, Albert Renaud a porté le corps sur le lit conjugal.

Sur les raisons du meurtre, il n'y a aucun doute. Les témoignages sont unanimes. Bien que marié depuis six mois, le couple ne s'entendait pas. Françoise n'avait que dix-huit ans et Albert trente-cinq. Tout de suite, Albert a été saisi d'une jalousie maladive, féroce. Rapidement, dans le ménage les scènes ont été quotidiennes. Les voisins ont plusieurs fois appelé police-secours. Il la battait, il l'a menacée publiquement de la tuer... et il a fini par le faire.

Seulement, après, il a voulu se faire justice et il a survécu, apparemment sans le moindre mal, avec une balle dans la tête.

Et c'est là le plus extraordinaire. Du 6 au 16 février, jusqu'à l'arrivée de la mère de Françoise, Albert Renaud a vécu dix jours auprès du cadavre de sa femme. Il est sorti dix fois, une par jour, pour s'acheter du vin et des cigarettes. Il n'a rien mangé. Il a bu dix litres de vin et fumé quarante paquets de Gauloises.

Aussi, le commissaire attend-il avec impatience le rapport des médecins qui ont opéré Albert Renaud. Sur le plan policier, le travail est terminé. C'est aux médecins maintenant de dire si le criminel est encore responsable ou si son suicide manqué a détruit de manière irrémédiable son cerveau...

2 mars 1956. Dans le bureau du commissaire du XIIe arrondissement de Paris, un professeur de l'hôpital de la Salpétrière vient de prendre place.

— Un cas sans précédent, monsieur le commissaire. La balle qu'Albert Renaud s'est tirée dans la tempe a été extraite sans trop de mal. Ses jours ne sont plus en danger. Seulement, il ne sera jamais comme avant.

— Vous voulez dire qu'il est devenu fou ?

— Justement pas ! Il peut être qualifié de normal. Seulement sa personnalité a changé du tout au tout. La balle a suivi un trajet absolument miraculeux... Savez-vous ce que c'est qu'une lobotomie ?

Le policier avoue son ignorance.

— C'est une opération qui n'a jamais été tentée jusqu'à présent, tant à cause de sa difficulté technique qu'à cause des problèmes moraux qu'elle pose. Elle consiste à couper certains raccords entre différents centres nerveux, sans détruire aucune partie du cerveau. Cela suffit pour transformer la personnalité d'un individu... Eh bien c'est ce qu'a fait la balle que s'est tirée le meurtrier. Il y avait une chance sur un million !

Le commissaire referme son dossier et remercie le professeur. Albert Renaud n'est pas fou, donc il ira devant ses juges, même s'il y a là quelque chose d'un peu choquant. Mais ce n'est pas là son problème. La police fait son travail, à la justice de faire le sien.

Les juges et les jurés voient entrer Albert Renaud le 12 décembre 1956, dans la grande salle du palais de justice de Paris.

S'il n'avait ses menottes aux poignets et s'il n'était entouré de deux gendarmes, on aurait du mal à le prendre pour un criminel répondant d'un meurtre particulièrement sauvage.

Il est habillé avec correction, quoique sans recherche, bien rasé, bien coiffé. Mais il a surtout un air étrange, un air d'une incroyable douceur...

Le président ouvre les débats. Il commence, comme il est d'usage, par l'interrogatoire d'état civil :

— Vos nom, prénom et qualité ?

— Renaud, Albert, vendeur...

— Vous êtes accusé d'avoir tué votre femme, Françoise, née Verrier le 6 février 1956.

Albert Renaud semble avoir la tentation de parler. Il regarde son avocat. Il a encore un sourire, un sourire serein et il se rassied sans avoir dit un mot.

Les débats se poursuivent... Voici madame Verrier qui vient à la barre. Elle est vêtue de noir et elle a du mal à retenir ses larmes. En la voyant s'approcher, Albert Renaud lui sourit à elle aussi, comme s'il était content de la voir. On sent que pour un peu il lui demanderait des nouvelles de Françoise !

Madame Verrier fait le récit dramatique du jour où elle a été chez sa fille et de la découverte de son cadavre sur le lit conjugal...

Albert Renaud écoute sans émotion apparente. Quand madame Verrier a fini, il ne peut s'empêcher de lui dire :

— Il ne faut pas être triste, belle-maman, elle dormait.

Son avocat essaie de le faire taire, mais Albert murmure encore plusieurs fois :

— Elle dormait...

Dans le public, chez les juges et les jurés, il y a un moment de flottement. La plupart semblent choqués. Jamais on n'a vu, chez un accusé, une absence aussi totale de remords. Non seulement il n'est pas ému, ni même troublé, mais il sourit, comme s'il était content de lui !

Pourtant, la déposition suivante va tout remettre en cause et donner à ce procès sa véritable dimension.

Le professeur de la Salpétrière qui a opéré Albert Renaud, s'avance à la barre. Il parle d'une voix ferme :

— La balle que l'accusé s'est tirée dans la tête, après son meurtre, n'a opéré dans son cerveau aucune action destructrice mais elle a modifié sa personnalité. C'est le premier cas de cette espèce, à ma connaissance.

Le professeur continue son exposé par une succession de termes techniques. Mais les juges et les jurés font tous leurs efforts pour le suivre, car ils ont conscience d'être en présence d'un cas exceptionnel.

Le praticien en vient aux conclusions de son rapport, qui, elles, sont compréhensibles par chacun.

— Il y a deux Albert Renaud, l'ancien, celui qui existait avant son meurtre et sa tentative de suicide : un être emporté et violent, aux dires de tous ceux qui l'ont connu, et d'une jalousie maladive. Et puis, il y a celui qui est devant vous. Je l'ai longuement interrogé. C'est un être pacifique et doux, trop doux même. Les modifications créées dans son cerveau ont supprimé en lui toute agressivité à un point extrême, voire dangereux pour lui. Car une certaine dose d'agressivité est nécessaire à l'équilibre et même à la vie tout court. C'est d'ailleurs une des raisons qui font que ce genre d'opération n'est jamais pratiquée. Nous sommes là dans un domaine inexploré dont Albert Renaud représente un cas exceptionnel et unique...

Sur son banc, l'accusé regarde le médecin avec incrédulité et secoue la tête plusieurs fois. Il a l'air de se dire : « Mais de quoi parle donc le docteur ? Ça n'a pas de sens ce qu'il dit. Comment peut-on être trop doux ? Comme si c'était un défaut ! Et puis, cet ancien Albert Renaud, je ne sais pas qui c'est, je ne le connais pas, j'ai toujours été comme je suis. »

L'accusé fronce les sourcils, puis il ferme les yeux et baisse la tête. Des pensées désagréables semblent traverser son esprit.

« C'est vrai, il y a ce trou noir. Que s'est-il passé avant que Françoise ne se soit mise à dormir ? Mais ça va sûrement me revenir... »

Il redresse la tête. Évidemment il devrait leur dire à tous qu'ils se trompent, qu'il n'a rien à voir avec toute cette histoire horrible dont il ne comprend pas un mot.

Dans le prétoire, tandis que le médecin continue à parler, Albert Renaud hausse les épaules...

Non, il ne dira rien. A quoi bon protester ? A quoi bon se battre ? Il a horreur de cela, se battre, c'est inutile, c'est méchant. Alors il vaut mieux ne rien faire. Il continue à écouter comme il l'a fait jusqu'à présent, sans comprendre. Le trou noir finira bien par s'en aller. Tout finit par s'arranger. Albert Renaud est confiant...

Le professeur de la Salpêtrière termine son exposé. Il parle d'une voix forte.

— Albert Renaud est mort. Il n'a pas raté son suicide. L'être qu'il était auparavant a bien été anéanti puisqu'il n'en a plus et qu'il n'aura jamais aucun souvenir. Mais par un hasard miraculeux, la vie a continué en lui, la vie d'un autre être qui n'a rien de commun avec le précédent. L'homme que vous avez devant vous n'est pas Albert Renaud. C'est même son contraire. C'est un être fragile, vulnérable qui réclamerait plutôt la protection que le châtiment.

A part Albert Renaud, qui visiblement n'a rien compris, tous les assistants de ce procès semblent bouleversés et plus que cela, troublés, inquiets ; comme s'ils avaient devant eux quelque chose de totalement nouveau, quelque chose qui n'a pas de nom et en face duquel aucun schéma connu, aucune réaction normale ne sont appropriés.

Albert Renaud, le protagoniste banal d'un drame de la jalousie dans un quartier populaire de Paris, prend soudainement des allures d'extraterrestre. Et c'est pourtant lui qu'il va falloir juger au moyen d'un code pénal qui semble dérisoirement terre à terre.

Les jurés sont silencieux à leur banc. Le public les regarde. Il n'aimerait pas être à leur place...

Le procureur fait tous ses efforts pour dissiper ce malaise. Il s'en tient aux faits. Il est précis, rigoureux, rassurant : l'accusé est bien Albert Renaud, il a répondu sans hésitation à l'interrogatoire d'identité. Il est bien le meurtrier de sa femme : ce sont ses empreintes qui étaient sur le revolver. Il est coupable, et la justice exige qu'un coupable soit puni !

Les jurés de la Seine ont suivi le procureur : Albert Renaud a été reconnu coupable et condamné à vingt ans de réclusion. Peut-être n'ont-ils pas cru le professeur, peut-être ont-ils été effrayés par ce qu'aurait supposé un verdict de clémence. Un homme pourrait-il continuer à vivre en cessant d'être lui-même ? Le plus simple était de s'en tenir aux lois. N'était-ce pas ce qu'on attendait d'eux ?

Après l'énoncé du verdict, suivant l'usage, le président a demandé au condamné s'il avait quelque chose à ajouter.

Albert Renaud s'est levé. Il est resté un instant silencieux. Visiblement il s'est demandé s'il allait oser parler ou pas. Et puis il a osé. Il a dit d'une voix timide :

— Je vous demande pardon, monsieur le président, mais n'y aurait-il pas une erreur de personne dans ce procès ?

L'incorruptible

Manolopan est une banlieue résidentielle de Miami, en Floride. Mais le terme de banlieue est impropre, avec tout ce qu'il évoque de grisaille et d'uniformité. Ici, au contraire, c'est le royaume de la couleur : le bleu de la mer, la plage dorée, le vert des palmiers, la tache éclatante que font les massifs de fleurs dans les jardins et les contre-allées des avenues ; c'est un cadre en technicolor pour riches bourgeois et vacanciers aisés.

Ce jour-là, le 14 juin 1955, à neuf heures du matin, deux réparateurs de télévision roulent à petite allure à bord d'une camionnette.

— Arrête-toi, c'est là... Dis donc, les veinards, ce qu'elle est chouette leur maison !

— C'est une maison de juge, quoi !

En effet, l'adresse à laquelle ils se rendent pour réparer un téléviseur est celle d'un juge au tribunal de Miami. Pour eux, c'est un travail comme les autres, un matin comme les autres.

Les deux employés sonnent à la porte. Personne ne répond.

— On dirait qu'ils dorment encore...

— Ben dis donc, c'est pas très sérieux pour un juge ! Insiste encore un peu.

Mais, décidément, la luxueuse maison reste silencieuse. On n'entend que le bruit de la mer toute proche. L'un des deux hommes se décide.

— Allons-nous-en. On ne va pas attendre des heures.

Mais l'autre ne répond pas, il fixe quelque chose par terre.

— Tu as vu ces taches sur l'escalier ? Tu ne trouves pas ça bizarre ? Note bien que c'est peut-être de la peinture rouge.

Son collègue se penche à son tour.

— Peut-être... Mais je crois qu'on devrait quand même prévenir la police.

En s'éloignant, les deux hommes relisent, sur leur carnet, le nom du client qu'ils devaient dépanner : Chillingworth, le juge Curtis Chillingworth : un nom qu'ils ne sont pas près d'oublier.

Le shérif Frank Ebersold arrive un quart d'heure plus tard devant la luxueuse maison de Manolopan. Les deux réparateurs de télévision l'attendent, les bras ballants, passablement irrités par ce contretemps. Le shérif se penche sur les taches suspectes qu'ils lui désignent.

— Pas de doute, c'est bien du sang!

Sans perdre de temps, il ouvre la porte avec un passe-partout et entre. Les pièces du rez-de-chaussée sont vides. Au premier étage, ce sont les chambres. Dans la plus grande, probablement celle du couple, les lits jumeaux sont défaits. Dans un coin de la pièce, soigneusement rangés, il y a des vêtements d'homme et de femme. Pas de trace de lutte. Tout évoque un départ précipité.

Le shérif Ebersold ouvre les tiroirs de la coiffeuse près de la fenêtre. C'est là que beaucoup de femmes rangent leurs bijoux... Et les bijoux sont là : un collier, des bagues. Le shérif n'est pas un spécialiste, mais il suppose que ce sont des pierres de valeur. Ce n'est donc pas un crime crapuleux, si crime il y a... Dans le reste de la maison, il n'y a pas d'autre indice, et pourtant il faut se rendre à l'évidence : le juge Curtis Chillingworth et sa femme Marjorie ont disparu.

Et c'est toute une affaire! Le juge Chillingworth n'est pas n'importe qui. A cinquante-huit ans, il a derrière lui trente-quatre années de carrière au service de la justice. A Miami, sa réputation est considérable. Il est l'image même de la rigueur professionnelle, de l'honnêteté intransigeante. C'est un homme froid, austère, qui a peu d'amis, mais que tout le monde respecte.

Frank Ebersold a déjà eu personnellement affaire à lui. Il a toujours été impressionné par son aspect physique : très grand, très droit, les lèvres minces, de petites lunettes cerclées de fer, une voix plutôt grêle, une façon à la fois précise et un peu sèche de s'exprimer.

Le shérif commence son enquête. Il a, bien sûr, tout de suite prévenu les autorités, qui se sont vivement émues. Le gouverneur de l'État de Floride lui a demandé de le tenir personnellement au courant de tous les développements.

Le shérif Ebersold charge plusieurs de ses inspecteurs de se renseigner sur la vie privée de Chillingworth, car il faut bien vérifier toutes les hypothèses. Mais, franchement, il ne s'attend à rien de ce côté-là. Un homme comme lui n'a pas de vie privée. Qu'il ait pu tuer sa femme et s'enfuir ou qu'ils se soient suicidés tous les deux paraît inconcevable, saugrenu. D'ailleurs, les informations que recueillent rapidement les enquêteurs dissipent tous les doutes : la vie privée du juge était aussi irréprochable que sa carrière de magistrat.

Alors, il ne reste plus que deux possibilités : l'enlèvement et le meurtre. C'est d'abord à l'enlèvement que pense le shérif Ebersold. A cette époque, aux États-Unis, les rapts de juges sont relativement fréquents. Même si Chillingworth n'a pas de fortune personnelle, les ravisseurs ont pu penser que des citoyens aisés de Miami seraient disposés à payer sa rançon. Et c'est en effet le cas. Des personnalités, dont le gouverneur en personne, ont formé un comité pour venir en aide au juge Chillingworth. Un religieux, le révérend Harry Waler, s'est offert pour servir d'intermédiaire avec les kidnappeurs; il a même répété plusieurs fois son appel à la télévision.

Mais c'est le silence. Les jours passent : une semaine, quinze jours... Cette fois, il ne reste plus qu'une hypothèse, la plus sombre : le juge et sa femme ont été assassinés.

Le shérif est pressé par les autorités et par le gouverneur lui-même d'accélérer son enquête, d'aboutir le plus vite possible, car la disparition de Chillingworth est très mal tolérée dans l'opinion publique; elle risque d'avoir des prolongements politiques.

Pourtant, malgré tous les moyens qu'on a mis à sa disposition, il n'avance pas d'un pouce. Il n'a aucune piste, aucun indice, à part ces taches de sang qui ne font que confirmer le drame sans l'éclairer d'aucune manière.

Trois semaines après le début de l'enquête, le shérif Ebersold fait le point. Tous les renseignements qu'il a eus jusqu'à présent lui permettent de cerner avec précision la personnalité de Curtis Chillingworth : il était bon père, bon époux et n'avait pas de passion particulière à part son métier. Cet homme irréprochable, austère, incorruptible, était un juge, rien d'autre qu'un juge.

Donc, ce n'est pas l'individu qu'on a assassiné, c'est le juge. Il faut reprendre une par une toutes les affaires dont il s'est occupé. Il ne peut s'agir que d'une vengeance de quelqu'un qu'il a condamné. C'est dans la liste des personnes qu'il a jugées que se trouve le nom du meurtrier.

Le shérif Ebersold se fait communiquer tous les dossiers qu'a traités le juge Chillingworth. En trente-quatre ans de carrière, cela fait, évidemment, une pile impressionnante. D'emblée, il décide d'écarter les affaires les plus anciennes. Il est peu probable que quelqu'un ait attendu trente-quatre ans ou même vingt ans pour se venger du juge. Il faut donc voir dans les procès les plus récents. D'autre part, il faut écarter aussi les truands sans envergure. Quelqu'un qui décide d'abattre un juge et sa femme par pure vengeance n'est assurément pas le premier venu. Il doit disposer de complicités, peut-être même d'appuis, pour se lancer dans un coup aussi risqué et, somme toute, gratuit.

En parcourant la pile de l'année 1953, le shérif a un choc : l'affaire Douglas Budge ! Il s'en souvient parfaitement ; on en avait suffisamment parlé à l'époque. Douglas Budge était le propriétaire d'une chaîne de motels en Floride. On le soupçonnait de se livrer au jeu clandestin, mais on n'avait jamais rien pu prouver contre lui. C'était un homme considérable tant par sa fortune que par les appuis politiques plus ou moins occultes qu'il avait un peu partout.

C'était le juge Chillingworth qui avait été chargé de l'affaire et il n'y avait sans doute que lui qui pouvait la mener à bien. Le dossier montre qu'il a commencé à s'attaquer à Budge dès 1949. Pendant quatre ans, il a dû résister à toutes les pressions, à toutes les menaces et il a fini par le coincer en 1953 pour fraude fiscale. A son procès, Douglas Budge en a pris pour quinze ans. Une condamnation qui a fait sensation !

Le shérif Ebersold réfléchit... Budge avait l'envergure nécessaire pour accomplir un tel acte. Et en plus, il avait des raisons. Bien sûr, il est toujours en prison, mais cela ne veut rien dire : ce genre d'homme ne se salit jamais les mains ; il paie deux ou trois tueurs et voilà tout.

A partir de ce moment, le shérif fait surveiller toutes les visites que Douglas Budge reçoit dans sa prison de Tallahassee. Il a obtenu que tout son courrier passe entre ses mains. Des dizaines d'inspecteurs suivent discrètement jour et nuit les anciens collaborateurs du truand.

Mais, au bout d'un mois, les efforts du shérif Ebersold n'ont pas donné le moindre résultat. Douglas Budge semble s'être définitivement rangé. Alors, comme il ne peut pas continuer indéfiniment une surveillance qui exige de tels moyens, le shérif décide de jouer le tout pour le tout. Il se rend dans la cellule de Budge et tente de l'avoir au bluff.

— C'est fini, Budge ! Un de vos hommes a parlé.

Douglas Budge a l'air d'un prisonnier plutôt tranquille. Avec l'inaction, il a pris un certain embonpoint. Il écarquille les yeux.

— Et qu'est-ce qu'il a dit ?

— La vérité à propos du juge. Nous savons tout.

Douglas Budge a l'air de plus en plus étonné.

— Mais quel juge, shérif ?

— Le vôtre, évidemment ! Curtis Chillingworth.

Budge commence par éclater de rire, mais brusquement, il redevient sérieux. Il a l'air blessé.

— Vous mentez, shérif, et vous n'en avez pas le droit ! Chillingworth m'a poursuivi pendant des années, et c'est à cause de lui que je suis ici. Mais je vais vous dire une chose : cet homme-là, je l'ai toujours respecté. Il faisait son boulot de juge et il le faisait bien. Quand j'ai appris sa mort, j'ai été tout aussi scandalisé que vous.

Frank Ebersold doit reconnaître son erreur. Un pareil accent de sincérité ne peut tromper. De plus, il n'y a pas le moindre indice contre Douglas Budge. C'est donc que la piste était fausse. C'est quelqu'un d'autre.

Mais qui ? En même temps qu'il surveillait Budge, le shérif s'est livré à un travail gigantesque, écrasant. Il a vérifié toutes les affaires jugées par Curtis Chillingworth et, à part Budge, il ne voit pas de suspect possible.

Cela va faire près de deux mois que le juge et sa femme ont disparu. Un crime qui ressemble de plus en plus à un crime parfait...

Le shérif Ebersold a alors une illumination : jusqu'ici, il n'a eu en main que les affaires que Chillingworth avait traitées, mais pas celles qui étaient en cours au moment où on l'a assassiné. Et si ce n'était pas une vengeance, pour lui faire payer une condamnation qu'on l'avait tué, mais pour l'empêcher d'en prononcer une ?

Le shérif se rend le jour même chez le successeur de Curtis Chillingworth, un certain Abraham Wilson. L'homme a tout du grand bourgeois plutôt mondain. Rien à voir avec l'austérité glaciale du juge assassiné. Il l'accueille d'une manière affable.

— Alors, shérif, avez-vous du nouveau pour ce malheureux Chillingworth ?

— Rien pour l'instant, mais c'est peut-être vous qui allez m'aider.

Parmi les affaires dont il s'occupait et que vous avez reprises, est-ce qu'il y en a une qui vous a semblé importante ?

Le juge Wilson réfléchit quelques instants, les mains dans les poches de son gilet.

— A priori, rien de bien marquant... A part, peut-être cette triste histoire. Je dis « triste histoire » parce que c'était un membre de notre profession qui était en cause, le juge Joseph Peel.

Frank Ebersold ressent une sorte de tressaillement.

— Parlez-moi de ce Joseph Peel.

— Un garçon très brillant. Il est avocat et juge municipal à West Palm. Je suis sûr qu'il est promis à un très bel avenir. Malheureusement, il est un peu pressé d'arriver et il commet quelques fautes.

— C'est une de ces fautes que Chillingworth s'apprêtait à juger ?

— Oui. Une affaire de divorce. Joseph Peel avait dit à sa cliente que le divorce avait été prononcé, ce qui n'était pas vrai. Elle s'est remariée et a été arrêtée pour bigamie. Elle a alors porté plainte contre lui.

— Quand Curtis Chillingworth devait-il juger le procès ?

— Il était prévu pour juillet 1955.

— Et, à votre avis, quel verdict aurait-il rendu ?

— Vous connaissiez Chillingworth comme moi, shérif. Il se serait certainement acharné sur Peel. Il aurait brisé sa carrière.

Le juge Abraham Wilson tire une bouffée du cigare qu'il vient d'allumer.

— Quant à moi, j'ai préféré essayer une transaction. Peel a versé une forte somme à la plaignante et tout est rentré dans l'ordre. Comme on dit, un mauvais arrangement vaut mieux qu'un bon procès, n'est-ce pas ?

En quittant le cabinet du juge, Frank Ebersold sent qu'il approche peut-être enfin du but. Avant tout, il faut se renseigner sur Joseph Peel, savoir qui il est exactement.

Deux jours plus tard, il connaît tout sur lui. Il a sa photo sur son bureau. Un bel homme, soigné, un peu trop même. Il a une certaine ressemblance avec Marlon Brando, à l'exception de ses cheveux blonds légèrement et savamment ondulés. Sur le cliché, Joseph Peel a pris une posture avantageuse, il arbore un sourire satisfait. Il est vêtu avec une recherche un peu ridicule : costume rayé, cravate bariolée et pochette assortie.

Et la mentalité du personnage est tout à fait en conformité avec son physique et sa toilette. D'après tout ce que vient d'apprendre le shérif Ebersold, il n'y a qu'un seul mot pour le définir : arriviste. Dans le comté où il exerce depuis cinq ans, Peel ne cesse de multiplier les initiatives pour soigner sa popularité. Il s'est inscrit à toutes les associations philanthropiques et charitables; il reçoit beaucoup et fait tous ses efforts pour être reçu par les personnalités locales. C'est qu'il a des ambitions politiques et que, pour lui, ses fonctions actuelles ne sont qu'un tremplin en vue de sa réussite.

Malheureusement, si Joseph Peel est si soucieux de sa popularité, il est beaucoup moins attentif à ses activités professionnelles. L'histoire de la dame bigame n'est pas son premier faux pas. Le shérif a sous les yeux une autre affaire de divorce plus ancienne : sans doute pour ne pas perdre un client, Peel avait défendu à la fois les intérêts de la femme et du mari. La chose s'était arrangée au dernier moment, mais elle avait failli mal se terminer.

Frank Ebersold a ressorti la photo du juge Chillingworth. Il contemple le regard aigu derrière les lunettes cerclées de fer, les lèvres minces, serrées sur elles-mêmes sans l'ombre d'un sourire; c'était un homme qui ne cherchait pas à plaire, parce que seuls comptaient pour lui ses principes et la justice.

Quand Joseph Peel l'a rencontré, il a dû se rendre compte tout de suite qu'il n'avait aucune chance, ne pouvait attendre de lui aucune indulgence.

Le shérif imagine leur entrevue dans le bureau de Chillingworth, le regard glacial de ce dernier s'attardant sur la cravate et la pochette multicolore de son vis-à-vis et sa voix grêle détachant les syllabes :

— Vous êtes indigne d'exercer notre profession! Vous serez radié!

Pour Joseph Peel, c'était presque un arrêt de mort. Des années d'efforts, toutes ses ambitions, tous ses rêves, toute sa vie brisés, anéantis, tout cela par la faute d'un stupide petit juge entêté, incorruptible! Pourquoi fallait-il qu'il existe des gens avec qui on ne puisse pas s'arranger, transiger, des gens qui ne se taisent que lorsqu'ils sont morts?

Mais, pour l'instant, tout cela se passe dans l'esprit du shérif Ebersold. Il n'a pas la moindre preuve et il sait qu'il ne sera pas facile d'en avoir. Pour parvenir à un résultat, il faudra du temps, beaucoup de temps!

Pendant trois ans, le shérif ne perd pas un instant de vue les activités et les relations de Joseph Peel. Tout le monde a fini par oublier le juge Chillingworth, mais pas Ebersold. Patience..., se dit-il, Peel, est un ambitieux, un jour ou l'autre, pour arriver plus vite, il va commettre une erreur, et là, je le coincerai.

Et c'est en juin 1958 qu'il apprend enfin quelque chose de la bouche d'un de ses inspecteurs.

— Du nouveau chez Peel, shérif! Un de ses employés est parti avec la caisse : vingt mille dollars. Un certain Floyd Holzappel. Il se serait réfugié au Brésil. Bien entendu, Peel a porté plainte.

Le shérif reste un instant pensif. Ce n'est pas tout à fait cela qu'il attendait. Mais c'est tout de même quelque chose. Il faut agir sans perdre de temps.

Il se met en relation avec la police brésilienne. Il lui donne le signalement de Floyd Holzappel, recherché pour vol, mais il ajoute qu'il a peut-être été mêlé au meurtre d'un juge trois ans plus tôt. Peut-elle se renseigner?

La police brésilienne s'y prend avec beaucoup d'habileté. Quelques jours plus tard, Holzappel rencontre « par hasard », dans un bar de São Paulo, où il s'est réfugié, deux hommes charmants, sympathiques, avec qui il lie aussitôt amitié. Ceux-ci lui offrent un verre, puis un second, l'entraînant dans la tournée des boîtes. Au petit matin, Floyd Holzappel se met à parler devant son whisky.

— Je vais vous dire quelque chose parce que vous êtes de vrais amis. Nous, les Américains, on est des types terribles. Tenez, moi qui vous parle, j'ai tué un juge! Oui, un vrai juge et sa femme avec. J'étais avec un copain, Bobby qu'il s'appelait. Il est mort depuis, le pauvre. On est arrivés par bateau. Le gars qui nous avait payés nous avait dit : « Liquidez tous les témoins. » Alors, quand on a vu que le juge était avec sa femme, on l'a embarquée aussi. Ils ont voulu s'enfuir, mais on leur a tapé dessus, on les a ficelés et on les a mis dans le bateau. A un mille de la côte, on s'est arrêtés. On a d'abord balancé la bonne femme. Le juge s'est mis à crier : « Souviens-toi que je t'aime. » C'est fou ce que ça cause bien un juge! Et puis, on l'a balancé à son tour.

L'un de ses compagnons lui verse un autre whisky.

— Et le gars qui vous a payé, qui c'était?

— Alors là, vous allez rire, les gars! Figurez-vous que c'était un autre juge. Peel, qu'il s'appelait, Joseph Peel...

Arrêté, extradé, Holzappel a confirmé ses aveux devant le shérif Ebersold. Malgré ses dénégations indignées, ses menaces et tous les artifices de procédure qu'il a pu trouver, Peel a été arrêté et inculpé de meurtre.

A l'issue du procès, qui s'est ouvert le 6 mars 1961, Floyd Holzappel a été condamné à mort et Joseph Peel à la prison à vie.

A l'énoncé du verdict, le shérif Frank Ebersold s'est entendu murmurer :

— Chillingworth serait content.

Mais il s'est tout de suite repris :

— Non. Juge et partie, il n'aurait pas aimé ça. Il avait trop le sens de la justice.

Une place de coupable

Francis Bird franchit la grille de l'imprimerie Morrisson, à Albany, dans l'État de New York. Nous sommes le 29 mars 1976. Comme il s'agit d'un samedi, l'usine Morrisson est vide. Francis Bird est comptable aux établissements Morrisson et, tous les week-ends, il va quand même au bureau. Cela tient au fait que Francis Bird est particulièrement consciencieux et aussi qu'il a de bonnes raisons d'être agréable à son patron.

Francis Bird, trente-cinq ans, célibataire, ne ressemble pas à l'image traditionnelle qu'on se fait du comptable. Il est athlétique, pratique plusieurs sports, il est toujours d'une élégance raffinée et ses conquêtes féminines ne se comptent plus.

Il traverse rapidement la salle des machines avec les énormes imprimeuses silencieuses et emprunte un escalier métallique pour se rendre au premier étage, celui des bureaux. Le samedi, pour travailler plus à son aise, il s'installe dans celui de son patron. En arrivant dans le couloir, il constate que la porte est ouverte. Y aurait-il quelqu'un ? Certainement pas monsieur Morrisson, en tout cas. Pour lui, le week-end est sacré et il le passe toujours dans sa maison de campagne... Francis Bird entre dans la pièce et pousse un cri.

— Monsieur Morrisson !

Il se jette à genoux sur le tapis, mais il est trop visible qu'il n'y a rien à faire. Le patron de l'imprimerie Morrisson est aussi mort qu'on peut l'être. Il a été assassiné avec une sauvagerie inouïe, la tête broyée. L'arme du crime est d'ailleurs près du cadavre : il s'agit d'un lourd cendrier tout gluant de sang.

Hébété, Francis Bird se relève. C'est alors qu'il s'aperçoit que le coffre-fort est grand ouvert et vide. C'est dans ce coffre-fort qu'on gardait l'argent pour la paie des ouvriers. Or, celle-ci devait avoir lieu le lundi suivant...

Francis Bird sent les forces lui manquer. Ce qui lui arrive est une véritable catastrophe. Un tel coup du sort est inimaginable. D'ailleurs, est-ce un coup du sort ? Ne serait-ce pas plutôt une machination ?...

Le lieutenant Greg Nichols, de la police d'Albany, regarde l'homme qui se trouve en face de lui. Francis Bird, les menottes aux poignets, a l'air totalement désemparé.

— Puisque je vous dis que ce n'est pas moi !

— Vous parlerez quand je vous interrogerai... Voyez-vous, Bird, j'étais sûr qu'un jour je vous retrouverais en face de moi, mais je n'aurais pas cru que ce serait si vite et pour une chose pareille...

— Je vous jure que ce n'est pas moi, lieutenant. C'est une horrible fatalité !

Le ricanement du lieutenant Greg Nichols emplit son bureau à l'hôtel de police d'Albany.

— Ben voyons !

Pour comprendre la situation, il faut savoir que Francis Bird a déjà eu affaire avec la justice. Trois ans auparavant, il occupait ce même poste de comptable à l'imprimerie Morrisson. Francis Bird, excellent comptable, avait pourtant un défaut : sa passion pour le poker, il avait puisé dans la caisse et il s'était enfui... Une histoire banale qui s'était terminée tout aussi banalement par son arrestation et sa condamnation à un an de prison ferme. Ce qui est moins banal, en revanche, c'est l'attitude de la victime, monsieur Morrisson... A sa sortie de prison, il avait proposé à son ancien employé de le reprendre. Il avait toujours tenu Francis Bird en grande estime et il avait proposé de lui donner une seconde chance, moyennant la promesse de ne plus jamais jouer au poker.

En l'apprenant, le lieutenant Nichols, qui avait procédé à l'arrestation de Bird, était allé trouver monsieur Morrisson pour lui dire sa façon de penser.

— Vous jouez avec le feu, monsieur Morrisson. Croyez en mon expérience, quand le ver est dans le fruit, il y reste. Un pourri sera toujours un pourri.

Monsieur Morrisson n'avait pas voulu en entendre davantage et avait jeté le policier dehors. Francis Bird, quant à lui, a tenu scrupuleusement sa parole. Il n'a plus jamais joué au poker et il a eu à cœur de faire plus que son travail pour son employeur jusqu'à ce terrible samedi 29 mars...

— Monsieur Morrisson avait-il l'habitude de venir le samedi à son bureau ?

— Non, justement, jamais.

— Et vous ?

— Moi, si. Tous les samedis.

— Vous vous installiez où ?

— Dans le bureau de monsieur Morrisson. J'étais plus à l'aise. C'était d'ailleurs parfaitement entendu avec lui.

— Il n'est pas là pour dire le contraire... Donc, je récapitule : vous, vous venez tous les samedis dans son bureau, et lui, jamais, sauf ce samedi où il est assassiné par l'homme qui s'y trouve. Il y avait beaucoup dans le coffre, monsieur Bird ?

— Quatre-vingt mille dollars. Mais ce n'est pas moi.

— Dites-moi, à part le patron, qui connaissait la combinaison du coffre ?

— Moi, évidemment.

— Uniquement vous ?

— Oui, uniquement.

Le lieutenant Nichols se lève et tape du poing sur la table.

— Où sont les quatre-vingt mille dollars, Bird ?

— Écoutez, lieutenant, ce n'est pas moi !... Raisonnons calmement. Si j'étais l'assassin, pourquoi est-ce que je vous aurais appelé ? Cela aurait été de la folie, du suicide ! Car c'est moi qui ai appelé la police, oui ou non ?

— C'est exact. Vous avez peut-être craqué... Voyez-vous, je veux bien vous faire une concession : vous n'aviez pas l'intention d'assassiner monsieur Morrisson. Seulement, contrairement à toutes ses habitudes, votre patron est venu à son bureau aujourd'hui. Peut-être précisément parce que le coffre était plein et que, malgré tout, il ne vous faisait pas entièrement confiance.

— Mais ce n'est pas moi ! D'abord, comment aurais-je pu cacher l'argent ?

— Vous l'avez peut-être caché dans l'usine ; vous aviez peut-être un complice à qui vous l'avez remis. Mais ne vous inquiétez pas, nous le saurons. Tout finit par se savoir.

Dans sa voix, Francis Bird essaie de faire passer toute sa conviction.

— Ce n'est pas moi, je vous le jure !

— C'est vous! Cela ne peut être que vous. Il n'y a pas d'autre explication.

Le jeune comptable reste un instant la tête dans les mains et se redresse.

— Si, il y en a une! Et si tout cela avait été soigneusement prémédité? Le ou les coupables savent qu'avec mes antécédents ce sera forcément moi qu'on accusera, alors ils en profitent.

Le lieutenant Nichols a de nouveau un ricanement désagréable.

— C'est ingénieux. C'est même inventif. Seulement, votre histoire a un défaut.

— Lequel?

— Elle est beaucoup trop compliquée. Et moi, je suis pour les choses simples. C'est vous qui avez tué, Bird! Vous étiez un voleur, vous êtes devenu un assassin. Comme je le dis toujours : quand le ver est dans le fruit, il y reste...

Le procès de Francis Bird s'ouvre le 10 juin 1977, devant le tribunal criminel d'Albany. Il est rapidement expédié. Le procureur trouve des accents terribles pour inciter les jurés à faire un exemple que toute la population attend. Face à cette harangue, le discours de l'avocat paraît embrouillé.

Sur les instructions de l'accusé, il évoque un complot ourdi par on ne sait qui; de l'avis général, c'est invraisemblable.

C'est en tout cas l'opinion des jurés, qui reconnaissent Francis Bird coupable sans circonstances atténuantes et le condamnent à la prison à perpétuité, la peine de mort étant abolie à cette époque dans l'État de New York.

Pour la seconde fois, les portes de la prison se referment sur Francis Bird, à la différence près que, ce coup-ci, c'est pour toujours.

3 avril 1978. Il y a plus de deux ans que monsieur Morrisson a été assassiné. Pour le lieutenant Greg Nichols, de la police d'Albany, c'est déjà une affaire ancienne. Une affaire, d'ailleurs rondement menée et dont il est particulièrement fier... C'est dire sa surprise quand il reçoit, dans son bureau, la visite d'une certaine Maggy Miller. C'est une femme d'une trentaine d'années, à la toilette tapageuse et à l'allure vulgaire, qui lui déclare de but en blanc :

— Je viens vous voir à propos de l'affaire Morrisson.

La réaction du lieutenant est la seule logique : il hausse les épaules.

— Et qu'auriez-vous à me dire à ce propos, madame ?

Maggy Miller baisse la tête.

— Je crois que... je sais la vérité...

Le lieutenant Nichols se dresse face à sa visiteuse, l'air rogue.

— Qu'est-ce que c'est que cette histoire ? Il y a belle lurette que Francis Bird a été condamné pour le meurtre de monsieur Morrisson !

Maggy Miller, malgré sa toilette tapageuse, n'est pas du tout à son aise.

— Justement, c'est une erreur. L'assassin, ce n'est pas lui. C'est... mon mari.

— Votre mari ?

— George Miller. Il est... enfin il était, car il a démissionné depuis, chef de machine à l'imprimerie Morrisson.

— Et comment savez-vous que c'est lui ?

— Il me l'a dit. D'ailleurs, il y a une preuve : il a toujours l'argent du coffre, du moins ce qu'il en reste.

Greg Nichols regarde Maggy Miller dans les yeux.

— Et pourquoi est-ce que vous venez me dire tout cela maintenant ? Pourquoi est-ce que vous viendriez dénoncer votre mari deux ans après ?

La jeune femme ne fuit pas son regard.

— Parce qu'il m'a trahie ! il est parti avec une femme et l'argent. A votre place, je les rechercherais en Floride. George adore la Floride. C'est sûrement là qu'il est allé avec cette moins que rien !

Le conseil de Maggy Miller était bon, des policiers ont arrêté George Miller, en compagnie d'une ravissante créature, dans la banlieue de Miami. A l'intérieur de la luxueuse Cadillac blanche, ils ont découvert vingt mille dollars en billets de dix : ce qui restait du butin.

L'ancien chef de machine de l'imprimerie Morrisson s'est retrouvé peu après devant le lieutenant Nichols. L'individu, un homme d'une trentaine d'années, au physique plutôt patibulaire, n'en menait pas large. Mais, pour des raisons toutes différentes, le policier non plus...

— Ces billets de dix dollars, c'est très ennuyeux pour vous... C'est en billets de dix dollars que se faisait la paie chez Morrisson.

George Miller pousse un profond soupir.

— Je préfère avouer. J'espère qu'on m'en tiendra compte.

Le lieutenant Nichols ne dit rien, mais est effondré. Il espérait ne pas obtenir ces aveux. Maintenant, il sait qu'un innocent a été condamné à tort et qu'il en est, pour une grande part, responsable...

— C'est quand le patron a réengagé Bird à sa sortie de prison que j'ai eu l'idée. Je savais qu'il venait tous les samedis. J'ai attendu un samedi précédant la paie et j'y suis allé avant.

— Et monsieur Morrisson ? Comment cela se fait-il qu'il soit venu, lui aussi ?

— Pas dur, je l'avais prévenu. Je lui avais téléphoné en me faisant passer pour Bird et en disant qu'il se passait quelque chose d'anormal. Il a rappliqué tout de suite.

Le lieutenant Greg Nichols espère encore qu'il a affaire à un mythomane, car il y a dans ces aveux un point qui ne colle pas.

— Et la combinaison du coffre ? Vous ne la connaissiez pas.

— Moi non. Mais lui, si ! J'étais armé. Je lui ai fait ouvrir le coffre sous la menace de mon revolver.

— Ce n'est pas par arme à feu que Morrisson a été tué.

— Pas si fou ! Il fallait faire croire que Bird avait été surpris par le patron et qu'il l'avait tué avec la première chose qui lui était tombée sous la main...

Francis Bird a été libéré peu après et a retrouvé une place de comptable. Cette fois, c'était une vraie place où plus personne ne songerait à le faire tomber dans un guet-apens et non pas, comme à l'imprimerie Morrisson, une place de coupable.

La foire aux bestiaux

4 août 1958, onze heures trente du matin. C'est la foire aux bestiaux à Rabastens-de-Bigorre, dans les Hautes-Pyrénées. Et la foire aux bestiaux, c'est tout un spectacle!

Tous les maquignons du département s'y donnent rendez-vous. Ils se ressemblent un peu tous, avec leur béret basque vissé sur la tête, leur visage rouge et leur large cou. A gauche ou à droite de leur veste, on remarque une grosse bosse : c'est l'emplacement de leur portefeuille.

Car, en 1958, les éleveurs de la région ont gardé leurs habitudes de toujours : jamais de chèque, ils ne font pas confiance à la monnaie bancaire et ils ont peur du fisc. La seule différence avec autrefois est que les billets ont remplacé les écus d'or, des billets tout froissés qui sentent le foin de l'étable ou la lavande des piles de linge où ils les ont cachés. Chacun d'eux porte sur lui une somme considérable : un million, deux millions ou plus. Pour avoir une idée en centimes actuels, il faudrait multiplier par dix...

François Crozier, soixante-dix ans, éleveur à Rabastens-de-Bigorre, est occupé à juger des qualités laitières d'une paire de vaches. C'est à ce moment qu'une voix retentit dans son dos, une voix jeune. Il se retourne.

— Pardon, monsieur, je suis éleveur à Haget, à quelques kilomètres d'ici. Mon père a eu un accident. Il a été transporté à l'hôpital. Nous sommes obligés de vendre deux génisses et deux vaches pour payer les frais. C'est une affaire intéressante. Si vous voulez, nous pouvons aller à ma ferme. Je vous montrerai.

François Crozier regarde celui qui vient de lui adresser la parole. Il a bien l'accent, mais il n'a pas l'allure des gens du pays. C'est un jeune homme de trente ans environ. Il a le visage énergique, presque dur, avec les cheveux coupés très courts, comme à l'armée... Quelqu'un qui vend des bêtes par nécessité, évidemment, cela peut être intéressant. Malheureusement il n'a pas le temps. Il est en ce moment sur une affaire et il n'a pas envie de la perdre. Il fait un signe de tête au jeune homme.

— Je suis occupé en ce moment. Mais allez donc voir le père Gaillac et son fils là-bas. Eux, je crois que ça peut les intéresser...

Le jeune homme regarde dans la direction qui vient de lui être indiquée. Un homme d'une cinquantaine d'années, à la forte corpulence, et un autre, plus jeune, lui aussi bâti en athlète, sont en train d'examiner des bêtes avec des hochements de tête de connaisseurs. Il remercie poliment François Crozier et s'en va.

Celui-ci le regarde s'éloigner. Les Gaillac seront sûrement intéressés. Ce sont les plus gros éleveurs de la région et ils ont toujours de l'argent pour une bonne affaire.

François Crozier voit le jeune homme aborder le gros éleveur et son fils. Ils discutent quelque temps et ils s'éloignent. François Crozier regrette un peu de n'avoir pas pris l'affaire pour lui, mais tant pis, ce seront les Gaillac qui en profiteront!

Deux heures se sont écoulées. Il est une heure trente de l'après-midi. François Crozier voit revenir le jeune homme du matin. Ce dernier ne s'attarde pas à la foire et monte rapidement dans sa voiture : une traction avant noire. L'éleveur a le temps de se faire cette remarque :

— Tiens, où sont donc passés le père et le fils Gaillac? Ils ne sont pas avec lui?

Mais il revient vite à ses préoccupations personnelles : il n'a pas encore conclu et la foire se termine ce soir. Il n'y a pas de temps à perdre...

Au même moment, sur la route nationale, à cinq kilomètres de Rabastens, un automobiliste s'arrête, intrigué. Une camionnette est garée au bord de la route d'une manière bizarre : le bas-côté étant en pente, elle est exagérément penchée.

Imaginant un accident ou un malaise du conducteur, il s'approche... Deux personnes sont assises à l'avant et semblent dormir. L'une d'entre elles a la tête appuyée contre la vitre, les cheveux ébouriffés, l'autre s'est enveloppée dans une couverture.

L'automobiliste ouvre la portière et demande si tout va bien. C'est alors que le conducteur s'affaisse sur lui et que sa couverture tombe à terre. Elle est gluante de sang...

Peu après le commissaire Jardin, de Rabastens-de-Bigorre, est sur les lieux. Les premières constatations apportent plusieurs renseignements importants. Tout d'abord l'identité des victimes. Ils n'ont plus leur portefeuille sur eux, mais il y a, à côté du tableau de bord, une plaque gravée au nom de Georges Gaillac. Il s'agit, de toute évidence, du riche éleveur et de son fils.

Le mobile du crime semble évident à première vue : le vol. Chacun sait que, pour se rendre à la foire de Rabastens, les maquignons emportent des sommes considérables en liquide. Or les deux victimes n'ont plus un sou sur eux.

Mais, ce qui est le plus étonnant, c'est le crime lui-même. Le père et le fils ont été tués chacun de deux balles de fort calibre, l'une dans le dos et l'autre derrière l'oreille. Un premier coup et un coup de grâce... Le commissaire Jardin est troublé. C'est du travail de professionnel, presque de tueur. Ce double meurtre ressemble plus à une exécution qu'à un meurtre crapuleux. Alors l'hypothèse d'une vengeance ou d'un règlement de comptes n'est pas à exclure. Le vol n'aurait servi, dans ce cas, qu'à brouiller les pistes, ou alors aurait été la prime accordée à l'exécuteur.

Une chose est certaine en tout cas : le meurtrier est doué d'un sang-froid remarquable. Il a commis son crime sur une route nationale fréquentée. Il a tué le conducteur tandis qu'il conduisait et est parvenu à arrêter le véhicule, tuant dans le même temps le second occupant. Avant de quitter la camionnette, il a eu la présence d'esprit de maquiller les cadavres pour retarder leur découverte. Comme ils portaient des blessures horribles à la base de la tête, il a enveloppé l'un d'eux d'une couverture et il a ébouriffé les cheveux de l'autre, de manière à cacher le sang...

L'émotion soulevée dans la région par l'assassinat de deux membres d'une des familles les plus riches du pays est considérable, et l'opinion exige des résultats rapides. Malheureusement, dans les premiers jours de son enquête, le commissaire Jardin ne progresse guère. Il apprend de la famille que Georges Gaillac avait emporté, avant de partir, quatre millions en billets dans son portefeuille. Une somme considérable, une véritable provocation, puisqu'elle correspond à environ quarante millions de nos centimes actuels...

D'autre part, l'arme du crime est un revolver de calibre 11,45, une arme de guerre ; un renseignement qui ne fait guère avancer les choses. Pendant la Résistance, les Anglais ont fait des parachutages massifs de ces armes dans la région et toutes n'ont pas été restituées à la Libération, loin s'en faut !

Le commissaire reste perplexe. A-t-il affaire à un banal crime crapuleux ou à une histoire bien plus ténébreuse, un règlement de comptes, peut-être politique ?

C'est, en tout cas, cette seconde version que reprend la presse locale, qui fait ses grands titres sur « Le tueur de Rabastens ». Pour les journaux, il ne s'agit pas d'un vulgaire voleur devenu un assassin, mais d'un professionnel froid et impitoyable, quelqu'un de la région, certainement, car, sinon, les Gaillac ne l'auraient pas suivi. De toute façon il s'agit d'un individu extrêmement dangereux, qui n'hésiterait pas à tuer une nouvelle fois s'il le jugeait nécessaire...

C'est le 8 août 1958 que le premier témoignage sérieux parvient au commissaire Jardin. Il s'agit d'un petit éleveur, Félix Lefevre.

— Moi, je n'ai rien vu de précis, monsieur le commissaire. Mais je suis sûr d'une chose : un peu avant midi, quelqu'un a abordé François Crozier, un éleveur de Rabastens. C'était un homme jeune. Je ne peux pas vous en dire plus, j'étais loin. Mais tout de suite après, il est allé trouver le père et le fils Gaillac et ils sont partis ensemble.

Le commissaire Jardin se rend immédiatement chez ce Crozier en se promettant de savoir pourquoi, depuis quatre jours, il ne s'est pas manifesté.

François Crozier le reçoit avec embarras. Son visage rond se couvre de petites rides soucieuses. Il a l'air effroyablement gêné.

— Mais j'allais vous voir, monsieur le commissaire, j'allais vous voir !

Le commissaire Jardin fait semblant de le croire.

— Bien. Je suis là ! Dites-moi ce qui s'est passé.

L'éleveur raconte sans difficulté sa conversation avec l'homme, mais, quand il s'agit de le décrire, il se trouble.

— C'était un homme jeune. Trente ans environ. Ou peut-être plus... A la réflexion, je dirais quarante... Il était ni maigre ni corpulent, quoiqu'il aurait pu être l'un ou l'autre. Je ne me souviens plus bien. Quant à ses cheveux et à ses yeux, ça, je ne pourrais pas vous dire...

Le commissaire n'est pas décidé à se laisser faire.

— Comment ? Vous avez bien discuté avec lui. Il devait être à un mètre de vous !

François Crozier semble au supplice.

— Je ne l'ai pas vu, je vous assure. J'étais en train d'examiner une vache.

— Vous lui avez donc parlé en lui tournant le dos...

— Oui, c'est ça! Je lui tournais le dos.

Le commissaire Jardin regarde avec attention son interlocuteur. Et soudain, il comprend : il a peur, il est mort de peur! Il tremble devant ce meurtrier toujours en liberté. Comme pour le confirmer, le cultivateur ajoute d'une voix anxieuse :

— Vous vous rendez compte que, si j'avais accepté sa proposition, c'était moi qui y passais à la place du père et du fils Gaillac?

Le commissaire Jardin n'insiste pas. Il quitte l'homme avec une grimace de mépris... Heureusement, le jour même, un autre témoin se présente. C'est un concessionnaire automobile de la région.

— Voilà, monsieur le commissaire. Cela n'a peut-être aucun rapport avec votre affaire, mais je tenais à vous le signaler. Depuis plusieurs mois j'avais pris commande d'une DS 19 au nom de Raoul Duchemin, de Saulac, près de Rabastens. La voiture était prête depuis déjà quinze jours, mais il m'avait fait dire qu'il n'avait pas encore réuni l'argent. Or, il est venu me payer le 5 août, le lendemain du crime. Il m'a réglé la totalité : un million et... en billets.

Effectivement, la piste semble sérieuse. Le commissaire Jardin, avant de se rendre à Saulac, se renseigne sur ce Raoul Duchemin. Il a trente et un ans. Il est orphelin depuis son jeune âge et a été élevé par un oncle. A dix-huit ans, en 1945, il s'est engagé dans l'armée et est parti pour l'Indochine... Le commissaire s'est fait communiquer son dossier militaire. Il est brillant et éloquent à la fois. Duchemin faisait partie des sections de choc. Il a même été chargé d'organiser un commando avec des Vietnamiens profrançais.

L'une de ses citations porte : « Calme absolu dans le danger, toujours volontaire pour les missions les plus périlleuses, remarquable organisateur de fructueuses embuscades. »

« Calme absolu dans le danger... Fructueuses embuscades... » Comment ne pas faire le rapprochement? La suite des renseignements du commissaire spécifie que Raoul Duchemin a quitté l'armée en 1956 et qu'il est rentré au pays. Comme beaucoup d'anciens baroudeurs s'est-il mal adapté à la vie civile, tout en gardant la nostalgie des coups risqués? Tout porte à le croire...

A Saulac, le commissaire Jardin rencontre Raoul Duchemin dans la maisonnette délabrée qu'il habite. Devant la façade, une DS 19 flambant neuve fait un contraste saisissant.

Le jeune homme ne tressaille pas quand il voit le policier. Il a un regard particulièrement aigu, celui qu'il avait peut-être autrefois sur le théâtre des opérations. Il plisse les yeux comme s'il évaluait le danger et jaugeait l'adversaire.

— Le 4 août à Rabastens, à la foire aux bestiaux? Pas du tout. Q'est-ce que j'aurais été y faire? Qui vous a dit ça? J'aimerais bien le savoir...

Le commissaire se garde bien de répondre à cette question. Il continue.

— Vous venez de payer votre voiture avec un million en billets de banque. D'où venaient-ils? A ma connaissance, vous n'avez pour vivre que votre pension de l'armée. Et j'en connais le montant.

Le jeune homme ne détourne pas le regard, mais sa voix hésite un peu.

— En Indochine, j'ai reçu certaines sommes d'argent pour acheter des Viets afin qu'ils combattent pour nous. Je n'ai pas utilisé toutes ces sommes. J'en ai détourné une partie pour moi : deux millions.

Le commissaire Jardin continue son interrogatoire, mais sans résultat. L'homme qu'il a en face de lui ne parlera pas. Il a l'impression que, même sous la torture, il ne parlerait pas. D'ailleurs, il a peut-être été entraîné pour cela...

Au village de Saulac, le commissaire se renseigne sur Raoul Duchemin. Mais les réponses qu'il obtient sont embarrassées, évasives, fuyantes.

Le commissaire Jardin, atterré, doit faire cette constatation en quittant Saulac : les habitants du village, eux aussi, ont peur. Il n'obtiendra rien d'eux!

Alors il retourne voir François Crozier. Il brandit sous son nez la photo de Duchemin.

— Le reconnaissez-vous? Est-ce l'homme qui vous a abordé?

L'éleveur est au bord de la panique. Il répond par une question précipitée :

— Est-ce que vous l'avez arrêté?

— Non. J'attends votre témoignage pour le faire.

Les mains de François Crozier, qui tripotent la photo en tous sens, tremblent sans même qu'il s'en aperçoive.

— C'est peut-être lui... Enfin c'est lui en plus jeune et en moins gros... Oui, c'est quelqu'un qui lui ressemble, mais ce n'est visiblement pas lui.

François Crozier se tourne, le visage implorant, vers le commissaire :

— Arrêtez-le, monsieur le Commissaire !
— Vous venez de me dire que ce n'était pas lui.
— Arrêtez-le et peut-être que, en réfléchissant, je découvrirai que c'est lui...
Le commissaire Jardin se lève, met son chapeau sur sa tête et lui lance, glacial :
— Par votre lâcheté, vous permettez à un assassin de rester en liberté. Il va peut-être recommencer et vous aurez d'autres victimes sur la conscience !

16 janvier 1960 : cela fait dix-huit mois que Georges Gaillac et son fils ont été assassinés et, au bout de dix-huit mois d'enquête, le commissaire Jardin est totalement découragé. Il sait qu'il n'obtiendra rien des témoins tant que Raoul Duchemin ne sera pas sous les barreaux. Mais, pour l'arrêter, il a besoin d'un témoignage. C'est un cercle vicieux qui risque fort de se terminer par le classement de l'affaire...
Or, ce 16 janvier, se produit un coup de théâtre. Le commissaire reçoit un appel de la gendarmerie de Saulac.
— Monsieur le commissaire, nous venons d'arrêter Raoul Duchemin !
Le commissaire bondit :
— Comment ! Mais c'est moi qui dirige l'enquête.
Le gendarme ne se trouble pas.
— Je n'ai pas fini, monsieur le commissaire. Nous n'avons pas arrêté Duchemin pour le meurtre, bien sûr. Il vient d'être pris en flagrant délit de vol chez le meunier du village : il a emporté un sac de farine...
Duchemin arrêté : pour le commissaire Jardin, c'est un miracle ! Après ce vol mineur, il ne restera pas longtemps en prison. Il faut faire vite. Il se hâte de convoquer François Crozier, le principal témoin.
L'éleveur de Rabastens a une moue de méfiance quand le commissaire lui apprend la nouvelle.
— Il est arrêté ? C'est bien vrai ? Vous ne me racontez pas des histoires ?
Le commissaire doit lui montrer le mandat d'amener... Alors, brusquement, le visage de François Crozier se détend. Il pousse un gros soupir.
— Oui, c'est lui ! J'en suis sûr ! Je suis prêt à le jurer et à vous

signer tous les papiers que vous voudrez... Dites, après ça, vous n'allez pas le relâcher, hein ?

Et les habitants de Saulac viennent témoigner à leur tour. Duchemin est un vaurien : c'est certainement lui l'assassin. Il n'était pas au village le jour du crime. Il a toute une collection d'armes chez lui...

Cette fois la cause est entendue : Raoul Duchemin est inculpé de meurtre et son procès s'ouvre un an plus tard, le 28 janvier 1961.

Un procès passionné dont l'issue est incertaine. Car les preuves contre lui ne sont pas décisives, sauf une seule : le témoignage de François Crozier. C'est autour de sa déposition que va se jouer le sort de l'accusé.

C'est d'abord le défilé des habitants de Saulac qui, après être restés muets de terreur pendant dix-huit mois, vitupèrent à présent contre l'homme qui est dans le box entre deux gendarmes.

— Tu n'es qu'une canaille ! Tu te prétends innocent mais tu mens ! On sait tous au village que c'est toi !

C'est enfin au tour de François Crozier. Il n'a pas l'air à son aise. C'est peut-être qu'il est impressionné par le cérémonial du tribunal. Peut-être aussi parce qu'il pense que, si les jurés ne le croient pas, ils acquitteront Duchemin, et alors... Dans un sens, c'est son sort aussi bien que celui de l'accusé qui est en train de se jouer.

Le moment est venu... Le président met le témoin en garde.

— De votre témoignage peut dépendre une lourde condamnation pour l'accusé, peut-être la peine de mort. Si vous avez le moindre doute, vous devez l'exprimer. Reconnaissez-vous Raoul Duchemin comme l'homme qui vous a abordé à la foire de Rabastens avant d'aller trouver les Gaillac ?

La voix de François Crozier résonne fermement :

— Oui. C'est lui. Il n'y a aucun doute !

Après ce témoignage, la défense a du mal à remonter la pente. Elle met en lumière les faiblesses de l'accusation. On n'a retrouvé aucune empreinte dans la voiture, pas plus que l'arme du crime. Il y avait quatre millions dans le portefeuille de Georges Gaillac et Raoul Duchemin n'en a utilisé qu'un pour l'achat de sa voiture. Enfin, l'accusé a toujours affirmé son innocence avec la dernière énergie...

Les jurés de Tarbes n'ont pas suivi les avocats de la défense. Ils ont condamné Raoul Duchemin aux travaux forcés à perpétuité, lui accordant les circonstances atténuantes, soit en raison de son passé militaire, soit parce qu'il restait un doute dans leur esprit.

En entendant le verdict, François Crozier s'est détendu. La

perpétuité, même avec une remise de peine pour bonne conduite, cela fait au moins vingt ans. Il a soixante-douze ans et, dans vingt ans, là où il sera, vraisemblablement, il ne craindra plus grand-chose de Duchemin.

Mais une voix, dans son dos, a lancé cette petite phrase :

— Et s'il s'évadait ?...

Le peintre du dimanche

Les rues de Woodford, dans la grande banlieue de Londres, sont presque une caricature de l'habitat anglais : des maisons en brique à un étage, toutes semblables, entourées d'un jardin minuscule.

Le pavillon des Matthews est situé au 36 Nutley Street qui, conformément au secret de la numérotation britannique, est entre le 21 et le 45. Il est huit heures du soir, ce 12 avril 1934, et monsieur et madame Matthews sont tout naturellement occupés à dîner. Pourtant, ce soir-là, leur repas ne se passe pas comme les autres fois. Vivien Matthews, quarante ans, une petite blonde au teint pâle, affublée d'un tablier en toile cirée, regarde son mari d'un œil inquiet.

— Qu'est-ce qui se passe, tu ne manges pas ta viande ?

Francis Matthews a lui aussi la quarantaine mais il paraît dix années de plus. Ses cheveux blonds mal peignés encadrent son visage rose et bouffi ; sa chemise à carreaux déboutonnée laisse apercevoir une brioche avancée. Il repousse d'un air las son assiette de mouton bouilli.

Vivien Matthews insiste :

— Ce n'est pas bon ?

— Mais si ! Je n'ai pas faim, c'est tout.

Madame Matthews change de ton :

— Si tu passais moins de temps au pub, tu mangerais le soir. C'est toute cette bière qui te coupe l'appétit !

D'habitude, chez les Matthews, ce genre de remarque de Vivien sur l'intempérance de son mari provoque des scènes animées.

Mais, cette fois, Francis ne réagit pas à la critique et pousse un gros soupir, tandis que son regard s'assombrit encore. Sa femme change de nouveau d'attitude. Elle revient à son inquiétude première :

— Ça ne va pas? Tu es malade?

— Mais non...

— C'est à cause de ton travail?

Francis Matthews hausse les épaules :

— Ce n'est pas nouveau ça!

Vivien Matthews quitte son siège et se penche vers lui :

— Alors, il y a autre chose!

Francis reste un instant silencieux, et puis il se décide :

— Vivien, j'ai peur!

— Peur! Mais de quoi!

Francis Matthews baisse les yeux vers son assiette pleine et parle à mi-voix :

— Il y a une semaine, quatre hommes m'ont suivi quand je suis sorti du pub d'Epping. Ils sont montés dans le bus avec moi. Ils sont descendus à ma station et ils m'ont suivi jusqu'ici. J'ai cru que c'était le hasard. Mais hier, cela a recommencé. Et aujourd'hui encore, les quatre mêmes...

La petite madame Matthews a l'air angoissé :

— Tu les connais?

— Non... Je n'y comprends rien!

Vivien Matthews se redresse brusquement :

— Moi je comprends! C'est ta manie de faire connaissance avec n'importe qui... Des inconnus que tu rencontres au pub et que tu ramènes ici.

— Je ne vois pas le rapport.

— Le rapport, il y en a sûrement un... Francis, il faut que tu ailles à la police.

Monsieur Matthews se lève lourdement de table :

— La police! Quelle idée? D'abord, ils ne me croiront pas.

Madame Matthews a un air suppliant :

— Au moins promets-moi de ne plus retourner à Epping!

Francis Matthews monte au premier étage pour se coucher.

— Si tu veux. Mais, de toute façon, ils savent où j'habite maintenant...

13 avril 1934. Il est neuf heures du soir. Vivien Matthews fait les cent pas autour de la table. Le couvert est mis depuis longtemps et Francis n'est pas rentré. Il lui arrive, bien sûr, de s'attarder au pub

plus tard que cela, mais comment ne pas être inquiète après ce qu'il lui a dit hier ? On sonne... Vivien va ouvrir. Un homme en imperméable gris est devant la porte. Il sort une carte de sa poche :

— Madame Matthews ? Je suis l'inspecteur Clark Wilson... Vous devez venir avec moi. Votre mari a eu un accident.

Vivien Matthews a un cri :

— Ils l'ont tué !

Involontairement l'inspecteur Clark Wilson, qui voulait annoncer progressivement la nouvelle, révèle la vérité :

— Qui cela « ils » ?...

Accompagné de madame Matthews, l'inspecteur Wilson arrête sa voiture dans une clairière de la forêt d'Epping. D'autres voitures de police sont stationnées avec leurs phares allumés. Un policeman fait circuler les quelques badauds. Vivien Matthews reconnaît immédiatement la forme allongée sur le sol :

— C'est lui !

Et elle éclate en sanglots... Tandis qu'un bobby la ramène chez elle avec ménagements, l'inspecteur Wilson s'approche de son supérieur, le lieutenant James Kenneth, qui est penché sur le corps.

— D'après la femme, il s'agit d'un meurtre. Elle m'a parlé de quatre inconnus... Enfin, c'était confus. Elle était très agitée.

Le lieutenant Kenneth relève la tête vers l'inspecteur :

— Cela colle avec mes premières investigations. Le sol a été piétiné comme s'il y avait eu une bagarre. Et l'arme du crime, la voilà !

Le lieutenant prend en main avec précaution une grosse branche de marronnier.

— C'est avec cela qu'on l'a frappé. Il a reçu le coup par-derrière. Regardez : il y a des cheveux collés et du sang.

L'inspecteur Wilson interroge son chef.

— Il y a des témoins ?

— Oui. Les consommateurs du pub des Trois Roses, à cinq cents mètres d'ici. Ils l'ont vu sortir vers huit heures. Il était seul.

— Et qu'est-ce qu'il allait faire dans la forêt en pleine nuit ?

Le lieutenant Kenneth se relève et fait signe d'embarquer le corps.

— Cela, mon vieux Wilson, c'est à nous de le découvrir !

Deux jours ont passé. Nous sommes le 15 avril, madame Matthews, les yeux rougis, est assise en face du lieutenant James Kenneth. Celui-ci a sur son bureau le rapport d'autopsie, qui vient de lui parvenir : Francis Matthews a été tué d'un enfoncement de la boîte crânienne causé par la branche de marronnier. De plus, il porte des contusions multiples, comme s'il avait été battu avant d'être assommé. Tout indique un meurtre sauvage et probablement un règlement de comptes. Le lieutenant Kenneth s'adresse avec politesse à son interlocutrice :

— Vous êtes sûre de ne pas en savoir plus à propos de ces quatre hommes ?

Vivien Matthews secoue la tête tristement et garde le silence...

— Parlez-moi des habitudes de votre mari, madame. C'est en les connaissant que nous aurons une chance de retrouver les coupables. Il se liait facilement avec des inconnus, m'avez-vous dit ?

— Oui. Toutes sortes de gens : des rencontres de pub. Il en ramenait souvent à la maison pour boire un verre ou même pour dîner. J'ai tout essayé pour lui faire perdre cette habitude.

— Pouvez-vous être plus précise, madame Matthews ? Quel genre de gens exactement ?

La veuve pousse un soupir.

— Vous voyez qui on peut rencontrer dans un pub... C'étaient des chômeurs pour la plupart.

— Et, parmi eux, il n'y en a aucun qui ait éveillé vos soupçons ?

— Non. Ils étaient plutôt sympathiques. Je n'ai remarqué aucun individu douteux, sans cela, je l'aurais mis à la porte immédiatement... D'après vous, lieutenant, qu'est-ce qui a pu se passer ?

James Kenneth n'a aucune raison de cacher ses impressions à madame Matthews.

— Je pense que l'un de ces hommes a pu, sous l'effet de l'alcool, faire à votre mari une confidence grave. Il l'aura regretté ensuite et aura chargé des complices de...

Le lieutenant laisse sa phrase en suspens et poursuit son interrogatoire :

— Parlez-moi encore de votre mari. Avait-il d'autres habitudes ?

Vivien Matthews réfléchit quelques instants.

— Francis faisait de la peinture. Peintre en bâtiment, c'était son métier, mais il aurait voulu être un vrai peintre, faire des tableaux, quoi ! Il allait avec ses toiles le dimanche et il peignait toute la journée.

— Des paysages ?

— Oui, la rivière Roding, près de chez nous, et puis aussi...

Madame Matthews a un sanglot :

— ... la forêt d'Epping.

Le lieutenant Kenneth se lève.

— Je vous remercie, madame. Grâce à vous, nous avons une chance de retrouver les assassins de votre mari.

Mais, si le lieutenant s'est montré volontairement optimiste vis-à-vis de madame Matthews, les faits ne lui donnent pas raison. Pour lui et pour son adjoint Clark Wilson, c'est un travail de fourmi qui commence. Il faut retrouver et interroger tous ceux avec qui Francis Matthews s'était lié d'amitié au pub. Et ils sont nombreux... Vivien Matthews avait raison : ils sont pour la plupart chômeurs; mais quoi d'étonnant en 1934? C'est la crise, en Angleterre, comme ailleurs, l'époque des soupes populaires.

Mais aucun d'eux n'est particulièrement suspect. Ils ont même tous un alibi pour la soirée du 13 avril.

Quinze jours passent... Les deux policiers tournent en rond et le crime de la forêt d'Epping demeure plus inexplicable que jamais.

C'est alors qu'un policeman vient apporter au lieutenant Kenneth une nouvelle en apparence sans rapport avec les faits. Le corps d'une jeune femme vient d'être repêché dans la rivière Roding. La mort semble remonter à plusieurs semaines... Le premier réflexe du lieutenant est de maudire le hasard qui lui met en même temps deux affaires criminelles sur les bras, mais il éprouve tout de suite après une étrange impression. Il appelle aussitôt le médecin légiste qui, d'après le policeman, a procédé sur place aux premières constatations.

— Docteur, ici Kenneth. Vous n'avez pas encore fait votre autopsie, je sais bien, mais voudriez-vous répondre à une question?

— Avec plaisir, si c'est en mon pouvoir...

— Est-ce que la mort de la jeune femme peut remonter avant le 13 avril?

Le médecin n'hésite pas un instant.

— Le 13 avril? Évidemment. C'est même bien avant. Il est impossible d'être précis pour l'instant, mais je pense que c'est vers le début du mois.

James Kenneth remercie et raccroche. Maintenant, il est sûr d'y voir clair. Il s'était trompé de piste. Les braves chômeurs que Francis Matthews avait l'habitude de ramener du pub n'y étaient pour rien. C'est une autre de ses manies, bien plus anodine en apparence, qui a causé sa perte : la peinture du dimanche.

La rivière Roding était un des paysages favoris de Matthews. Il s'est installé avec son chevalet sur la rive le jour où la jeune femme a été jetée à l'eau, car il s'agit évidemment d'un crime. Le meurtrier l'a aperçu et a décidé de le supprimer. Évidemment, le fait que Matthews n'ait pas prévenu la police est troublant. Mais Matthews pouvait n'avoir rien vu et l'assassin s'imaginer le contraire, à moins qu'il ne s'agisse d'un chantage. Le lieutenant décide de consacrer tous ses efforts à l'affaire de la rivière Roding, car il est sûr, à présent, que c'est elle qui lui donnera la clé de l'affaire Francis Matthews...

La victime est rapidement identifiée. Elle s'appelait Jenny Wallace, elle avait vingt-deux ans, elle habitait Woodford, et sa disparition était signalée depuis le 2 avril, date probable de sa mort, puisque c'était un dimanche.

Seulement, à partir de là, plus rien ne colle... Car Jenny Wallace s'est suicidée, ou alors c'est une extraordinaire coïncidence! La jeune fille avait séjourné à plusieurs reprises, pour dépression, dans des hôpitaux psychiatriques et elle avait déjà tenté de mettre fin à ses jours en se jetant à l'eau. D'autre part, on ne voit pas qui aurait pu en vouloir à cette grande malade nerveuse qui ne sortait de la clinique que pour s'enfermer chez ses parents, qui veillaient sur elle dans la crainte qu'elle ne fasse une bêtise.

Les jours passent... Nous sommes à la mi-mai ; il y a plus d'un mois que Francis Matthews a été retrouvé mort dans la forêt d'Epping et le lieutenant Kenneth n'a pas avancé d'un pouce. Pour la centième fois, il reprend les éléments du problème avec son adjoint Clark Wilson.

— Enfin, Wilson, je suis sûr que Matthews a vu la fille tomber à l'eau. Mais si c'est un suicide, cela n'a pas de sens!

L'inspecteur Wilson a un léger sourire.

— Je ne fais que réfléchir à cela, lieutenant. Et je crois que j'ai une idée! Si vous me laissez vérifier, je serai de retour dans une heure.

Le lieutenant laisse partir son subordonné sans trop se faire d'illusion. Mais, une heure plus tard, Clark Wilson est effectivement de retour avec la vérité. Il arrive, triomphant, dans le bureau de son chef.

— Lieutenant, je sais tout! la mort de Jenny Wallace n'a rien à voir avec celle de Francis Matthews. C'était bien un suicide.

L'inspecteur Wilson marque un temps pour bien souligner son effet et ajoute :

— Et Matthews aussi, c'était un suicide...

James Kenneth a un cri rauque :

— Quoi ?

Mais il se met aussitôt à ricaner.

— Un suicide ! Voyez-vous cela ! Il s'est frappé lui-même avec une branche d'arbre et il s'est fait éclater la boîte crânienne !

— En quelque sorte, oui.

Devant cette réponse stupéfiante, le lieutenant ouvre ses yeux ronds :

— Alors, expliquez-moi, je vous prie, Wilson.

— Voyez-vous, lieutenant, c'est très simple, à partir du moment où on a l'idée que tout n'est qu'une mise en scène... Francis Matthews est déprimé, désespéré. Son travail de peintre en bâtiment est de plus en plus difficile à cause de la crise : sa peinture, sa vraie peinture, n'est qu'une honnête production d'amateur. Matthews se considère comme un raté et il décide d'en finir avec la vie. Seulement, s'il a raté sa vie, il ne veut pas rater sa mort... Pourquoi ? Sans doute uniquement pour avoir une revanche.

Cette fois, le lieutenant Kenneth est suspendu aux paroles de son adjoint.

— La veille, il parle à sa femme de ces quatre hommes, qui, bien entendu, n'existent pas. Et, au moment prévu, il se rend dans la forêt d'Epping. Il commence par piétiner le sol et par se frapper lui-même, pour faire croire à la présence de plusieurs personnes et à une bagarre, et ensuite... il grimpe au marronnier.

James Kenneth affiche la plus complète stupeur. Clark Wilson poursuit :

— Pour trouver la clé du drame, il suffisait de regarder en l'air et non par terre. Le marronnier présente encore les traces d'une ascension faite par un homme portant des chaussures à clous. Matthews est monté presque jusqu'en haut. Et c'est là qu'il met à exécution le plan incroyable qu'il a imaginé... Il saute, ou, plutôt, il plonge, la tête la première sur une branche du bas. Il se fracasse le crâne et brise la branche !

Le lieutenant Kenneth reste un long moment pensif et conclut :

— Si je comprends bien, Wilson, il a fait cela uniquement pour nous embêter....

Les deux bagues

7 décembre 1851. Le shérif de Three-Oaks-City, dans la région des Grands Lacs, aux États-Unis, prie le personnage qui vient d'entrer dans son bureau de s'asseoir.

C'est un petit homme sec, d'allure modeste, qui tire avec placidité sur sa pipe. Le shérif, James-Oliver Hardy, est, au contraire, une espèce de colosse à la chevelure rousse. C'est peut-être pourquoi il semble vouloir se faire tout petit. Il s'adresse à son visiteur sur un ton de respect.

– Je vous remercie d'être venu, monsieur Belcher. Si j'ai demandé l'aide de la police du gouvernement, c'est que cette série de crimes me dépasse. Il me semble que nous ne sommes pas en présence d'un meurtrier ordinaire.

Gregory Belcher aspire une longue bouffée de sa pipe et toussote pour s'éclaircir la voix.

– La police fédérale partage ce sentiment, shérif. C'est pourquoi elle a répondu à votre demande d'aide et m'a envoyé près de vous. S'il vous plaît, veuillez me raconter les faits sans omettre aucun détail.

Et James-Oliver Hardy, shérif de Three-Oaks-City, se met en devoir d'exposer les faits incroyables qui l'empêchent de trouver le sommeil depuis près d'un an.

– Le premier meurtre a eu lieu ici même, à Three-Oaks-City, le 6 janvier 1851, vers vingt-deux heures. Une jeune femme de vingt-quatre ans, Mary Sherwood, a été retrouvée assassinée non loin de chez elle. Elle rentrait de chez des amis. Il faut que je vous précise de quelle manière elle a été tuée, car c'est de la même manière que les autres meurtres ont été effectués. L'assassin est arrivé par-derrière. Il lui a passé le bras autour du cou, lui rejetant la tête en arrière et lui a plongé un couteau dans le cœur.

Le policier fédéral pose deux questions de sa voix précise :

— Le mobile ?

— L'argent. Cela ne fait pas de doute. La victime avait été dépouillée de son sac à main et de ses bijoux.

— L'arme du crime ?

— Un couteau à lame courte. Du genre de celui qu'utilisent les trappeurs pour écorcher les bêtes.

Gregory Belcher a un hochement de tête muet qui signifie qu'il invite le shérif à continuer.

— Le second crime a eu lieu à quarante kilomètres d'ici, à Lansham, le 18 mai. Il s'agissait d'un certain Cary Thomas, un épicier de soixante ans. Il venait de fermer sa boutique et rentrait chez lui avec sa recette de la journée. Il a été tué par le même homme avec la même arme, cela ne fait aucun doute.

James-Oliver Hardy a un soupir qui soulève sa lourde carcasse et continue son récit.

— Le troisième meurtre s'est produit à Fort-Crew. C'est une ville à quatre-vingts kilomètres d'ici. C'était le 1er août : Harry Murdoch un marchand de chevaux, a été trouvé poignardé dans son étable. Il venait de vendre une de ses bêtes et avait sur lui une forte somme d'argent.

La voix du shérif devient plus sourde.

— Le quatrième meurtre a eu lieu avant-hier, ici même, à Three-Oaks-City. Et c'est là que je ne comprends pas. On dirait que le meurtrier a voulu nous narguer, nous mettre au défi de le retrouver. La victime s'appelait Long Ben, du moins c'est comme cela qu'on l'appelait dans la ville. C'était un pauvre gars qui avait vingt ans environ, un simple d'esprit qui vivait de la charité publique. Il n'avait, bien sûr, aucun argent sur lui quand on l'a tué. Mais, sur son corps, on a retrouvé deux pièces d'or. Ce ne peut être que le meurtrier qui les y a mises. C'est pour cela que j'ai appelé la police fédérale. Je ne comprends plus rien !...

Gregory Belcher a écouté l'exposé avec attention. Entre deux bouffées de sa pipe, il demande :

— Avez-vous des indices ?

— Oui. D'abord, l'assassin est gaucher. C'est avec le bras droit qu'il a immobilisé le cou de ses victimes, tandis qu'il frappait de la main gauche. Ensuite, on a retrouvé auprès de chaque corps des mégots de cigarillos. Ils sont malheureusement d'une marque assez courante dans la région.

Gregory Belcher plisse ses petits yeux. Ses réflexes de professionnel aguerri se sont éveillés.

— Les meurtres ont eu lieu ici, à Three-Oaks-City, à Lansham et à Fort-Crew, trois villes qui sont distantes chacune de quarante kilomètres environ. Avez-vous enquêté chez les gens qui se déplacent par leur profession : les trappeurs, les conducteurs de diligence, les colporteurs ?

— Bien sûr, mais jusqu'ici, je n'ai trouvé aucun suspect.

Il y a un silence, que le shérif finit par rompre.

— Monsieur Belcher, je peux vous demander ce que vous comptez faire ?

— Je crains d'être obligé d'attendre le prochain meurtre...

Il n'y a pas longtemps à attendre. Deux jours plus tard, le cadavre d'une femme de cinquante ans est retrouvé dans une rue de Three-Oaks-City. Il s'agit d'une certaine Johanna Carpenter, honorablement connue dans la ville, qui rentrait chez elle après une réunion de bienfaisance.

Le shérif et le policier fédéral se rendent immédiatement auprès du corps. Le shérif se penche sur le cadavre et confirme qu'il s'agit bien de la cinquième victime de l'assassin.

— Pas de doute : il y a des traces de pression autour du cou et la blessure a été faite avec une petite lame...

Sans l'écouter, Gregory Belcher cherche autour du corps et se redresse au bout d'un moment, tenant quelque chose entre ses doigts.

— Dites-moi, shérif, que pensez-vous de cela ?

Il s'agit d'un objet étrange : une bague en or d'un dessin très particulier. Elle est constituée par un serpent qui s'enroule autour d'un anneau. Près de la tête de l'animal, il y a deux petites étoiles en rubis.

En voyant le bijou, James-Oliver Hardy pousse un cri :

— Bon sang, Franck Mills !

— Qui est-ce ?

— Un conducteur de diligence. Je l'avais interrogé avec les autres suspects possibles, d'autant que c'est un type plutôt louche. Il n'a jamais été condamné, mais c'est un violent. De plus il joue beaucoup et perd gros. Mais, maintenant, nous le tenons : c'est sa bague, j'en suis sûr, je l'avais remarquée. On n'oublie pas une bague comme celle-là.

Tandis qu'ils se dirigent ensemble vers le domicile de Franck Mills, James-Oliver Hardy précise à l'intention de son collègue :

— La diligence de Mills fait tous les deux jours le trajet Three-Oaks-City / Fort-Crew avec une étape d'une demi-journée à Lansham...

Malheureusement, Franck Mills n'est pas chez lui. Son interrogatoire n'a lieu que le lendemain matin dans le bureau du shérif, où Franck Mills, prévenu par la rumeur publique, se présente spontanément.

C'est un gaillard d'une trentaine d'années. Il a la forte carrure qu'ont d'ordinaire les conducteurs de diligence. Mais il n'en a pas l'aspect habituellement fruste. Il y a, au contraire, dans son regard quelque chose de malicieux et, si l'on y réfléchit bien, d'inquiétant. Il demande, d'une voix un peu traînante :

— Alors, shérif, vous vouliez me voir à ce qu'il paraît? Je parie que c'est un gars que j'ai eu au poker qui vous a dit que j'avais triché! Mais ce n'est pas vrai, shérif.

Le shérif ne répond pas. C'est Gregory Blecher qui s'en charge à sa place. Le petit homme se plante devant le conducteur de diligence et lui dit d'un ton uniforme :

— Vous êtes cuit, Mills!

Mills a un mouvement de surprise et un petit rire.

— On peut savoir de quoi il est question?

Sans répondre, le policier fédéral continue l'interrogatoire :

— Où étiez-vous hier à six heures du soir?

— Cette question! A Lansham avec ma diligence, bien sûr.

— Et il y a des gens qui vous ont vu?

Franck Mills répond sans se troubler. Avec un peu trop d'assurance peut-être, comme s'il s'attendait à cette question et en avait préparé soigneusement la réponse :

— A six heures, j'étais justement en train de jouer au poker au relais de poste. Comme partenaires, j'avais Joe Carnero, le cireur Stan Stuart, le forgeron et John Durban, le coiffeur.

Gregory Belcher est un peu surpris par l'aplomb de son vis-à-vis, mais il a son arme secrète. D'un geste théâtral, il sort la bague en forme de serpent :

— Et cela, vous ne l'auriez pas perdu quelque part?

Si le policier fédéral s'attendait à un effet de surprise, il ne se trompait pas. Seulement, c'est à lui qu'il est réservé. Franck Mills pousse un sifflement incrédule puis se met à partir d'un rire franchement amusé.

— Ça alors! Je croyais être le seul à avoir une bague comme ça.

Il exhibe sa main gauche. A l'annulaire, il porte un anneau d'or avec un serpent entrelacé. Le bijou est exactement le même, à la différence qu'il porte une étoile en rubis au lieu de deux, près de la tête du reptile.

Gregory Belcher, complètement décontenancé, articule avec réticence :

— Bien... Vous pouvez partir.

Franck Mills se lève, le sourire aux lèvres. Juste avant de passer la porte, il allume un cigarillo, envoie la fumée dans la direction des policiers, et s'en va.

Gregory Belcher se laisse tomber sur son fauteuil.

— Vous aviez raison. Il s'agit d'un meurtrier exceptionnel. Mais je l'aurai. J'en fais une question personnelle. Et d'abord, je vais voir si son alibi tient le coup...

Il tient parfaitement le coup. Les trois personnes citées par Franck Mills confirment qu'elles ont bien joué au poker avec lui, à Lansham, le 9 décembre à six heures du soir. Et il s'agit de citoyens dont la parole ne peut être mise en doute.

Devant le shérif, Gregory Belcher laisse éclater sa colère.

— Pourtant, c'est lui! Je suis sûr que c'est lui! Il faudrait que je comprenne la signification des deux bagues : la solution est là. Mais, pour l'instant, j'avoue qu'elle m'échappe...

16 février 1852. Deux mois se sont écoulés sans le moindre résultat. Cette nuit-là, Gregory Belcher est réveillé par des coups frappés à la porte de sa chambre d'hôtel. C'est le shérif.

— Venez vite. Il vient d'y avoir un nouveau meurtre à Three-Oaks-City. Et, cette fois, on le tient!

Le policier fédéral s'habille à la hâte et suit son collègue. Celui-ci le conduit dans la rue principale. La victime est un garçon de saloon. Il a été tué vers minuit derrière son établissement.

Les deux hommes se penchent sur le cadavre. Aucun doute n'est possible : les marques sur le cou, la blessure étroite au cœur, le mégot de cigarillo : le crime est signé.

A quelque distance d'eux, un petit homme en redingote et porteur de lorgnons attend, l'air visiblement ému. Le shérif lui fait signe d'approcher. Il le présente à son collègue.

— Monsieur Smith, employé des postes en retraite... Monsieur

Smith, voulez-vous rapporter à monsieur l'officier fédéral ce que vous m'avez dit tout à l'heure?

Le retraité s'éclaircit la voix. Il a l'air à la fois inquiet et très fier de se trouver là.

— Eh bien, j'étais par hasard sur les lieux au moment du meurtre. Et j'ai vu l'assassin. C'est Franck Mills, le conducteur de diligence.

Le shérif et le policier fédéral courent à son domicile. Mais Franck Mills n'est pas là. Il ne rentre que le lendemain soir...

Cette fois Gregory Belcher ne s'embarrasse pas de ménagements : il l'arrête. Malgré ses protestations, Franck Mills est traîné au commissariat.

Gregory Belcher se redresse de toute sa petite taille. Il a un ton victorieux, triomphant.

— Je vous tiens, Mills! Vous allez peut-être me dire que vous aviez un alibi pour hier à minuit?

Le conducteur de diligence répond avec beaucoup de calme.

— Mais bien sûr. J'étais à Fort-Crew. J'ai passé toute la nuit au saloon. Il y a au moins vingt personnes qui m'ont vu, dont le maire de la ville.

La force de cette réponse ne désarme pas Gregory Belcher. Il rugit.

— C'est faux! Il y a un témoin qui vous a vu ici commettre votre crime.

Franck Mills reste d'un calme total.

— Vérifiez mon alibi. Vous verrez bien si je mens. Le crime a eu lieu à minuit. M'avez-vous dit?

— Oui, et alors?

— Il n'y avait pas de lune, la nuit dernière. Vous êtes sûr que votre témoin est vraiment sérieux? Tiens, je parierais qu'il est myope!

Le policier revoit les lorgnons de monsieur Smith... Il garde le silence.

Mills continue avec le même calme exaspérant :

— Alors vérifiez ce que je vous dis, monsieur l'officier. Et voyez qui vous devez croire, entre le maire de Fort-Crew et votre témoin.

Gregory Belcher baisse la tête. Il a perdu, il le sait. Il espérait que son accusation allait confondre ou, tout du moins, désarçonner le suspect. A quoi bon vérifier son alibi? Il est sûr qu'il est tout aussi inattaquable que le précédent.

— Soit, vous pouvez partir. Mais je vais vous dire une chose : je sais que c'est vous, vous entendez, je le sais ! Maintenant disparaissez.

Franck Mills a un sourire.

— Entendu, je suis votre conseil. Je disparais. Et plus que vous ne le pensez, même. Je quitte le pays. J'en ai assez d'être arrêté chaque fois qu'il y a un meurtre dans la région.

Il allume ostensiblement un cigarillo.

— Je vais vous dire une dernière chose, monsieur l'officier : l'assassin est gaucher... Non, non, ne vous demandez pas comment je le sais, c'était dans tous les journaux. Or, moi, je suis droitier. C'est facile à vérifier. J'ai gagné un concours de tir au revolver à vingt ans. Et je tirais de la main droite. Renseignez-vous.

Et Franck Mills s'en va, dans la fumée de son petit cigare. Dès qu'il est parti, Gregory Belcher se tourne vers son collègue.

— Je vais partir aussi.

James-Oliver Hardy a un haut-le-corps.

— Mais l'enquête n'est pas finie. Il faut empêcher de nouveaux crimes !

— Non. Il n'y aura plus de crime. C'était lui et il a compris que la partie devenait trop dangereuse. Il ne recommencera pas, ni ici, ni ailleurs.

Et il conclut en s'en allant :

— C'est ma faute... J'aurais dû comprendre la signification des deux bagues. C'était la clé de tout.

Gregory Belcher et Franck Mills ont quitté Three-Oaks-City le même jour. Depuis, il n'y a plus jamais eu de crime dans la région.

En juillet 1867, le docteur Marshall se rend au chevet d'un de ses malades, dans un bouge de New York. Il accomplit cette visite par pure conscience professionnelle. Son patient, Franck Mills, gravement tuberculeux, est à la dernière extrémité. Il n'y a aucun espoir de le sauver.

Effectivement, quand il arrive, Franck Mills est mort. C'est une voisine qui lui ouvre. Elle lui tend une enveloppe.

— Tenez, docteur. Avant de mourir, il m'a dit de vous remettre ceci.

C'est une lettre adressée à Gregory Belcher, F.B.I. Washington. Le médecin la transmet fidèlement à son destinataire et Gregory Belcher en prend connaissance deux jours plus tard. La voici :

« Cher monsieur Belcher,

« Je vais mourir et je ne veux pas mourir sans dire la vérité. Effectivement, vous aviez raison. J'étais bien mêlé aux crimes de Three-Oaks-City, mais pas au sens où vous le pensiez. Je n'étais pas l'assassin, je n'étais que son complice. C'est mon frère jumeau, Harry, qui a tout fait. Nous nous ressemblions en tout point, à part que lui était gaucher et moi droitier. C'est pourquoi, quand nous avons eu dix-huit ans, notre père nous a offert deux bagues pour nous distinguer. Elles étaient faites d'un serpent entrelacé autour d'un anneau, mais sur la bague de Harry, il y avait deux étoiles en rubis et, sur la mienne, un seul.

« Harry est venu me rejoindre à Three-Oaks-City. Et tout de suite nous avons eu l'idée de nous associer. Lui commettrait les meurtres et moi je me montrerais ailleurs pour établir un alibi.

« J'ai eu très peur quand, lors du quatrième meurtre, il a perdu sa bague. J'ai bien vu que vous cherchiez dans cette direction, mais vous n'avez jamais compris la vérité.

« Harry a été tué pendant la guerre de Sécession. Alors, quand vous lirez cette lettre, nous serons morts tous les deux. Vous aviez raison, monsieur Belcher, l'assassin de Three-Oaks-City n'était pas un criminel ordinaire. »

Le Père Noël assassin

— Oh! Regarde, maman, le grand train électrique dans la vitrine!

Le petit Antonio, six ans, se trouve avec sa mère dans les rues de Milan, ce 19 décembre 1958. Comme il est naturel, il a voulu aller voir les grands magasins illuminés. Mais il n'y a pas, ce jour-là, la foule habituelle dans cette artère centrale de Milan où sont groupés les principaux commerces. La raison en est simple; il tombe, depuis le début de l'après-midi, une terrible averse de neige.

Après avoir admiré le train électrique, le petit Antonio agrippe de nouveau sa mère par le bras.

— Oh! viens voir! Le Père Noël!

Effectivement, quelques mètres plus loin, stationne un Père Noël. Il est aussi classique qu'on peut l'imaginer : houppelande rouge, avec le capuchon relevé, grosses bottes noires, moustache et barbe blanches. Il est curieusement immobile sur le trottoir, au milieu des flocons qui tombent. Le petit Antonio s'approche de lui.

— Bonjour, Père Noël!

Mais le Père Noël ne répond pas. Antonio insiste :

— Bonjour! C'est bien toi le Père Noël, dis?

Le Père Noël ne répond toujours pas... La mère d'Antonio s'approche alors, intriguée par ce comportement inattendu. Elle s'apprête à poser à son tour une question, mais elle n'en a pas le temps. Le Père Noël s'écarte vivement. Il se dirige vers un homme qui vient de sortir d'une porte cochère. Il se plante devant lui et sort quelque chose de ses amples manches... La suite se passe en un éclair : il y a deux détonations. L'homme s'écroule dans la neige et le Père Noël disparaît en courant.

Après un instant de stupeur, la mère d'Antonio se penche sur la victime. Les deux balles l'ont frappée en pleine tête. C'est alors qu'elle se met à appeler au secours.

Le commissaire Signorelli, responsable du centre de Milan, interroge une heure plus tard la maman d'Antonio, qui a été l'unique témoin du drame, étant donné qu'avec la tempête de neige on n'y voyait pas à dix mètres... Cinquante ans, les tempes argentées, le commissaire Signorelli a vu bien des choses dans sa carrière, mais ce qui arrive est sans précédent.

— Ainsi donc, madame, vous ne pouvez me donner aucun signalement de l'assassin ?

La mère d'Antonio se passe nerveusement la main sur le visage.

— Que voulez-vous que je vous dise ? Un Père Noël, c'est un Père Noël !

— Son visage, par exemple : était-il jeune ou vieux ?

— Je ne sais pas. Avec la moustache et la barbe, on ne voyait rien.

— Et la couleur de ses yeux ?

— Je n'ai pas fait attention. D'ailleurs, je ne l'ai vu que quelques secondes et il tombait beaucoup de neige.

— Pouvez-vous au moins me dire quelle taille il avait, même approximativement ?

— Il était plus grand que moi, je pense...

Le commissaire Signorelli se penche vers Antonio, qui est blotti peureusement contre sa mère.

— Et toi, mon bonhomme, tu n'as rien vu de spécial ?

Antonio fait « non » de la tête, l'air terrorisé. Le commissaire décide de mettre fin à l'entretien.

— Je ne veux pas vous ennuyer davantage, madame. Vous avez eu assez d'émotions.

Et, après l'avoir raccompagnée, il appelle son adjoint, Alberto Ponza, vingt-huit ans, un jeune policier efficace et dégourdi.

— Nous ne trouverons rien du côté de l'assassin, Ponza. C'est par la victime qu'il faut commencer. Vous avez réuni des éléments ?

Alberto Ponza sort plusieurs feuillets d'un dossier.

— Oui. Il s'agit de Ricardo Negri, cinquante et un ans, industriel. En fait, c'est une des grosses fortunes de Milan. Un des grands noms de la confection. Cela vous dit quelque chose ?

— La mode n'est pas mon fort. Vous avez des tuyaux sur sa situation de famille ?

— Marié, deux enfants. La fille, Émilia, vingt-trois ans, suit des cours d'histoire de l'art à Rome dans une école privée. Le genre d'établissement pour jeunes gens fortunés, qui sert principalement d'agence matrimoniale. Le fils, Sergio, dix-sept ans, est un bosseur. Il est déjà à l'Université. Il a vraisemblablement toutes les qualités pour reprendre l'affaire familiale...

Le commissaire Signorelli admire sincèrement la débrouillardise de son adjoint, mais il ne le manifeste pas. Il n'est pas bon de trop complimenter un subordonné.

— Et la femme ?

— Antonella, quarante-cinq ans. Elle était mannequin quand il l'a épousée. Une beauté. Elle est en ce moment aux sports d'hiver en France, à Chamonix. Elle est avec son amant, Silvio Michaelli.

Cette fois, le commissaire ne peut s'empêcher d'exprimer son étonnement devant la rapidité d'Alberto Ponza.

— Chapeau ! Vous avez fait vite. Et comment savez-vous cela ?

— Je me suis permis de téléphoner là-bas pour lui annoncer la nouvelle. Ils occupent la même chambre à l'hôtel. La déduction n'était pas trop difficile.

— Et ils reviennent à Milan ?

— Elle, oui. Mais lui, il y est déjà. Il avait quitté Antonella la veille pour une affaire urgente, paraît-il.

Le commissaire Signorelli hoche la tête avec satisfaction.

— Eh bien, il ne vous reste plus qu'à le convoquer.

Alberto Ponza prend une voix modeste, comme chaque fois qu'il est particulièrement content de lui :

— J'avais prévu que vous me le demanderiez, alors j'ai pris les devants. Il est là. Il vous attend...

Silvio Michaelli a tout à fait le genre play-boy. Il est plus jeune qu'Antonella, sa maîtresse : il doit avoir entre vingt-cinq et trente ans. Son physique d'homme à femmes est tout ce qu'il y a de déplaisant. Le commissaire Signorelli l'imagine volontiers brisant les cœurs avec une décontraction étudiée et juste ce qu'il faut de cynisme... Il l'imagine car, en cet instant, Silvio Michaelli n'a rien d'un conquérant. Il est le portrait même de la lâcheté, de la veulerie. Il a les épaules basses, le regard implorant ; ses mains tremblent légèrement.

— Ce n'est pas moi, monsieur le commissaire ! Je vous jure que ce n'est pas moi !

— Pourquoi êtes-vous rentré à Milan, monsieur Michaelli?

— A cause de mes affaires.

— Quelles affaires? De quoi vivez-vous?

Le jeune homme marque un temps d'hésitation. Et puis, il se redresse et se met à parler comme on se jette à l'eau.

— Je préfère tout vous dire, monsieur le commissaire! Je sais ce qu'on peut penser de moi. Je mérite tous les qualificatifs, mais pas celui d'assassin. Je vis des femmes et de rien d'autre. Mes affaires n'ont jamais existé. Quand j'en parlais à Antonella, elle faisait semblant d'y croire et cela nous arrangeait tous les deux. Dans un sens, je ne lui ai pas menti : si je suis rentré à Milan hier, c'était bien pour mon travail. J'avais rendez-vous avec une dame. Je posais des jalons. J'ai toujours plusieurs solutions en attente, au cas où...

Le commissaire Signorelli a une grimace de dégoût devant le répugnant personnage.

— Je vois le genre...

— Il faut que vous voyiez, commissaire! Parce que si vous voyez, vous comprendrez que je n'ai pas pu tuer, monsieur Negri! Enfin, vous m'imaginez, moi, commettant un crime passionnel? Vous m'imaginez assassinant le mari d'Antonella par amour? Vous ne trouvez pas qu'en ce qui me concerne, ce serait — si j'ose dire — risible?

— Vous avez pu vous prendre à votre propre jeu. Antonella Negri est une femme ravissante.

— Pas moi, monsieur le commissaire! On voit que vous ne me connaissez pas. Si une femme risque tant soit peu de me plaire, je la fuis comme le démon. Je ne me compromets qu'avec celles qui me sont indifférentes.

— C'est vous qui le dites.

— Je le dis parce que c'est vrai! Enfin, admettons que j'aie perdu la tête pour Antonella, est-ce que, avant de tuer son mari, j'aurais partagé avec elle la même chambre d'hôtel? Lorsque votre adjoint a appelé, on lui a dit tout de suite que nous étions ensemble. Nous ne nous cachions pas. Ce n'était un secret pour personne.

— Même pas pour monsieur Negri?

— Non. Il était au courant. Son entourage pourra vous le confirmer.

— On l'a pourtant bel et bien assassiné.

— Pourquoi est-ce que ce serait un crime passionnel? Negri était riche, puissant. Il peut s'agir d'un concurrent ruiné, d'un employé licencié — que sais-je, moi?

C'est à ce moment précis qu'Alberto Ponza refait son entrée dans le bureau. Il s'approche du commissaire et lui parle à voix basse.

— Un témoin vient de se présenter spontanément. Je crois que vous devriez le recevoir.

— Avant d'avoir terminé l'interrogatoire de celui-là?

— Oui. Ce n'est plus tellement la peine de continuer...

Le commissaire Signorelli congédie Silvio Michaelli en lui intimant l'ordre de ne pas quitter la ville et fait introduire le témoin. A sa surprise, il voit entrer un jeune garçon à peu près du même âge qu'Antonio, accompagné lui aussi de sa maman. Alberto Ponza fait les présentations.

— Voici le jeune Amedeo Berti. Amedeo, lui aussi, a vu le Père Noël. C'était un peu avant Antonio et Amedeo a quelque chose de très important à vous dire. Il a entendu la voix du Père Noël.

Le commissaire a un brusque sursaut d'intérêt.

— Tu lui as parlé?

Le gamin, visiblement très intimidé, fait « non » de la tête. Alberto Ponza vient à son secours.

— Non, il ne lui a pas parlé, mais il l'a vu trébucher dans la neige et il l'a entendu pousser un juron. Il était tout près de lui à ce moment-là. J'aimerais qu'il vous dise lui-même ce qui l'a frappé.

Le commissaire Signorelli fait un sourire engageant à Amedeo.

— Eh bien, je t'écoute, mon bonhomme. Qu'est-ce que tu as remarqué?

— C'était une dame.

— Qu'est-ce que tu dis?

— C'était une voix de dame. Le Père Noël, c'était une dame...

Le commissaire reste sans réaction. Effectivement, il n'avait pas pensé à cela. Décidément, dans cette affaire, tout devient de plus en plus extraordinaire!

Le 23 décembre 1958, quatre jours après le meurtre, le commissaire Signorelli sonne à la porte d'un deux-pièces assez misérable. La femme qui lui ouvre, Gina Borgo, a la cinquantaine et rien de spécialement remarquable si ce n'est un air de grande lassitude. Elle parle d'une voix distinguée et un peu lointaine.

— Pourquoi vouliez-vous me voir, monsieur le commissaire?

Le commissaire Signorelli parle doucement.

— Vous le savez bien, madame. Et, dans le fond de vous-même, vous vous attendiez un jour à ma visite.

— Je ne comprends pas...

— J'ai un adjoint très méthodique, madame Borgo. A partir du moment où nous avons su que le Père Noël était une femme, il a suffi de procéder par élimination. Quelle est la femme qui avait une raison de tuer monsieur Negri ? Son épouse était hors de cause puisqu'elle était aux sports d'hiver à ce moment-là ; nous avons cherché une maîtresse, mais il n'en avait pas ; nous avons pensé à une collaboratrice évincée, genre secrétaire ou autre, mais rien de ce côté là non plus. Alors il ne restait plus que vous, madame Borgo.

— Qu'est-ce que vous me racontez ? Je ne connaissais pas ce monsieur.

— C'est sans doute vrai, mais votre mari, lui, le connaissait. C'est même à cause de lui qu'il est mort !

Gina Borgo garde le silence... Le commissaire continue :

— Votre mari, Paolo Borgo, s'est suicidé il y a six mois en se tirant une balle dans la tête. Il dirigeait une petite entreprise de confection. Negri lui avait proposé de la racheter, mais il a refusé. Alors Negro l'a coulé. Il a installé une de ses succursales à proximité de son magasin et ce fut la ruine. Voilà pourquoi vous avez tué Ricardo Negri, madame Borgo ! Et je dois dire que, si un gamin n'avait pas surpris votre voix, vous aviez toutes les chances de vous en tirer. Je n'avais pas imaginé qu'il s'agissait d'une femme.

Gina Borgo garde contenance. Elle contre-attaque :

— Je ne connaissais pas ce monsieur, je vous dis ! Vous n'avez aucune preuve.

— Nous ne l'avons pas encore, mais nous pourrons l'avoir quand nous voudrons. Comme vous le savez, chaque arme laisse sur les balles qu'elle tire des traces aussi caractéristiques que des empreintes. Monsieur Negri a été tué avec un revolver Smith & Wesson 12 mm. Il suffira, pour comparer les balles, de procéder à son exhumation.

Gina Borgo se prend la tête dans les mains.

— Non. Je ne veux pas d'exhumation ! Je ne veux pas que vous touchiez à lui !

— Il n'y a qu'une manière d'empêcher cela, madame Borgo, c'est d'avouer.

Il y a un moment de silence. Et puis la voix brisée de Gina Borgo :

— J'avoue...

C'est ainsi qu'a été arrêtée Gina Borgo, qui avait imaginé un des crimes les plus étranges qu'on ait jamais connus. Mais malgré son ingéniosité, le Père Noël assassin n'a pas échappé à la police plus de quatre jours. Gina Borgo a passé le 25 décembre en prison.

La prime cadavérique

Qu'a-t-il donc de particulier, ce cimetière? Bien sûr il n'est pas gai, mais les cimetières sont rarement gais. Alors, d'où vient ce sentiment d'abandon, d'écrasement que l'on ressent dès qu'on a poussé la grille? Des tombes peut-être : de pauvres croix plantées un peu n'importe comment, dont les noms, même récents, sont à peine lisibles; des allées mal tracées, avec de mauvaises herbes un peu partout, et surtout, de cette uniformité totale. Il n'y a aucun de ces monuments de mauvais goût, en marbre blanc ou noir, recouverts de fleurs artificielles, de photos de défunts souriant dans un cadre de perles. Tout est pareil : on dirait un champ de croix mal entretenu.

A vrai dire, le cimetière de Saint-Ylie, dans le Jura, n'est pas un cimetière comme les autres, c'est le cimetière des fous. Il se tient tout près de l'asile, on le voit des fenêtres et c'est là que, de temps en temps, on amène un cercueil. Ce sont des cérémonies confidentielles, le public les ignore et elles n'intéressent personne. Les inhumations se font en présence de quatre hommes : l'aumônier, qui murmure ses prières, le directeur de l'asile, qui est là par obligation administrative, un malade, qui est là pour aider, et le fossoyeur.

Quand la tombe est refermée, on plante la croix avec un nom, un prénom et deux dates, et c'est de nouveau le silence et l'oubli.

Mais, pour tous ceux qui sont enterrés là, l'oubli vient de beaucoup plus loin. Il remonte à dix, vingt, trente ans peut-être. Car ces morts étaient déjà morts depuis longtemps pour le monde. Ils attendaient la fin, seuls, entre eux, derrière les murs de l'asile, avec, sous leurs fenêtres, le petit cimetière.

Le 30 novembre 1909, il pleut dans le cimetière de Saint-Ylie, une pluie fine et détestable. Il fait froid. Les personnages présents à ce moment ne peuvent s'empêcher de frissonner. Pourtant, des cimetières, ils en ont vu d'autres : cela fait partie de leur métier. Mais un cimetière de fous, c'est la première fois qu'ils en voient. Jamais ils n'avaient éprouvé une telle sensation de solitude.

Le juge d'instruction, les deux gendarmes, avec leurs uniformes tout tachés de boue, et l'avocat n'ont qu'une hâte : qu'on en finisse. Il leur tarde de retrouver la chaleur et la vie, les rues de leur petite ville, leurs collègues, leur famille, leur maison.

Il n'y a guère que l'inculpé qui semble à son aise. Il indique l'endroit précis des tombes, il donne des conseils pour remuer la terre détrempée; pour un peu, si on le lui permettait, il s'y mettrait lui-même.

Il faut dire que lui, il a vraiment l'habitude. Cela fait trois ans qu'il est infirmier à l'asile d'aliénés de Saint-Ylie et qu'il en est aussi le fossoyeur...

L'homme s'appelle Joseph Buis. Il est né en 1872, dans ce pays jurassien sauvage et beau. Son père était scieur de long à la fabrique voisine. Quand il rentrait abruti de son travail, il s'abrutissait encore dans l'alcool et battait sa femme et ses enfants. A la maison, ils étaient onze. La mère, vieillie prématurément par les maternités successives, n'avait, bien sûr, pas le temps de s'occuper d'eux. Dans la journée, elle était femme de ménage et laveuse de linge.

C'est dans ce milieu que grandit le petit Joseph. Pour comble de malchance, à l'âge de trois ans, il est frappé de méningite aiguë. Il en restera toute sa vie diminué mentalement et la maladie lui fait perdre l'usage d'un œil. On est obligé de l'énucléer.

Aussi misérable qu'on peut l'être à l'époque, légèrement débile, borgne, avec son orbite creuse, qui fait la risée de tout le village : c'est ainsi que Joseph Buis débute dans la vie. Dans ces conditions, comment ne pas imaginer que la suite ne soit qu'une série d'échecs, de malheurs et de drames?

A dix-huit ans, Joseph est amoureux et, ce qui est extraordinaire, c'est que, malgré sa terrible disgrâce physique, son amour est partagé. Une fille du village a bien voulu de lui. Ce n'est pas la plus belle, ni la plus riche, ni la plus intelligente, mais elle est gentille et ils décident de vivre ensemble.

Pourtant il n'y aura pas de miracle dans la vie de Joseph. Au bout de six mois, la jeune fille le quitte pour un autre, qui ne vaut peut-être pas mieux, mais qui, du moins, a ses yeux et pas ce trou affreux au côté gauche du visage.

Alors, arrive ce qui doit arriver : Joseph se met à boire. L'absinthe, la « fée verte » devient son seul refuge, sa seule confidente, sa seule raison de vivre.

Il est tapissier. A l'atelier, une fois, dix fois, on tolère ses ivresses et puis on le renvoie. Il cherche du travail. Il n'y a que les hôpitaux qui veulent bien de lui comme garçon de salle, homme de peine. Mais là encore, à cause de son alcoolisme, il ne parvient pas à rester. Il est renvoyé successivement de dix hôpitaux et hospices.

Il parcourt la campagne à pied, vivant tant bien que mal de fruits ramassés sur le chemin, de petits travaux, à droite et à gauche, et il finit par aboutir au plus bas de l'échelle sociale, là où l'on prend tout le monde, même ceux qui ne savent ni lire ni écrire, même ceux qui ne savent rien faire : à l'asile d'aliénés de Saint-Ylie.

De loin, vu de la route, l'asile fait bien dans le paysage. C'est un ensemble de demeures du XVIIIe siècle, avec plusieurs dépendances, dans un vaste parc, entouré de hauts murs. Le Doubs coule tout à côté; le paysage est vallonné, les premières montagnes du Jura sont toutes proches, avec leurs vignes et leurs exploitations forestières. L'ensemble est joli, ordonné, élégant, à condition, toutefois qu'on regarde de loin, qu'on ne pousse pas la porte, qu'on n'entre pas dans le pavillon A, le pavillon B et le pavillon C.

Car, en 1910, malgré des progrès incontestables, mais qui ne concernent que certains établissements à Paris et dans les grandes villes, la médecine psychiatrique reste encore proche du Moyen Age. Les fous — c'est ainsi qu'on les appelle à l'époque, même dans l'administration — sont des individus qu'il faut enfermer, surveiller et neutraliser jusqu'à leur mort. La camisole de force et les douches glacées restent les meilleurs remèdes.

Le pavillon A de l'asile de Saint-Ylie est celui des délirants. C'est là qu'on enferme les fous des histoires de fous, ceux qui se prennent pour Napoléon, pour Jeanne d'Arc, pour Dieu ou pour un petit chien, ceux qui sont perdus dans leur délire personnel, qui vivent leur vie tout seuls, mais qui sont, malgré tout, inoffensifs.

Le pavillon B est celui des agités, ceux que le public appelle les fous dangereux, et qui le sont, en effet, quelquefois. Pour ceux-là, il n'y a qu'une seule solution, la force. Le pavillon B est une prison plus dure, plus impitoyable sans doute que les prisons officielles.

Quant au pavillon C, c'est celui des gâteux. C'est là qu'on met ceux qui sont arrivés au dernier stade de la maladie. Le pavillon C est l'antichambre de la morgue. D'ailleurs la morgue est juste à côté ; au bout du couloir et derrière les murs, c'est le cimetière.

Le pavillon C ne comprend pas de lits. Ils sont remplacés par des caisses, sortes de cercueils sans couvercle, alignés dans chaque pièce en rangées de douze. Dans ces caisses, les malades sont allongés sur du varech. Ils n'ont droit à rien d'autre : pas de matelas, pas même de paille et ils agonisent là, pendant des jours, des semaines ou des mois. Au pavillon C, il n'y a pas de soins médicaux. On a renoncé à soigner ces épaves. Les seuls traitements qu'on leur donne consistent à les nourrir et à les laver. Plusieurs fois par jour, il faut changer leur infâme litière de varech souillée. De temps en temps, on en emporte un dans la morgue à côté et, de là, au petit cimetière. C'est tout.

C'est au pavillon C que Joseph Buis est engagé comme infirmier. On ne lui pose aucune question, on lui demande seulement un extrait de casier judiciaire.

Et il s'habitue sans trop de mal à son travail. Pour cet être fruste, diminué, chez qui la sensibilité est très amoindrie, ce n'est pas un problème. Il est même souvent de bonne humeur ; il plaisante avec ses collègues. Faire cela ou autre chose, du moment qu'on le paie, qu'il a de quoi manger, et surtout de quoi boire ! Car Joseph est toujours alcoolique, de plus en plus même. Dès qu'il a terminé, il court au bistrot du village. Il boit une dizaine d'absinthes par jour et davantage les dimanches et les jours de fête. Mais il est tellement imprégné, imbibé d'alcool, que cela ne se voit pas. Ses supérieurs, à l'asile, ne remarquent rien. Ils le trouvent, au contraire, travailleur. Il ne se plaint jamais, ce qui est plutôt rare au pavillon C. Aussi, on décide de lui accorder une promotion : on lui propose de remplacer le fossoyeur, qui vient juste de mourir.

Voici donc Joseph Buis infirmier au pavillon C et fossoyeur de l'asile de Saint-Ylie... et c'est à ce moment que tout commence.

Le 19 novembre 1909, à 7 heures du soir, la nuit tombe sur le pavillon C. Il y a de la buée et de la pluie aux carreaux et, à l'extérieur, il fait tout noir. A l'intérieur, les formes allongées sur leur varech vagissent doucement dans leurs caisses. Joseph Buis quitte la pièce et va trouver l'interne de garde.

— Garnier est crevé.

— Eh bien, amène-le à la morgue.

— Vous pensez que je pourrai l'enterrer demain matin ?

— Il faut que je l'examine. Ça peut attendre.

– Je disais ça rapport à ma prime, vous comprenez?... Cette prime est tout l'avantage des nouvelles fonctions de Joseph : 1 franc par inhumation, c'est-à-dire un peu moins de 10 francs actuels. Cela s'appelle, dans le jargon à la fois pompeux et sinistre de l'asile, « la prime cadavérique ».

Avant de s'en aller, l'interne, par acquit de conscience, décide de faire un tour à la morgue. Le cadavre de Garnier, un malade de soixante-deux ans, qui était au dernier stade depuis des semaines, est sur une table. L'interne le découvre et reste un instant immobile avec sa main qui tient le drap en l'air.

L'homme porte une vaste et profonde ecchymose violacée autour du cou; on distingue nettement quatre empreintes de doigts très rouges. La cage thoracique est enfoncée sur le côté gauche : quatre ou cinq côtes sont brisées, peut-être six. Il n'y a pas de doute, c'est un meurtre!

Mais qui a tué cet agonisant, ce presque mort? Un fou, un des malades du pavillon A ou du pavillon B, qui se serait introduit dans le pavillon C? C'est impossible, Buis était là, il l'aurait vu.

Alors l'interne sent la sueur l'envahir. Il vient d'avoir une pensée horrible. C'est Joseph Buis qui a fait cela. Et pour quelle raison, sinon pour toucher la prime cadavérique quand il l'aura enterré? Pour gagner 1 franc?

L'interne se souvient alors de choses troublantes. Depuis le début du mois, c'est le cinquième décès au pavillon C. Bien entendu, il s'agit de malades à la dernière extrémité, mais cinq décès en dix-neuf jours, c'est trop!

Bouleversé, il va dans le bureau du directeur de l'asile, qui prévient la police. L'enquête établit immédiatement que Garnier est effectivement décédé de strangulation et de l'enfoncement de six côtes, causé vraisemblablement par la forte pression d'un genou.

Joseph Buis est arrêté; on décide de procéder à l'exhumation des quatre autres malades décédés au pavillon C et, le 30 novembre 1909, elle a lieu dans le cimetière de Saint-Ylie. Les résultats de l'autopsie ne laissent aucun doute : les autres malades sont morts, eux aussi, de mort violente, strangulation et enfoncement des côtes par pression du genou.

Joseph Buis nie devant les policiers. Devant le juge d'instruction qui l'accuse d'avoir cinq meurtres pour toucher 5 francs, il nie encore.

Pourtant, tout l'accuse. Il était le seul infirmier de garde quand les cinq décès ont eu lieu. C'est lui qui a prévenu l'interne et, chaque fois, il a insisté pour que l'inhumation ait lieu le plus tôt possible.

De plus, à la veille de chaque décès, il avait demandé à l'aumônier de venir pour donner les derniers sacrements au malade. Or, les médecins sont formels : il n'y avait eu aucune aggravation de leur état; s'ils étaient condamnés à court terme, comme tous les autres, rien n'indiquait que ce serait pour le lendemain. Mais Joseph avait comme on dit « de la religion ». Le dimanche, quand il n'était pas trop saoul, on le voyait quelquefois à la messe. Malgré sa vie ratée, son enfoncement progressif dans l'alcool, il avait gardé la foi. C'était tout ce qui lui restait de morale, sa dernière et vague espérance...

Le procès de Joseph Buis s'ouvre le 1er juillet 1910 devant la cour d'assises de Lons-le-Saulnier. Joseph nie jusqu'au bout. Son avocat, dans sa plaidoirie, tout en soulignant qu'il n'y a aucune preuve formelle de culpabilité, insiste sur l'irresponsabilité de son client et sur les terribles épreuves de son existence.

Il fait surtout le procès de l'administration psychiatrique. Devant les juges et jurés effarés, il révèle tout de ce qu'est le pavillon C de l'asile de Saint-Ylie : les caisses, le varech, les formes humaines qui attendent la morgue et le petit cimetière, sans aucun soin médical.

Et, au moment du verdict, s'il n'accorde pas l'acquittement, le jury reconnaît néanmoins les plus larges circonstances atténuantes à Joseph Buis, qui n'est condamné qu'à sept ans de prison...

A partir de là, nul ne sait ce qu'il est devenu. Mais, étant donné son état mental et son alcoolisme chronique, il y a tout lieu de penser qu'il a terminé lui aussi dans un asile, comme malade, cette fois.

Il n'a certainement pas été étranglé par un infirmier : ce sont des choses exceptionnelles, extraordinaires, des choses qui se savent. Il est sans doute mort comme les autres fous, anonymement.

Un jour, un matin de novembre, peut-être, on l'a porté en terre dans un petit cimetière ignoré, aux croix toutes semblables, où personne ne vient jamais.

Pour conduire Joseph Buis à sa dernière demeure, il n'y avait peut-être que quatre hommes : un aumônier qui murmurait ses prières, le directeur de l'asile, qui était là par obligation administrative, un malade, qui était là pour aider, et un fossoyeur, qui avait hâte de toucher sa prime cadavérique de 1 franc.

TABLE DES MATIÈRES

Cet ouvrage a été réalisé par la
SOCIÉTÉ NOUVELLE FIRMIN-DIDOT
Mesnil-sur-l'Estrée
pour le compte de TF1 Éditions
64, rue Pierre-Charron, 75008 Paris
en août 1992

Imprimé en France
Dépôt légal : août 1992
N° d'impression : 21772
ISBN : 2-87761-031-4
50-31-4025-01